本书受湖北省社科基金一般项目（项目编号：2021181）、黄冈师范学院博士科研启动基金项目（项目编号：2042024343）、黄冈师范学院国家红色旅游融合发展战略研究院及黄冈师范学院大别山地质资源与环境研究院资助。

覃津津 著

人力资本投资对农民生计的影响研究

WUHAN UNIVERSITY PRESS

武汉大学出版社

图书在版编目(CIP)数据

人力资本投资对农民生计的影响研究/覃津津著.—武汉:武汉大学出版社,2024.12(2025.5 重印)
ISBN 978-7-307-24135-0

Ⅰ.人… Ⅱ.覃… Ⅲ.人力资本—人力投资—影响—农民收入—研究—中国 Ⅳ.F323.8

中国国家版本馆 CIP 数据核字(2023)第 220265 号

责任编辑:李晶晶　　　　责任校对:鄢春梅　　　　版式设计:马　佳

出版发行:**武汉大学出版社**　　(430072　武昌　珞珈山)
　　　　(电子邮箱:cbs22@ whu.edu.cn　网址:www.wdp.com.cn)
印刷:湖北云景数字印刷有限公司
开本:720×1000　1/16　印张:16.75　字数:237 千字　插页:1
版次:2024 年 12 月第 1 版　2025 年 5 月第 2 次印刷
ISBN 978-7-307-24135-0　　定价:79.00 元

前　言

农民始终是中国农村经济社会发展的主体力量。在农业现代化不断推进和乡村振兴战略逐步实施的背景下，中国农业农村发展将被注入更多现代理念和新式方法。乡村振兴要实现产业兴旺、生态宜居、乡风文明、治理有效和生活富裕均离不开农民参与。这些在无形中对农村人力资本提出了更高要求。然而，中国人力资本投资和储备都相当贫乏，大量青壮年劳动力进城务工，农村人口空心化现象不断加剧，留守人员身体素质欠佳，劳动技能和文化程度低下。同时，由于人力资本投资成本高、收益慢等特点，加上现实中存在大学生就业难等问题，导致人力资本投资惰性开始凸显，农村人力资本流失和人力资本投资惰性会导致农民生计资本发生变化，生计资本的改变会影响到农民的生计能力，也会在一定程度上影响农民生计策略选择，从而得到不同的生计结果。鉴于此，研究人力资本投资对农民生计的影响，从教育、健康、迁移等方面对农村人力资本进行投资，提高农村人口身体素质、心理素质和文化素质，一方面可以改善农业生产条件和农民就业选择，提升农民收入水平和精神状态；另一方面也有助于厘清农业现代化和乡村振兴过程中遇到的人力资本问题，对实现农业现代化和乡村振兴战略提供可行性建议。

本书主要讨论和解决以下问题：(1)人力资本投资的现状、特征、差异和问题是怎样的？(2)农民生计的现状和问题是怎样的？(3)为什么人力资本投资会对农民生计产生影响？(4)人力资本投资会对农民生计的哪些方面产生影响？(5)在乡村振兴战略背景下，为提高农民生计水平、改善农民生计质量，政府和农户应如何进行人力资本投资？这五个问题是对本书内容的总体概括，具体来说，本书除第一章导论和研究展望外，主要研究内容由以下七个章节构成：第二章为关键概念与理论基础。第三章为人力资本投资与农民生计现状。第四章为人力资本投资对农民生计影响的理论分析。第五章为人力资本投资对农民生计能力影响的案例分析。第六章为人力资本投资对农民生计策略影响的实证分析。第七章为人力资本投资对农民生计结果影响的实证分析。第八章为主要结论和政策建议。

本书主要研究结论有五点：一是人力资本投资对农民生计能力的影响是先削弱再增强。从短期来看，人力资本投资会削弱农民的金融资本，导致农民整体生计能力变弱，抗风险能力降低，但从长期来看，通过日积月累的投资能够显著提高家庭人力资本和社会资本，能够带来厚积薄发的效果。二是人力资本迁移投资对农民就业和创业影响最大。三是人力资本教育投资和迁移投资能显著提高农民收入水平。实证结果显示，从总收入水平来看，人力资本教育投资和迁移投资对农民收入影响最显著，健康投资其次。从各分项收入来看，人力资本教育投资和迁移投资对农民非农收入和工资性收入影响都非常显著，而健康投资对农村家庭非农收入和工资性收入影响不显著。四是人力资本健康投资对农民经营性收入影响最大，相比较而言，人力资本教育投资和迁移投资尽管能影响农民经营性收入和总收入，但其影响效果却不如健康投资显著。五是人力资本教育投资对农民精神状态没有影响。实证结果显示，人力资本健康投资和迁移投资对农村居民生活满意度和未来信心度都有显著影响，而教育投资无论对农村居民生活满意度还是未来信心度影响都不显著。

本书具有以下三方面创新：一是现有研究较少单独考察人力资本对农民生计的影响，更少有系统性分析人力资本投资对农民生计各方面影响的研究。本书创新性地将农民创业和农民精神状态分别纳入农民生计策略和生计结果范畴，具体考察了人力资本投资对农民创业行为和创业能力的影响，以及人力资本投资对农民生活满意度和未来信心度的影响，在研究视角上具有一定创新性。二是人力资本是农民五大生计资本中的一种，而生计资本与生计能力息息相关，因此在研究人力资本投资对农民生计能力影响的相关文献中，研究人员多从生计资本视角采用定性研究方法考察人力资本投资对农民生计能力的影响，而本书在研究这一选题时，创新性地采用案例分析研究方法，通过对考察对象的系统跟踪和综合考察，能够获得全面整体的认识，再结合理论分析部分，能够达到由个别到一般的推导依据。三是学术界在实证分析人力资本投资对农民就业和农民收入的影响时，绝大部分是采用国家统计年鉴等官方宏观数据进行实证回归，而本书使用 CFPS 公开数据，涉及农村家庭和农村居民个体微观数据，在数据使用上具有一定创新性，也是从微观角度论证人力资本投资对农民就业和农民收入影响的一次尝试。

　　由于笔者研究能力有限，本书还存在诸多不完善的地方。首先，本书对人力资本投资的衡量主要通过教育投资、健康投资和迁移投资三者加总而来，这样做可能会使所得到的数据与实际值存在一定误差；其次，本书在实证过程中的变量选择上存在一定的主观性和片面性，这会对估计结果产生一定影响；再次，农民生计研究是一个较为宏大的概念，本书由于受文章篇幅和个人能力所限，忽略了人力资本投资对农民生计影响的其他议题，研究深度和广度还需进一步加强。

目　　录

图　目　录

表 目 录

第一章 导论：农村人力资本投资

第一节 农村人力资本投资的研究缘起

一、研究背景

人类社会发展由农业社会转入工业社会，后又进入信息社会。在农业社会时期，土地、水源等自然要素是促进生产力发展的主要动力；工业社会阶段，资本等金融要素的多寡则决定了社会经济发展的速度；而进入现如今的信息社会，世界上众多国家几乎已达成共识，知识储备、技术优劣和人才质量是一国兴衰进退的决定性因素，其中知识和技术积累都只能依托人才去实现，只有充足的人力资本才能带来持续的财富增长和经济发展，因此现阶段人力资本已经成为各国最重要的战略资源。

我国人口众多，尽管人力资源十分丰富，但人力资本储备却相当贫乏，与人力资本强国的目标相距甚远。功以才成，业由才广。20 世纪 90 年代以来，我国相继提出科教兴国战略、人才强国战略、创新驱动发展战略，这些上升到国家战略高度的人才战略，是为了适应新形势下国际国内社会变化而作出的战略规划和部署，为提高本国的人力资本储备和人力资本质量打下牢固基础。然而，中国是一个农业大国，在城镇化不断推进的今天，农业人口仍占到总人口 40%以上，因此，农村人力资本投资理应受到关注和重视。

在农业现代化不断推进和乡村振兴战略实施的背景下，要实现产业兴旺、生态宜居、乡风文明、治理有效和生活富裕均离不开人的参与。习近平总书记在参加山东代表团审议时指出，要推动乡村人才振兴，把人力资本开发放在首要位置，强化乡村振兴人才支撑。总书记的这一指示表明，乡村振兴的核心与关键是乡村人才振兴，而要实现乡村人才振兴主要有两个途径，一是"引才"，把具备高素质高技能的人才引进、引入、吸引过来；二是"育才"，自己培育适应现代农业发展和乡村振兴的各类人才。马克思主义政治经济学告诉我们，事物的发展由内部矛盾(内因)和外部矛盾(外因)共同推进，其中内因是促进事物发展的源泉和动力，是事物发展的根本原因，而外因通过内因才起作用，对事物发展起辅助作用。要实现乡村人才振兴，"引才"是外因，"育才"才是内因，只有通过培育人才，即对乡村人力资本进行投资，对乡村农民进行培育和投资，才可能从根本上强化乡村振兴的主体力量，实现乡村人才振兴，进而实现乡村全面振兴。

当前农业供给侧结构性改革不断推进，农业生产结构不断调整，农村产业日益多样化、新型化，农业农村发展的新变化无疑对农民提出了更高的要求。但现实情况是城市对农村劳动力的虹吸效应仍然存在，大量青壮年劳动力选择进城务工，农村人口空心化现象不断加剧，留守务农人员大多身体素质欠佳，劳动技能和文化程度低下，农村人才队伍的数量和质量均难以满足乡村人才振兴的要求。同时，由于人力资本投资收益是一个长期过程且在短时间内并不明显，加上现实中存在大学生就业难等问题，"毕业等于失业""读书无用论"等社会风气不断蔓延，农村家庭对于人力资本投资的惰性开始凸显。农村人力资本的流失和农村家庭对人力资本的投资惰性会导致农民生计资本发生变化，生计资本的改变会影响到农民的生计能力，也在一定程度上影响着农民对于生计策略的选择，从而得到不同的生计结果。

基于此，本书以人力资本投资为主要研究对象，在分析人力资本投资和农民生计现实状况的基础上，系统考察人力资本投资对农民生计的影响。理论分析主要从辨析人力资本投资与农民生计的关系入手，系统阐述人力资本投资对农民生计的影响机理，并构建人力资本投资对农民生计影响的研究框架。案例分析主要考察人力资本投资对农民生计能力的影响。实证分析主要考察人力资本投资对农民生计策略和生计结果的影响。具体来说，主要考察人力资本投资对农民就业、农民创业、农民收入和农民精神状态等方面的影响，并在此基础上提出促进人力资本投资和完善农民生计的政策建议，以期为国家和农村家庭在进行人力资本投资时提供可行性参考，也为人力资本投资和农民生计相关理论研究提供经验证据。

二、研究意义

(一)理论意义

在现代社会经济发展中，人力资本已经成为最重要的战略资源。对农村人力资本进行投资，有助于提高农村人力资本质量，人力资本质量的提高可以使农业增效、农民增收，从而提高农民生计能力，改进农民生计策略，完善农民生计结果。从理论层面来讲，本研究主要通过构建人力资本投资对农民生计能力、农民就业、农民创业、农民收入和农民精神状态影响的计量模型，系统研究人力资本投资对农民生计的影响，探寻人力资本投资在农民生计中的投资路径及所发挥的重要作用，能够在一定程度上补充和深化人力资本投资理论和农民生计理论。

(二)实践意义

我国正处于传统农业向现代农业加速转型的过程中。发展现代农业，意味着给农业注入更多的现代理念和方式，用现代物质条件装备农业，用现代科学技术改造农业，用现代产业体系提升农业，用现代经营形式推进农业，用现代发展理念引领农业，这些发展思路最终都需要农民去执行和实践，这无形中对农村人力资本提出了更高要求。加强对农村人力资本的投资，提高农村人力资本质量，加快培育新型农业经营主体和职业农民，不仅有助于改善农民生计条件，也有助于实现农业现代化。

在乡村振兴战略实施的大背景下，研究人力资本投资问题，是从根本上解决乡村振兴所需要的人力资本问题，对于实现乡村振兴具有重要现实意义和历史意义。从教育、培训、保健等方面对农村人力资本进行投资，提高农村人口身体素质、心理素质和文化素质，使农民具备实现乡村振兴所需的人力资本水平，一方面可以改善农业生产条件，为农民提供更多就业选择，保障粮食安全和促进农民收入增长；另一方面也有助于实现乡村人才振兴，进而实现产业兴旺、生态宜居、乡风文明、治理有效和生活富裕的目标。

第二节　经久不衰的学派研究兴趣

一、国外人力资本相关研究及评述

人力资本的观念最早萌芽于英国古典政治经济学创始人威廉·佩蒂的学说之中。威廉·佩蒂在分析生产要素创造劳动价值的过程中，把人的"技艺"列为土地、物力资本和劳动以外的第四个生产要素。他关于"土地是财富之母，劳动是财富之父"的著名论断，是人力资本思想的早期雏形。亚当·斯密在《国富论》中提出了初步的人力资本概念，并对人力资本作了比较系统的分析与论述，他提出劳动力是经济进步的主要动力，全体国民后天取得的有用能力，都应该被视为资本的一部分，他建议国家要"推动、鼓励甚至强制全体国民接受最基本的教育"。约翰·穆勒在《政治经济学原理》中研究了财富的性质及其生产和分配规律，他强调人的能力应当同工具、机器一样被视为国民财富的部分，同时教育支出将会带来更大的国民财富，对教育的支出是与其他公共事务支出完全相容的。20世纪五六十年代以后，西方经济学界关于人力资本理论的研究形成了一个高峰。这一时期对人力资本理论的研究比较突出的是美国经济学家雅各布·明塞尔、舒尔茨、贝克尔、爱德华·丹尼森等。

舒尔茨深入研究了发展中国家在发展经济中应特别考虑人力资本的问题，从而获得1979年诺贝尔经济学奖。他在长期的农业经济研究中发现，促使美国农业产量迅速增长的重要原因已不是土地、劳力或资本存量的增加，而是人的技能与知识的提高。同时，他发现工人工资大幅度增长中有一部分尚未得到解释。他将这一部分归功于人力投资的结果。于是，舒尔茨提出了人力资本学说，其中心论点就是，人力资源的提高对经济增长的作用远比物质资本的增加重要得多。他认为单纯从自然资源、实物资本和劳动力的角度并不能解释生产力提高的全部原因。舒尔茨对人力资本理论的贡献在于，他不仅第一次明确地阐述了人力资本投资理论，使其冲破重重歧视与阻挠成为经济学上的一个新的门类，而且进一步研究了人力资本形成的方式与途径，并对教育投资的收益率和教育对经济增长的贡献作了定量的研究。当然，舒尔茨在人力资本理论上也存在一些局限性。他注重宏观分析，忽视微观分析，其理论缺乏微观的支持，对人力资本投资的诸项因素缺乏具体化分析，数量化分析的内容显得单薄了一些。在其指出的人力资本形成的四大途径中，其只对教育投资作了深入的分析，缺乏人力资本形成的一般模型。他在对人力资本进行概念界定时只强调人力资本是外因决定的，但是一个范畴的产生既有外因又有内因，所以导致其概念模糊。这些都需要在研究中进一步明确和界定。

贝克尔被认为是现代经济领域中最有创见的学者之一，其也是人力资本理论的主要推动者。他出版的著作《人力资本》被西方学术界认为是"经济思想中人力资本投资革命"的起点。他在书中提出了比较系统的人力资本理论框架，将经济学的分析方法引入教育领域，解释了人力资本形成的过程，取得了人力资本理论研究方法论上的突破。贝克尔主要从微观上对人力资本进行分析，即主要对人力资本开发的一些手段和开发过程进行了成本—效用分析，并提出了人力资本投资—收益的均衡模型。他在人力资本形成方面，如教育、培训和其他人力资本投资方面的研究成果，也都具有开拓意义。贝克尔对人力资本理论的贡献在于，他注重微观分析，弥补了舒尔茨只重视宏观的缺陷，注重将人力资本投资理论与收入分配结合起来。其理论的不足之处表现在，他沿用舒尔茨的人力资本概念，缺乏对人力资本本质的分析，也缺乏对人力资本全面的研究。

丹尼森对人力资本理论的贡献在于其提出了人力资本要素作用的计量分析方法。他最著名的研究成果是通过精细分解计算，论证出美国 1929 年至 1957 年经济增长中有 23% 的比例归功于教育的发展，即对人力资本投资的积累。许多人认为从 20 世纪 60 年代开始长达十多年的全球各国教育经费的猛增，在很大程度上归功于丹尼森的研究成果。

继舒尔茨、贝克尔、丹尼森对人力资本理论作出了重大贡献后，罗伯特·卢卡斯、保罗·罗默等人都在不同程度上进一步发展了人力资本理论。特别是 20 世纪 80 年代以后，以"知识经济"为背景的"新经济增长理论"在西方国家兴起，与 60 年代的舒尔茨采用新古典统计分析法不同，"新增长理论"采用了数学方法，建立了以人力资本为核心的经济增长模型，克服了 60 年代人力资本理论的一些缺陷。卢卡斯和罗默被公认为"新经济增长理论"的代表，他们构建的模型以在生产中累积的资本来代表当时的知识水平，将技术进步内生化。这一类模型可被称为知识积累模型，简称 AK(Accumulation of Knowledge)模型。

二、国内人力资本相关研究及评述

(一)人力资本现状研究

国内人力资本现状主要存在以下几个方面的特征：(1)中国的人口数量虽然多，但真正高质量的人口却严重不足(杨国勇，2007；周晓时等，2018；吴振华，2015)；(2)人力资本存量不足，特别是中国农村尤其是中西部的人力资本严重匮乏(孙一平等，2015；孙春玲等，2009)；(3)人力资本发展水平与发达国家相比存在重大差距(张凤林等，2008；张桂文等，2014)；(4)我国的人力资本利用效率低下；(5)中国的人力资本结构是一种"小托大式"结构：高智能、高技术劳动力所占比重极小。刘文(2004)分析了我国农村人力资本的基本特征，提出由于农村人口众多、农民收入增长缓慢、教育经费投入不足等原因，人力资本存量不足已成为我国农业经济发展的严重阻碍。

(二)加快人力资本形成的政策建议

一是转变观念，认识人力资本投资的重要性，有学者提出了人力资本优先投资的观点。他们认为人力资本投资比物质资本投资重要，人力资本增长的贡献潜力大于物质资本增长的贡献；人力投资是一种最基本、最有价值的生产性投资；所以人力资本投资应该优先进行(于洪平，2007)。二是实行后发国家的人力资本"借贷策略"，获得人力资本投入与转移中的"后发利益"。通过创造优惠条件吸纳各方人才，这可以节约实际投入成本，并产生递增的人力资本扩散和带动效应(夏业良，2000年)。三是发挥政府在人力资本投资中的主体作用，并带动社会人力资本投资。人力资本投资中存在负外部性，易导致市场失灵，造成投资不足，而政府的人力资本投资能够弥补投资不足，消除市场调节造成的种种缺陷，保证人力资本形成中的机会均等(侯风云，2008)。

(三)人力资本投资构成分析

蒋太才(2005)认为要评价人力资本投资的经济效果，必须进行人力资本投资额的测算或估算。为此，必须首先确定人力资本投资的构成。分析人力资本投资构成并构建科学的人力资本投资构成体系，对完善人力资本投资理论和指导人力资本投资决策实践具有重要的意义。作者分析了基于不同投资主体的人力资本投资构成体系，包括国家人力资本投资构成体系、企业人力资本投资体系和个人人力资本投资体系。

(四)人力资本投资与经济增长

杨俊龙(2006)探索人力资本投资促进经济增长的作用机理，并强调借鉴国外人力资本报酬设计模式，正确设计我国人力资本报酬模式，发挥人力资源的巨大潜力，为经济增长和社会进步作出巨大贡献。代谦、别朝霞(2006)从 FDI 的视角研究教育、人力资本和经济增长的关系，研究表明，FDI 能否给发展中国家带来技术进步和经济增长依赖于发展中国家的人力

7

资本积累，只有辅之以较快速度的人力资本积累，FDI 才能给发展中国家带来技术进步和经济增长。所以普及和改善教育、提高国民的人力资本水平应该成为发展中国家提高自身技术能力、吸引 FDI、促进技术进步和经济增长的核心政策。

(五)实证分析农村人力资本积累和人力资本投资状况

钱雪亚、张小蒂(2000)研究农村人力资本积累及其收益特征。作者根据农业普查情况并结合农村住户资料分析，认为农村从业人员文化素质绝对水平低，相对水平更低。研究表明，农村人力资本积累的宏观收益不显著，表现为从业人员文化水平与经济发展的相关性小，农村人力资本积累的个人收益以迁移收益为主，教育投入的直接收益率偏低。研究还表明，1996 年全国农村从业者中 5.8%的高文化从业者，对农村经济发展有低文化水平的人员所没有的特殊作用。魏下海(2007)利用统计数据描述分析了中国农村人力资本投资状况。认为农村劳动力转移成为中国经济发展过程中的严重制约因素，而制约转移的根本在于农村人力资本投资滞后导致的劳动力素质低下。目前中国农村人力资本投资少，机会不均等等现状可以从四个方面进行改进，即增加农村教育的投资力度，对农民进行职业技术培训，加大农村卫生投资及破除就业迁移制度性壁垒。

(六)理论阐释我国农村人力资本投资存在的问题、原因及对策

谭俊华、李寒、刘海雁(2004)认为我国农村之所以存在大量剩余劳动力，一个重要原因就是农村人力资本投资严重不足，农业劳动力素质低下，农村人力资本跟不上经济发展的需要。作者提出我国农村人力资本投资的主要途径有：加强基础教育改革，稳步推广九年制义务教育；加强农村职业教育和培训的发展；大力促进农村网络教育、远程教育的发展；改善农村的营养结构和医疗卫生条件。旷爱萍(2005)也从相似的视角对我国农村人力资本投资存在的问题、原因及对策进行了分析。李德孝(2007)重点从剩余劳动力转移的视角分析了农村人力资本投资的现状及对策。

（七）农村教育与农民收入的实证分析

邹薇、张芬（2006）利用人力资本因素解释了我国农村地区的收入差异问题。研究表明，农村各地区之间收入差异的扩大主要来自农村地区间工资性的收入差异，而农村工资性收入水平又主要与各地农民的受教育程度相关。郭剑雄（2005）借鉴内生增长理论的相关文献，并运用实证分析的方法，试图将人力资本、生育率以及二者的互动影响作为观察和分析中国城乡收入差距的基本变量。作者认为相对城市来说，农村地区的高生育率和低人力资本积累率所导致的马尔萨斯稳态，是农民收入增长困难的根本原因；而城市部门已经进入低生育率、高人力资本存量和积累率共同推动的持续增长均衡阶段。城乡收入差距调节政策的主要着眼点，应是提高农村居民的人力资本水平和降低其生育率。城乡教育结构调整可作为实现这一目标的首选政策，同时以城市化推进政策相配套。高梦滔、姚洋（2006）利用中国 8 个省份、1320 个农户、跨度 15 年的微观面板数据，进行计量分析，结果发现：教育和在职培训体现出的人力资本是拉大农户收入差距的主要原因。物质资本包括土地，对于农户的收入差距没有显著影响。在不同的收入组别上，人力资本的回报都显著高于物质资本的回报。靳卫东（2007）模型化分析农民人力资本投资与收入差距的相互影响。提出收入差距会影响人力资本投资，同时人力资本投资也会影响收入差距。在长期内，考虑到最低消费约束与投资成本，我国农民的人力资本投资存在着两个稳定均衡和一个非稳定均衡，这使得农民的人力资本差距和收入差距逐渐增大。由于收入差距对人力资本投资的影响，公共财政支出的增加不一定能消除贫困，使所有农民的人力资本投资都超过"最小临界门槛"才是最终解决贫困和收入分配问题的根本途径。

虽然我国对人力资本投资特别是农村人力资本投资的认识和研究较晚，但由于广大研究者的努力，当今已经取得了一定的成绩，研究达到了一定的深度。另外由于受政策、技术或方法等一系列因素的制约，还有不少问题需要进一步探讨：（1）以省域农村人力资本投资为研究视角的文献比较少。从研究对象看，已有的此类研究多以人力资本对经济增长的贡献率为主要研究对象，缺乏对某个省域农村人力资本投资较全面的分析。从研究方法看，对省域农村人力资本研究多采用统计数据描述分析、理论分析为主，进行正式计量分析的文献还需要加强。(2)农村人力资本投资途径的研究单一。人力资本投资的途径涉及正规教育、职业培训、医疗健康等方面，但是国内的学者对农村人力资本投资研究的着重点大多放在对正规教育投资的研究上，对其他的投资途径研究比较少。(3)对农村人力资本投资的贡献研究面较窄。目前的重点大多放在农村教育人力资本投资对农村经济增长的贡献研究上，而对培训、健康及转移等人力资本投资对经济发展的贡献研究较少。(4)由于人力资本投资定量研究采用不同的方法和模型，因此研究结论不一，需要进一步深化农村人力资本投资主体和投资形式等相关方面的研究。

三、国外农民生计相关研究及评述

有关可持续生计、农户生计、农民生计的文献最早出现在 20 世纪 90 年代。1992 年钱伯斯在《农村生计可持续性：21 世纪的实践概念》一书中提出了生计的可持续性概念："生计包含了人们为了谋生所需要的能力、资产(包括物质和社会的资源)以及所从事的活动。只有当一种生计能够应对，并在压力和打击下得到恢复，能够在当前和未来保持乃至加强其能力和资本，同时又不损坏自然资源基础，这种生计才是可持续性的。"

国际发展部 DFID(2000)提出了包括概念、分析框架和原则的可持续生计途径，并在发展中国家进行可持续生计的大量实践活动，发表和出版了一系列论文和专著。DFID 出版的《可持续生计指南》一书对"可持续生计框架"进行了详细介绍，指出该方法的目的在于帮助贫困人口获得持久的生计改进，无论是针对他们自己确定的贫困指标还是从底层出发定义的贫困指标，都能获得持久的提高。Jim Gilling(2001)探讨了可持续生计方法(SLA)、全部门方法(SWAps)与农村减贫之间的关系。作者认为可持续生计方法提供了一种手段，通过这种手段，全部门方法可以更有效地将重点放在减贫上，而全部门方法则提供了一个切入点，通过这一切入点，可以为支持穷人的生计提供政府或捐助者的帮助。Simon Anderson（2003）认为"可持续生计框架"是以人为中心的，它不是以一种线性的方式来分析的，也不是要提供一个现实的模型。Mary Ann Brocklesby（2003）研究了不同的组织如何采取可持续的生计方式，以及这些生计方式是否参与社区发展。其研究发现，社区发展在可持续生计思维中基本上不存在，并且认为造成这一结果的部分原因在于社区发展实践的本地特征，即本地特征使得外部驱动的可持续生计干预措施难以系统地被纳入社区层面。

Bounthong（2004）对世界上最贫穷的国家之一——老挝的三区九个村庄进行调查，发现大多数家庭依靠农业来满足他们的需求。Bounthong 阐明了家庭如何管理才能完成从生存到市场的过渡。随着市场延伸到偏远的农村地区，国家也正在经历一个重要的转型，而且非农业活动的作用越来越大。在老挝建立可持续生计机制需要从家庭层面考虑其生计条件。Per Knutsson（2006）认为可持续生计方法是真正跨学科的，因为这种方法在研究、政策和实践之间的边界生产、传播和应用。其认为人类生态学有能力对这种方法进行更好的理解和批评性评估，但目前缺乏制定标准的工具。因此 Knutsson 概述了可持续发展问题综合方法标准的评估框架，此评估框架适用于可持续生计方法。从评估框架中发现，如果要实现诸如可持续生计方法等方法所暗示的整体性和一体化目标，制定标准就是必要的。

Edward（2006）认为可持续生计方法已广泛应用于沿海的渔业发展研究，但其操作经验很大程度上仍然是没法实证的。在涉及 25 个西非国家渔业的可持续生计计划中，可持续生计方法将渔业政策与更广泛的减贫措施相结合，并确定有助于减少贫困的手段，这种手段并不会直接增加对充分或过度开发的鱼类资源的压力。Bruce（2007）在面对沿海地区居民贫困的背景下，通过可持续生计方法，补充了当时的沿海管理思想和实践，重点关注穷人利用治理机构和社会关系整合沿海资源的策略，以追求期望的生计结果。南非国家积极采取这种做法了解沿海地区居民所面临的可持续生计问题，提前作好应对举措。在南非宪法既要保证生态可持续，又要保持社会经济发展的背景下，Miriam Murambadoro（2009）调查了在规划新的开发活动（如生物燃料）和评估现有活动对维持农民可持续生计的贡献时如何运用可持续生计分析框架。

Hanna Nel（2015）研究了可持续生计（SL）和基于资产的社区发展（ABCD）方法的综合框架和实践模式。Hanna 将南非国家农村的住户调查用作分析的基础，以表明综合方法的应用。结果阐明了人的脆弱性和一系列相互影响的多方面因素是造成社区贫困的原因。结果还显示了尽管有限制和缺点，但是人们的资产、能力和活动，也能够使他们应付和生存，认为整合的 SL/ABCD 框架是了解脆弱社区的优势，是规划和实施可持续社区发展战略的有用框架。

四、国内农民生计研究及述评

（一）可持续生计研究的主要领域

自从可持续生计途径运用于减贫领域以来，国内也有越来越多的学者将可持续生计框架运用于各种各样的领域，如扶贫领域、生态领域、乡村旅游领域以及失地农民领域等。苏芳（2009）对可持续生计分析框架的国内外进展作了文献整理与总结，认为其对扶贫领域的应用具有重要作用。汤青（2015）针对半城镇化农民的市民化背景，从脆弱性背景、生计资产、生计策略与生计输出等四个方面对国内外可持续生计的历史与进展作了总结。近十几年内，城市化快速发展，城中村研究也渐渐变成热点研究问题，而农转非后的城中民族村也成为城中村研究的一个特殊情况，其不仅包含了城中村出现的一些问题，还蕴含着自身的宗教文化特色。朴龙虎（2017）以天津回族聚居区为案例研究对象，结合回族的宗教文化和民族风俗等背景，实地调查该聚居区的人口结构及居住现状，通过分析其中的问题提出城市化进程中少数民族聚居区应该如何发展。

（二）可持续生计的研究对象

国内在这方面的研究针对的是城镇化进程中的失地农民或者是城中村

改造后的失地农民，对民族村失地农民的关注较少。魏顺泽（2006）研究了绵阳市百万人口城市建设过程中的失地农民问题，为了解决失地农民的可持续生计问题，认为应从就业培训、增加收入、创新资产增值方式等方面来考虑。于全涛（2008）在研究城镇化进程中失地农民可持续生计时的创新之处在于其从公共法理、社会阶层和政府行政等方面剖析了失地农民利益受损的原因，并在最后提出解决生计问题必须加强失地农民的基本管理机构建设。杨静（2012）以吴江L小区部分城郊失地农民为例，运用问卷调查和访谈法发现了城郊失地农民所面临的问题，并对出现问题的原因进行了分析，最后从社会保障、再就业、教育资源、文化适应、征地补偿方式和实物安置措施等方面提出了建议。崔玉玺（2013）以西安市长安区的失地农民为调研对象，结合社会学、农业经济学等方面的相关理论，并在可持续生计框架的指导下，对调研对象的生计问题进行了研究，为实现其生计的长远发展提供一定的参考。吴锋（2014）研究了城市化进程中失地农民所面临的困难，在促进失地农民可持续生计的保障政策的完善探索中，从政策的基本理念、主要原则及具体建议方面进行了阐述。许音（2015）结合城市化进程分析了失地农民在生计方面出现的问题，发现问题的原因在于目前的土地制度不合理、社保体系不全面、失地农民难以融入城市以及再就业困难加大，并针对这些原因提出了优化补偿制度、完善社保制度，以及农转居后的就业扶持制度。国内对于民族村居民的研究很少，仅有的也是从民族地区农民的可持续生计问题出发进行研究。肖琼（2009）以汶川地震后民族旅游村寨的农民为研究对象，发现灾后该村农民的自然资本和物质资本不足、人力资本低下，而且灾后民族旅游资源开发过度，不利于民族文化精髓的传承。陶斯文（2012）在对民族地区失地农民可持续生计的思考中以四川民族地区失地农民为调查对象，分析其民族构成与结构，发现影响其可持续生计的根源所在，并据此提出相应生计策略。杨艳霞（2016）在城镇化快速推进背景下，结合当前农村集体土地被征用的现状，认为西部民族地区失地农民的可持续生计存在问题，非农就业面临着困难，只有不断提升西部民族地区失地农民的就业能力，才能提高农民收入，解决其生计的可持续性问题。

（三）可持续生计的研究内容

可持续生计主要是研究被征地农民的生计资本，而在这五种生计资本中，对于自然资本和人力资本的研究较多。李小云等（2007）对农民的各种生计资产进行了分析，人力资产、物质资产、自然资产和社会资产都有其各自的特点。杨云彦等（2009）以南水北调（中线）工程的库区农民为研究对象，通过测算得知社会资本对其影响最大，人力资本对其影响最低。周易（2012）全面而系统地围绕失地农民的生计资本、失地农民的生计策略，以及生计资本对生计策略的影响等方面对失地农民目前生计的现状、特点和造成其生计不可持续的深层次原因进行描述和分析，并提出了保持其可持续生计的建议。刘公政（2012）以岷江上游少数民族地区甘堡乡为研究对象，认为该地区劳动力向非农产业的转移对农民生计资本具有较大影响，自然资本的缺失间接导致了建立在土地资源上的物质资本和金融资本的减少。其还结合劳动力转移对农户生计影响的案例，从人力资本以及劳动力转移方面进行了研究。刘璐琳（2013）以城市少数民族流动贫困人口研究为对象，在参考借鉴 DFID 的可持续分析框架（SLA）与 CARE 的农户生计安全框架等国内外相关研究的基础上提出了自己建立的可持续生计模型，从生计风险、生计制度、生计资本、生计策略和生计输出方面作了调整，并分析了它们之间的关系，最后提出城市少数民族流动贫困人口社会救助方面的政策建议。刘毅、卢小君、田小芳（2015）在对山西忻州市刘家塔镇的被动移民进行可持续生计研究时，在 DFID 模型基础上构建了新的可持续生计框架，将因为移民导致不同程度削减的自然资本移除，只分析人力资本、物质资本等其他生计资本的特点，并据此提出了解决刘家塔镇农民被动移民可持续生计的解决方法。张春明、王树静、周毕文（2015）以北京市城中村改造为背景，在进行实地调研后，运用 DFID 理论对城中村改造居民进行分析，发现村民的生计资本均受到影响，而现行的补偿机制不能长久地给予村民支持，所以从可持续保障内容、权利价值和相关利益者权责三个方面进行深入分析。李丹（2015）在分析民族地区水库移民的可持续生计时，在传统的五大生计资本上加以创新，引入了民族文化传承这一文化资本，最终通过测算发现文化传承得分比其他五大生计资本的分值还高，说明民族地区居民对本民族风俗依然有较高的认同。

（四）可持续生计的研究方法

基本上采用了英国国际发展署提出的 DFID 理论，构建可持续生计分析框架。祁媛媛（2011）以失地农民的生计安排为研究对象，分析了我国失地农民在维持生计长久性方面所面临的困难，并从四个方面（农地产权制度、新型集体经济组织、居民家庭资产和社会保障制度）构建可持续生计体系。周洁等（2013）在城市化不断推进的过程中，根据失地农民对生计的需求构建可持续生计评价指标体系，并运用模糊物元模型对可持续生计进行实证分析。潘攀（2015）主要以北京市城中村改造的补偿问题为研究对象，通过发放问卷、构建村民的可持续生计分析框架，发现北京城中村改造后的居民补偿机制不完善，生计保障也出现了问题，居民的生计资本受到损失，可持续性面临威胁。陆雅琴（2015）以湘潭市九华经济开发区的失地农民为研究对象，对其可持续生计构建了 DFID 分析模型和基于该模型的评价指标体系，并设计了基于该指标体系的模糊综合评价方法。在实证研究的基础上，其利用构建的指标体系和评价方法综合分析了影响九华经济开发区失地农民可持续生计水平的各种影响因素，并对这些因素进行了综合评价。赵仰华（2015）在对天津市蓟州区城市化进程中失地农民的可持续生计进行分析时，将研究对象划分为纯农业型、半工半农型、非农型三种类型，并在此基础上进行定量研究，从生计资本和适应能力两方面选取指标，运用层次分析法确定各项指标的权重，同时量化问卷数据，对不同类型失地农民的可持续生计水平进行测算，结果表明，非农型失地农民的生计资本存量和适应能力明显高于其他两种类型农民，纯农业型农民处于劣势地位，主要体现在缺乏劳动技能、就业困难、家庭收入低、养老无保障等四个主要方面。薛继亮（2015）研究了少数民族生育率及其生计方式在可持续生计分析框架下的变迁，结果显示少数民族生育率的下降影响牧民生计策略的选择，并使得少数民族牧民劳动力向非农业转移。

我国学术界对农户可持续生计问题的研究大多是从实证分析的角度入手，分析影响农户可持续生计的原因，并据此提出相应的政策建议。而且大多数研究只是从生计资本或者生计策略单方面进行，并没有将两者有机地联系起来。通过阅读分析文献可以发现，当前关于农民可持续生计的研究仍存在许多不足，主要有以下几点：（1）从研究内容上来说，可持续生计理论涵括五大生计资本，而对这五大生计资本的研究程度不一，其中对于金融资本研究较少，对人力资本的研究就比较多且分析得也比较深入。（2）从研究方法上来说，以往研究主要是利用英国国际发展署的 DFID 理论，运用可持续生计框架来分析失地农民的可持续生计，并据此提出失地农民的生计策略。而且在运用可持续生计分析框架时，大多数研究者多用定量研究方法揭示其中存在的问题，比较容易忽略理论层面的深层次分析。

第三节　主要内容与方法介绍

一、主要内容

本研究主要解决以下几个问题：（1）人力资本投资现状、特征、差异和问题是怎样的？（2）农民生计的现状和问题是怎样的？（3）为什么人力资本投资会对农民生计产生影响？（4）人力资本投资会对农民生计的哪些方面产生影响？（5）在乡村振兴战略背景下，为提高农民生计水平、改善农民生计质量，政府和农民应如何进行人力资本投资？

以上五个问题是对本研究的总体概括，具体来说，本书除第一章导论外，主要研究内容由七个章节构成。

第二章为关键概念与理论基础。首先，对人力资本投资、农民生计、生计能力、生计策略、生计结果等关键概念进行界定，通过关键概念界定明确本书的研究范围和研究边界；其次，阐述本研究的理论基础，主要包括人力资本理论、农民生计理论、农户行为理论、经济增长理论和收入分配理论。

第三章为人力资本投资与农民生计现状，主要是针对我国目前的人力资本投资现状和农民生计现状进行描述与总结，回答上述第一个问题和第二个问题。同时本章也是全书研究的现实基础和逻辑起点。人力资本投资现状具体包括人力资本投资概况、投资特征、投资差异和存在的问题这四部分内容。农民生计现状主要包括农民生计概况和存在的问题这两部分内容。本章主要采用描述性分析方法，相关资料、数据和表格由《中国统计年鉴》《中国农村统计年鉴》《中国教育经费统计年鉴》《中国卫生和计划生育统计年鉴》和相关部委网站公开信息等整理得到。

第四章为人力资本投资对农民生计影响的理论分析。主要解决前面提到的第三个问题，即从理论层面分析人力资本投资对农民生计的影响，首先辨识两者之间的关系；其次分别阐述人力资本投资对农民生计能力、生计策略和生计结果的影响机理；最后汇总三方面的影响机理，构建起本研究的逻辑体系和研究框架。本章主要采用定性分析方法，结合人力资本理论、农民生计理论、农户行为理论等进行分析。

第五章为人力资本投资对农民生计能力影响的案例分析。本章采用案例分析研究方法，首先介绍了农民生计能力评价方法和常用评价指标，然后在所调研农村家庭中选择两个在人力资本投资方面较具有代表性的家庭作对比分析。两户家庭在所处宏观环境和家庭经济起点上基本一致，但由于两家对人力资本投资的重视程度和具体做法存在较大差异，最终两户家庭在生计能力、生计策略和生计结果方面出现较大不同。通过案例分析和比较，本书认为人力资本投资短期内会削弱农民的生计能力，但从长期来看，人力资本投资可以提高农民的生计能力。同时，相比较而言，人力资本教育投资和迁移投资会比健康投资对农民生计能力的影响更大一些。

第六章为人力资本投资对农民生计策略影响的实证分析。农民生计策略主要选择农民就业和农民创业两个层面进行分析。对农民就业的影响主要考察对非农就业和异地就业的影响，对农民创业的影响主要考察对创业行为和创业能力的影响。实证结果显示，农村居民人力资本教育投资、健康投资和迁移投资都对农民非农就业有影响，其中迁移投资影响最显著，健康投资其次，教育投资最弱；农村居民人力资本健康投资和迁移投资对农民异地就业有影响，迁移投资影响最显著，教育投资对农民异地就业影响不显著；农村家庭人力资本迁移投资对农民家庭是否创业有显著影响，而教育投资和健康投资对农民家庭创业行为影响不显著；农村家庭人力资本教育投资和迁移投资对农民创业能力有影响，健康投资对农民创业能力影响不显著。

第七章为人力资本投资对农民生计结果影响的实证分析。农民生计结果主要选择农民收入和农民精神状态两个层面进行分析。对农民收入的影响主要考察对收入水平和收入结构的影响，对农民精神状态的影响主要考察对生活满意度和未来信心度的影响。实证结果显示，农村家庭人力资本教育投资、健康投资和迁移投资都对农民收入水平有影响，其中教育投资和迁移投资影响最显著，健康投资其次；农村家庭人力资本健康投资对农村家庭经营性收入影响最显著，教育投资和迁移投资次之；教育投资和迁移投资对农村家庭非农收入和工资性收入影响都非常显著，而健康投资对两者的影响均不显著；农村居民人力资本健康投资和迁移投资对农村居民生活满意度和未来信心度都有显著影响，而教育投资无论对农村居民生活满意度还是对未来信心度影响都不显著。

第八章为主要结论和政策建议，主要回答前面提出的最后一个问题，并在总结全文理论分析和实证分析的基础上，提出能够促进人力资本投资和改善农户可持续生计的政策建议。

二、方法介绍

本书各章节分别根据研究需要和研究实际采用了不同的研究方法，主要包括文献研究法、演绎推理法、定性分析法和定量分析法。

（一）文献研究法

一切研究的开始都是基于一定研究基础的，其中阅读相关领域文献，了解相关领域理论便是最重要的基础。首先，在研究开始之前，根据研究热点和研究兴趣阅读农村产业、人力资本、农民收入、可持续生计等方面的文献，通过大量阅读之后确定研究方向。其次，根据人力资本投资对农民生计的影响这一研究方向开始精读与此相关的具有前瞻性和权威性的研究成果，并对所读文献进行整理和评述。最后，借鉴前人研究经验，并根据自身研究需要，分别对本研究的关键概念和理论基础进行界定和整理，同时构建研究内容和研究框架。

（二）演绎推理法

演绎推理是严格的逻辑推理，它是指从一般性的前提出发，通过演绎推理，得出具体陈述或结论的过程。本书在多处地方运用演绎推理法来分析因变量与自变量之间的内在联系，以及变量与指标之间的内在关联。本书第三章分析人力资本投资对农民生计的影响机理时，主要运用了演绎推理法。

（三）案例分析法

本书第四章第二节和第三节主要采用案例分析法。考虑到定量分析法的内生性及案例分析法的直观生动性，本书采用案例分析法研究人力资本投资对农民生计能力的影响。通过选取两组生计资本相当的研究对象作为对比组，分析两组研究对象的人力资本投资和生计能力状况、投资中遇到的问题和对问题的解决方案来具体分析人力资本投资对农民生计能力的影响。

（四）定性分析法

本书第二章在对人力资本投资和农民生计现状进行阐述时，主要采用定性分析法。特别是第一节第二部分内容，主要依托统计年鉴资料和各类数据，对人力资本投资差异进行分析，包括人力资本投资内部差异，以及东、中、西、东北四地的地域差异。第二章主要采用白描的手法准确呈现人力资本投资现状和农民生计现状。

(五)定量分析法

本书第五章和第六章主要采用定量分析法。通过整理中国统计年鉴、中国财政统计年鉴、中国农村统计年鉴、湖北农村统计年鉴、中国家庭追踪调查等资料，形成定量分析所需的数据，构建回归模型，运用二元Logistic 回归、多元 Logistic 回归和 OLS 回归估计等定量分析方法，逐步分析人力资本投资对农民就业、农民创业、农民收入和农民精神状态的影响。在此过程中，主要借助 Stata、Spss 等统计分析软件，在指标选择和处理、指标间的关系确定、描述性统计分析等部分均采用了定量分析法。

第四节 行文逻辑与研究数据

一、行文逻辑

本书的研究思路和研究进程主要分为以下几个阶段：

第一阶段：确定研究方向并论证其可行性。根据以往研究经验和笔者研究兴趣，本书以人力资本投资和农民生计为主要研究对象，探讨人力资本投资对农民生计的影响。在初步确定之后，开始研读相关文献，并与指导老师等讨论该研究方向是否具有可行性。

第二阶段：谋篇布局，确定分析框架和主要研究内容。从我国人力资本投资和农民生计现状及存在的问题入手，深刻阐述人力资本投资对农民生计能力、生计策略和生计结果的影响机理，逐步构建起人力资本投资对农民生计能力、农民就业、农民创业、农民收入和农民精神状态影响的分析框架并确定主要研究内容。

第三阶段：实地调研，获取一手资料和数据。"三农"研究不应只固守理论知识，更要深入乡间田野去真实感受研究对象。在设计好调查问卷和访谈提纲之后，开始针对人力资本投资及农民生计情况在农村进行走访调研，在与村民、村干部、政府单位等相关群体的座谈交流中，获得本研究所需要的资料和数据。

第四阶段：化繁为简，对手头资料进行整理归纳。一方面梳理相关研究文献，学习相关研究理论，以期能够为研究打下坚实的理论基础；另一方面对调查问卷和研究数据进行归类整理，得出能供研究使用的数据，并借助统计分析软件作进一步的回归分析。

第五阶段：形成文字和图表。根据之前确定的研究框架和主要研究内容，结合所获得的资料以及个人的所思所悟，完成每一章节的文字工作，力争使用准确精炼的学术语言来阐述所要表达的内容，完成写作工作。

第六阶段：得出结论。将所有分析和研究形成条理清晰、逻辑可靠的研究结论，针对人力资本投资对农民生计的影响提出改善人力资本投资和农民生计的政策建议，为乡村振兴背景下人力资本投资提供思路和对策。

在此研究思路基础上，绘制本书研究技术路线图（图1-1）。

二、研究数据

本研究所使用的分析数据主要来自三个渠道：一是公开可查询的统计年鉴数据和相关部委网站数据，主要包括《中国统计年鉴》《中国农村统计年鉴》《中国教育经费统计年鉴》《中国卫生和计划生育统计年鉴》及财政部网站、农业农村部网站、国家及各县市州统计局网站等。二是中国家庭追踪调查（China Family Panel Studies，CFPS）数据库。该数据库受北京大学"985"项目资助，由北京大学中国社会科学调查中心具体执行，主要对个体、家庭和社区三个层面的经济及非经济福利等方面进行跟踪和收集数据，调查涵盖我国31个省（自治区、直辖市），微观数据样本量较大，能够较为真实地反映我国当前社会和经济发展情况。本书主要使用2010年、2012年、2014年和2016年家庭经济数据库和成人数据库，在具体分析时

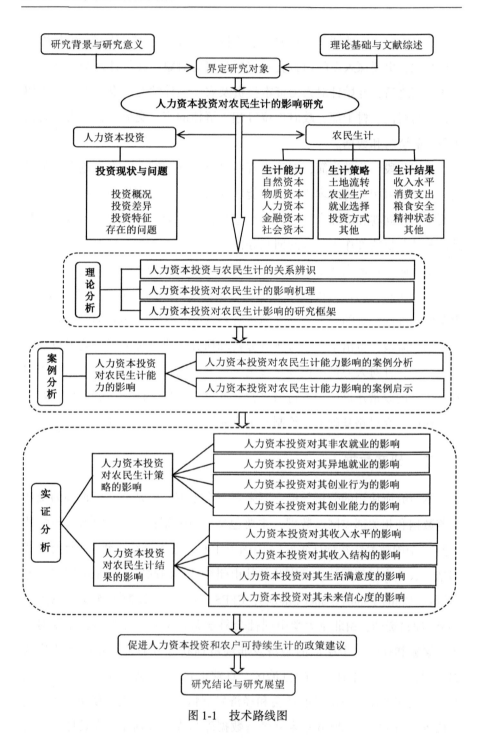

图 1-1 技术路线图

需要对两个数据库作匹配和合并处理。三是笔者及团队实地调研所获得的材料和数据，主要为 2016 年 7 月及 2017 年 8 月和 12 月笔者深入湖北黄冈、恩施、宜昌、荆州、咸宁和云南大理、山东寿光、广西防城港等地，针对人力资本投资和农民生计相关问题与当地政府人员、村干部和农民展开的访谈。

第五节　学科贡献与研究局限

一、学科贡献

本书结合已有研究成果，对相关理论进行阐述，在深刻阐述人力资本投资对农民生计影响机理的基础上，重点考察了人力资本投资对农民生计能力、生计策略和生计结果的影响。具体来说，本书从理论和实证层面分别研究了人力资本投资对农民生计能力、农民就业、农民创业、农民收入和农民精神状态的影响，并在此基础上提出促进人力资本投资和改善农民生计现状的政策建议。本书研究在以下几方面具有创新性：

第一，本书主要研究对象为人力资本投资和农民生计现状。人力资本是农民生计资本的一种，在有关农民生计的研究中，鲜少有学者单独考察人力资本对农民生计的影响。而在人力资本投资的相关文献中，尽管有研究考察过人力资本投资对农民非农就业、非农收入等方面的影响，却没有系统性分析人力资本投资对农民生计影响的研究。本书将人力资本投资对农民生计的影响作为研究重点，在研究视角上具有一定的创新性。

第二，在本书具体研究过程中，创新性地将农民创业和农民精神状态分别纳入农民生计策略和生计结果范畴，具体考察了人力资本投资对农民创业行为和创业能力的影响，以及人力资本投资对农民精神状态的影响。农民创业是近年来的研究热点，农民精神状态也在逐渐成为研究热点。本书通过回归分析证明，人力资本投资是能够影响农民创业和农民精神状态的。

第三，人力资本是农民五大生计资本中的一种，且生计资本与生计能力息息相关，因此在研究人力资本投资对农民生计能力影响的相关文献中，研究人员多从生计资本视角采用定性研究方法考察人力资本投资对农民生计能力的影响。而本书在研究这一选题时，创新性地采用案例分析研究方法，从调研对象中选取两组具有代表性的家庭，深入细致分析两组家庭对待人力资本投资的态度及具体做法，并从人力资本投资结果角度总结人力资本投资过程中应该注意的问题。尽管案例研究方法的切入角度比较小，分析可能会带有一定的主观性，但通过对考察对象的系统跟踪和综合考察，能够获得整体全面的认识，再结合理论分析部分，能够达到由个别到一般的推导依据。

第四，学术界对于人力资本投资研究较多，特别是研究人力资本对农民就业和农民收入的影响已经较成体系，但在实证研究过程中，绝大部分文献采用统计年鉴等宏观数据进行实证回归，较少使用微观数据来进行研究。本书使用 CFPS 公开数据，涉及农村家庭和农村居民个体微观数据，在数据使用上具有一定创新性，也是从微观角度论证人力资本投资对农民就业和农民收入影响的一次尝试。

二、研究局限

由于笔者研究能力有限，本研究还存在诸多不完善的地方，主要表现在以下几个方面：

（1）从舒尔茨对人力资本投资的定义来看，任何使人力资本增值的活动都可以称为人力资本投资，它主要来源于健康设施和服务、在岗培训、教育、学习以及迁移和信息的增加等。在参考已有研究的基础上，考虑到数据的可获得性和研究的便利性，本书对人力资本投资的衡量主要通过教育投资、健康投资和迁移投资三者加总而来。这样做可能会使所得到的数据与实际值存在一定误差，需要进一步扩充其完整性。

（2）在实证考察人力资本投资对农民就业、创业、收入和精神状态等方面的影响时，尽管参考了已有研究的变量选取方法，但必须承认农民就业性质和就业地点、农民创业行为和创业能力、农民收入水平和收入结构、农民对当前生活的评价和对未来生活的预测等都受到多方面因素的影响，且实际情况可能更为复杂。同时，受研究数据限制，本书在模型控制变量的选择上存在一定的主观性和片面性，可能会有意和无意忽略一些本应该被考虑的因素，这对估计结果会产生一定影响。

（3）农民生计研究是一个较为宏大的概念，它包括生计资本、外部脆弱性风险、结构和过程转变、生计策略、生计目标、生计结果等多个方面，每个方面又包含很多具体内容。本书以人力资本投资对农民生计的影响为题，在具体考察时，由于受篇幅和个人能力所限，仅选取了农民生计能力、农民就业、农民创业、农民收入和农民精神状态这几个与人力资本投资息息相关的方面，忽略了人力资本投资对农民生计影响的其他议题，研究深度和广度还需进一步加强。

第二章　关键概念与理论基础

对核心概念进行界定和对理论基础深入剖析有助于明确研究对象，划定研究范围，同时能够奠定全书的研究基础和逻辑起点。本书以"农村人力资本投资对农民生计的影响研究"为题，涉及的关键概念主要为"人力资本""人力资本投资""农村人力资本投资""农民生计""生计能力""生计策略"和"生计结果"，理论基础主要包括"人力资本理论""农户行为理论"和"可持续生计理论"。

第一节　关　键　概　念

一、人力资本

早在经济学理论创立之初，"人力资本"一词便出现在经济学研究领域。亚当·斯密（1776）最早提出将劳动者的知识和技能看作一种资本。他在《国富论》一书论述道："学习是一种才能，这种才能也是可以固定在学习者身上的财富。""土地是财富之母，劳动是财富之父"是威廉·佩蒂（William Petty）的著名言论，他最早注意到劳动力素质在劳动生产过程中的重要作用，也强调了人在劳动产品价值形成中的重要地位。1960年，美国诺贝尔经济学奖获得者西奥多·舒尔茨（Theodore W. Schultz）出版了《人力资本——教育和研究的作用》一书。书中明确指出，相比土地、物质资本、劳动力数量等对经济增长的贡献而言，人的知识、能力、健康和所拥有的技术水平等人力资本往往对经济增长的贡献更大，同时他认为人力资本的内涵是凝聚在劳动者身上的包含知识、技能、智能和体能价值的总和，其根本属性是能产生递增收益。法国经济学家萨伊（J. B. Say）则将人力资本定义为"个人的生产技术、才能和知识"，并以医生为例，较早论述了不同职业劳动者人力资本的形成过程。

我国学者在研究人力资本问题时也对人力资本的内涵作了各具特色的描述。李忠民（1999）认为，"人力资本是凝结在人体内，能够物化于商品或服务，增加商品或服务的效用，并以此分享收益的价值。"李宝元（2000）着重区分了人力资源与人力资本，他认为人力资源是指能够推动社会经济发展的具有智力和体力的劳动能力的总和，强调有用性及人力作为一种已经存在的资源该如何利用的问题，是比人力资本更广泛、更具概括性的概念，而人力资本侧重于价值特征，强调投资回报和价值增值等。张艳华（2010）认为，人力资本依附于人身上却不是人本身，而是指人们通过后天各种投资方式获得的，凝结在人体之中的，能够带来价值增值的知识、健康、经验、技能和能力的总和。徐丽杰（2013）从区分物质资本与人力资本的角度将人力资本定义为通过教育、培训、医疗、迁移等投资形式形成的，凝结在人体内、以劳动者数量和质量表示的非物质资本。

鉴于此，本书结合研究实际对人力资本的概念界定为：通过教育、医疗、迁移等形式对人力进行投资而形成的附着在人身上的一种资本和禀赋。

二、人力资本投资

人力资本是通过投资形成的。马歇尔在论述劳动及其工资决定论时曾多次提到，劳动者增强本领、提高技能的过程就是人力资本投资的过程。加里·贝克尔（1964）在其专著《人力资本》中明确提出人力资本投资的定义：所有用于增加人的资源并影响其货币收入与心理收入的活动即构成了人力资本投资。张衔（2005）认为人力资本投资是一种个人在预算约束下，根据预期收益作出的关于人力资本投资规模和结构决策的行为过程。张艳华（2010）认为，人力资本投资是一项为了提高未来人力资本收益的投资，是指在一定时期社会各投资主体(家庭、企业、政府)对人力质量改善所进行的包括各种能够增加人的经济、社会价值的支出活动,是人力资本的生产和形成过程。

人力资本投资是一项流量指标。最早舒尔茨提出了人力资本的形成途径主要有五种:(1)正式的初级、中级及高等教育;(2)在职人员培训,包括学徒制等;(3)医疗和保健;(4)非企业组织的成年人培训项目,包括自我学习等;(5)为适应职业变化而产生的升迁及改变。舒尔茨的这一论断为以后的人力资本投资研究打下牢固基础,此后关于人力资本投资渠道的论述均在此基础上继承和延展。本书根据已有文献描述和学术界通常观点,将人力资本的投资途径主要概括为教育、健康和迁移三个方面。具体来说,教育投资是指通过正规学历教育或特殊培训或自主学习等方式获得各种类型的知识、技能等,以提高教育水平、知识储备、专业技能、劳动熟练程度及创新能力等。健康投资主要表现为提高人的体力、耐力和健康水平而进行的投资活动,包括资金投入、时间投入等,只有强壮健康的体魄才能在劳动中发挥更大的价值和效用,人因为疾病或受到伤害需要医疗救治行为本也属于人力资本健康投资范畴,但因为单纯的医疗救治对农民生计存在显著负向影响,因此本书所考察的健康投资是排除医疗救治投资的。迁移投资是指人在迁移和交流过程中不断获取外界信息、更新思想观念和增加经验技能的过程。

与人力资本投资这一流量指标相对应的还有人力资本积累(又叫人力资本存量)这一静态指标,人力资本积累是对人力资本投资结果的衡量,强调经过后天教育、健康、迁移等多方面投资形成的劳动力素质质量内涵和特征,学术界通常采用家庭劳动力人数、受教育年限(文化程度)、年龄、健康状况、劳动能力、参与培训情况等指标来衡量人力资本积累这一静态指标(丁士军等,2016;朱建军等,2016;李金香等,2013)。

根据地域范围可以将人力资本投资划分为城市人力资本投资和农村人力资本投资,本书所提出的人力资本投资是指农村人力资本投资,研究范围限定在农村区域,研究对象专指户籍在农村的劳动人口的人力资本投资问题，不仅包括农村农业从业者，也包括农村第二、第三产业及进城务工农民等农村劳动力。根据人力资本投资主体分类，本书要研究的主要有三类投资主体，一是国家政府；二是农村家庭；三是农民个人。根据人力资本和人力资本投资的定义，本书根据研究实际，将人力资本投资定义为：政府、家庭及个人通过教育、健康、迁移等形式对农村户籍劳动力进行投资并能凝结在他们身上，形成推动社会经济增长的知识、技能、才干的总称。

三、农村人力资本投资

农村人力资本投资是一个相对概念，也是一个分类概念。因为人力资本投资是一个较为宽泛的概念，除了上述根据投资渠道将人力资本投资划分为教育投资、医疗投资和迁移投资外，还可以根据投资主体不同将人力资本投资划分为国家人力资本投资、家庭人力资本投资、企业人力资本投资、个体人力资本投资和公众人力资本投资等；也可以根据地域范围将人力资本投资划分为城市人力资本投资和农村人力资本投资。

郑震和罗述权（2016）曾对农村家庭人力资本投资定义如下：农村家庭在其家庭收入水平约束下，通过对其家庭成员进行正规教育、自修、职业培训、医疗保健、劳动力转移等投资活动，以期在未来能够增加家庭的资源并获得投资收益的经济行为。结合本书研究实际所提出的农村人力资本投资主要是在研究范围上将人力资本投资限定在农村区域，专指户籍在农村的劳动人口的投资问题。这里的农村是相对城市而言的，具体的研究对象不仅包括农村农业从业者，也包括农村第二、第三产业及进城务工农民等农村劳动力。

四、农民生计

研究生计多是研究可持续生计，本书没有强调可持续，但绝不忽略可持续的重要性。因此本书中所述农民生计是农民可持续生计的简称，探讨农民生计的概念内涵也就是对农民可持续生计进行定义。

　　"生计"一词从字面上理解是指维持衣食住行等生活各方面的办法，即建立在能力（capabilities）、资产（assets）和活动（activities）基础之上的谋生方式（罗伯特·钱伯斯，1992）。农民生计便是指农民为维持衣食住行等生活，在现有能力、资产和活动基础上的谋生方式。

　　随着经济和社会的发展，可持续发展战略已得到全人类的接受和认同，可持续强调的是长久维持和持续增长，并非只顾眼前利益忽略长远，具体来说包括经济可持续、社会可持续和生态可持续三方面。经济可持续强调的不仅是经济总量的增长，还有生计效率和产品品质的提升；社会可持续强调保证社会的公平正义，每一位公民都可以且应该参与到社会可持续发展之中；生态可持续是可持续战略提出的前提和基础，它主要强调人与自然的平衡与和谐，人类发展与自然资源息息相关，但要特别注重发展与环境之间的和谐统一关系。

　　相应地，可持续生计是对生计的拓展和延伸，也是顺应经济社会发展规律而提出的。早在20世纪80年代便有了可持续生计的概念，该概念最早由世界环境和发展委员会提出，提出之初在于强调可持续生计对于减贫和发展的意义，特别是对于发展中国家贫困人口生计研究的意义，但后来随着研究的不断深入，可持续生计的概念也不断被不同学科的学者应用到其他研究对象和研究领域，其概念内涵得到进一步拓展和升华。章铸和李荣生（2007）认为"可持续生计"是指个人或者家庭为了改善长远的生活状况所拥有以及获得的谋生能力、资产和有收入的活动。本书认为可持续生计是指人们在面临困难和风险时，能够恢复和增加资产，保持和提高能力，并为自我和他人生计带来收益，且不损坏下一代自然基础的生计活动。

五、生计能力

　　生计能力是农民有可能实现的各种可行的功能性活动的组合，也是农民实现各种不同生活方式的自由（阿马蒂亚·森，2002）。它一方面是指农民拥有的资源禀赋，另一方面也指农民将这种资源禀赋转化为积极有效生计结果的本领和能力，甚至也包括在转化过程中不断积累更多资源，学到更高本领的能力。

生计能力受很多因素影响，包括资源禀赋、政策环境、公共服务、社会保障等外部客观因素，也包括性别、年龄、受教育程度、技能高低等内部主观因素。因此，生计能力总是处于不断变化中，生计主体可以不断整合和重构自身内外部资源，以增强其发展质量，提高其生计水平。本书对生计能力的定义是生计主体为维持生存和不断发展所拥有的能力总和。

在学术界，为了更好地量化生计能力这一定性指标，多数学者默认使用农民所拥有的资源禀赋即五大生计资本来衡量这一指标。丁士军等（2016）在研究被征地农户生计能力变化研究时使用失地前后农户生计资本水平与结构变化来理解失地农户生计能力变化情况；李金香等（2013）通过分析退耕前后农户可持续生计的资本变化以及生计资本对农户收入水平的收入效应，探讨退耕还林对农户生计能力的影响。本书也借鉴前人经验，使用农民拥有的自然资本、物质资本、人力资本、金融资本和社会资本来衡量农民生计能力。

六、生计策略

受脆弱性环境和背景影响，生计策略是动态变化的。农民会根据内外部环境条件的改变而不断调整生计策略，改变对资本的利用和配置、选择合适的生产经营活动和方式，也包括对投资的选择和对就业地的选择等。

英国国际发展署（DFID，1999）对生计策略的定义是人们为达到生计目标而进行的活动和作出选择的范围及其组合，其后大部分研究者选择沿用这一定义。国内学者多将生计策略定义为，人们对资本利用的配置和经营活动组合的选择，以便实现生计目标，具体包括生产活动、投资策略、生育安排等（苏芳，2015；杨培涛，2009）。也有学者直接将生计策略与农民生产活动相等同（Babulo，Muys et al.，2008），或者以农民的生计活动类型及行为类型为划分标准（杨培涛，2009；熊吉峰、丁士军，2010），这类划分标准简单明了、概括性强，也能够突出生计策略的概念内涵。本书在总结前人经验的基础上，结合研究实际需要将生计策略定义为农民为完成既定的生计目标，根据自身拥有的生计资本状况对生产经营活动及自身行为进行合理选择。生计策略含义甚广，限于篇幅有限和数据的可获得性，本书重点选取农民就业性质、就业地点、创业行为和创业能力这四个指标代表农民生计策略进行分析。

七、生计结果

生计结果又称生计成果，它是与生计目标息息相关的一个概念，生计结果的产生往往受到生计目标的影响，当然它也是生计策略执行效果的直接体现。有人将生计结果理解为农民收入增加，实际上生计结果或者说生计目标远远不止于此，它还包括农民生活状况改善、精神需求得到满足、食品安全得到保障、应对风险能力增强、自然资源可持续利用等各个方面。

对于生计结果的概念界定，学术界的看法比较一致，生计结果是生计策略或目标的实现或结果（罗蓉，2008；苏芳，2015）。本书也采用这一定义，并选取农民收入和农民精神状态这两个重要生计结果进行分析，具体包括人力资本投资对农民收入增长、农民收入结构、农民生活满意度和农民未来信心度的影响。

第二节　理论基础

本书研究的是人力资本投资对农民生计的影响，研究内容可以分为人力资本投资和农民生计两条主线。依照这两条主线，本节首先阐述了人力资本理论的形成发展与主要内容，随后详细阐述了农户行为理论和可持续生计理论的形成发展与主要内容。本章对于人力资本理论、农户行为理论、可持续生计理论、经济增长理论和收入分配理论的阐述，为随后几章的研究提供最根本的理论基础。

一、人力资本理论

(一)人力资本理论的形成与发展

1. 人力资本理论思想萌芽阶段

人力资本理论思想萌芽最早可以追溯到古希腊时期，著名思想家柏拉图很早就认识到教育的经济价值，他认为可以通过基础教育来发展人的先天能力。在古典经济学的发展过程中，也不断有人力资本理论思想萌芽，代表人物主要有威廉·佩蒂、亚当·斯密、萨伊、穆勒、李斯特等。

"土地是财富之母，劳动是财富之父"是英国古典经济学家威廉·佩蒂的著名言论，他在肯定土地价值的同时，也强调了劳动的重要性，间接指出了人力资本的重要作用。他的这一思想被认为是最早的人力资本理论思想萌芽。威廉·佩蒂还认为一个有技艺的人能够完成的工作要比没有技艺的人能够完成的工作多很多，即拥有一定技术和才能的劳动力是能够产生更多经济价值的，他还运用"生产成本法"计算了英国人口的经济价值，并指出人口差异是影响国家经济实力的主要原因，应该采取措施以提高人口素质。

亚当·斯密(Adam Smith)是人力资本理论的重要先驱，他认为人的能力及能力强弱主要是通过后天教育和生产实践而形成的，并且这种能力一旦形成便会成为固定在人自身的一种资本。亚当·斯密是"资本中心论"的坚定支持者，他在《国民财富的性质和原因的研究》(1776)一书中写道："所有通过后天获得的有用能力都是人力资本，一个国家全体居民的人力资本总和便构成了国家人力资本。虽然后天获得能力是需要一定花费的，但获得的这种能力一方面能够在生产活动中提高生产效率，另一方面具备了这种能力的工人能够选择更合适的岗位，以优化劳动力资源配置，这种产能和效率的提高所带来的收益足以补偿工人为增加此项能力的支出和花费。

法国经济学家萨伊提出了著名的"劳动、资本、土地"三位一体公式，即认为资本主义生产方式和社会价值都是由资本、劳动和土地三方面构成和创造的，这三种要素所对应的报酬依次是工资、利息和地租，且报酬与生产中创造的价值相等。他的这一观点充分肯定了劳动的价值，对于提升劳动者的地位是有贡献的。同时，他还认为教育经费增加有助于财富增长，科学发展能增进社会幸福，因此建议国家维持学术机构和最高学府，提高劳动工人的知识储备等。这些观点对于推动教育、学术发展等起到了重要作用。

英国经济学家约翰·穆勒认为家庭抚养培育、学校教育培训、医疗保健所等都具有人力资本投资功能。麦克库·洛赫则反复强调人也是属于资本范畴的。弗朗斯瓦·魁奈则认为构成国家强大因素的是人，人本身就是为自我创造财富的第一因素。李斯特（1885）在《国家政治经济体系》中指出，不进行人力资本投资的家庭只生产交换价值，而进行人力资本投资的家庭则可以通过增加知识和技能，进而生产生产力。

2. 人力资本理论体系形成阶段

人力资本理论体系主要形成于新古典经济学时期，其代表人物主要有西奥多·舒尔茨、阿尔弗雷德·马歇尔、欧文·费雪、瓦拉尔、詹姆斯·道奇、明赛尔、贝克尔等。

欧文·费雪认为无形的人力资本及知识资本同有形的物质资本一样都能够带来收益，因此都是资本，而在所有资本中，对人的投资是价值最大的（马歇尔）。这一时期，经济学者对教育收益问题的关注也极大推进了人力资本理论体系的形成。道奇（1904）通过比较工厂中拥有不同专业技能和不同教育水平的工人收入，以此估算各类教育对收益的贡献。戈塞兰（1927）在道奇研究成果的基础上，将家庭背景、自然禀赋等影响收入的因素直接剥离，仅单独比较学历对收入的影响。沃尔什（1935）创立了通过对比个人教育费用和个人收益来计算教育经济效益的贴现计算方法，对人力资本研究产生了较大影响。丹尼森的主要贡献是将计量分析方法引入人力资本理论研究，从经济计量学的角度论证了教育在经济发展中的重要作用。1958 年，美国经济学家雅各布·明瑟发表了文章《人力资本投资与个人分配》，首次将人力资本作为经济增长的重要因素进行了分析，随后，他提出了著名的明瑟收入方程，该方程包括收益率和工作经历及其平方，主要揭示多接受一年收益率可以引起的收入增加的比率。费希尔明确地将人力划入资本范畴，他认为任何收入都可以资本化，包括由人本身所产生的收入，这也是一个人基于资本化的经济价值所在，同时他也明确指出健康也是一种人力资本和国家的重要财富。

诺贝尔经济学奖获得者西奥多·舒尔茨是人力资本理论的集大成者，也被誉为人力资本理论之父和创始人，他在前人研究的基础上，不断完善和补充人力资本观点，逐渐形成系统规范的人力资本理论体系。舒尔茨主要研究人力资本投资对经济增长的影响，特别是发展中国家人力资本投资对农业经济的增长作用，通过发表系列论文、讲演、专著等形式全面且系统论述了人力资本投资理论。他的主要观点包括：（1）人力资本是凝结在劳动者身上的智能与体能的总和；（2）人力资本是通过投资获得的，且人力资本投资途径主要包括教育、培训、医疗和迁移等；（3）人力资本是促进经济增长的主要因素；（4）教育能够使社会的收入分配趋于平等；（5）人力资本的投资收益率高于其他任何资本的投资收益率。

3. 人力资本理论快速发展阶段

在人力资本理论体系初步完善以后，关于人力资本的研究逐渐增多，人力资本理论也被各方面的学者用于不同的研究领域。与舒尔茨偏重宏观研究不同，明赛尔主要从微观视角入手，通过研究教育、培训等人力资本投资模式与收入分配的关系，创造性地将人力资本理论引入劳动经济学研究领域，使用人力资本研究方法分析劳动市场行为与家庭经济行为等。贝克尔对人力资本投资的定义是增加人的资源并影响其未来货币收入和消费的活动。他还特别强调，人力资本不只是知识、才干，健康的体魄、充裕的时间同样是人力资本。

20 世纪 80 年代以后，以提倡技术内生化为典型特征的新经济增长理论逐渐流行，人力资本被作为内生变量纳入模型中，这也标志着人力资本理论发展进入一个新的阶段。罗默（1986）在《收益递增经济增长模型》一文中将知识分为一般知识和专业知识，一般知识通过正规学校教育获得，专业知识通过"干中学"获得，这两种知识共同形成了人力资本，并决定着社会经济增长。1988 年，卢卡斯发表《论经济发展的机制》，主要考察正规教育投资对社会经济的影响和干中学对人力资本积累的作用，他认为人力资本内部效应和外部效应的组合才能促进经济增长，而人力资本内部效应是指通过学校教育形成的人力资本，人力资本的外部效应是指通过生产实践获得的人力资本。同时，卢卡斯还认为，技术进步是由人力资本推动的，技术进步的快慢取决于人力资本存量水平和进行人力资本投资的时间，技术扩展的范围和速度也与经济体的人力资本存量呈正相关性，人力资本所具有的这种存量性和扩展性，使得经济增长能够实现自我强化和持续发展。虽然罗默和卢卡斯都强调人力资本对经济增长的重要作用，但他们并没有否认物质资本对经济增长的作用。相反，因为物质资本对人力资本存在依赖性，因此更应该加大人力资本投资以吸引更多物质资本进入，在人力资本和物质资本的双重作用下推动经济发展，以缩小经济发展差异。他们的这一思想对于研究发展中国家人力资本投资问题具有重要意义。

新世纪以来，人力资本理论发展随着知识经济发展不断完善，众多经济学学者开始对人力资本理论及其应用进行新领域和新视角的探索和研究，使人力资本理论研究内容更加丰富，研究视角更加多元。

（二）人力资本理论的主要内容

人力资本理论发展到现在，其内容可谓包罗万象，限于文章篇幅，本书将结合研究实际，在认真梳理前人研究的基础上，主要从以下两个方面阐述人力资本理论：人力资本积累方式、人力资本投资需求与供给分析。

1. 人力资本积累方式

人力资本积累方式也就是人力资本投资途径，任何能够提高劳动者身体素质、道德素质和智能素质的活动都可以看成人力资本积累方式。具体有以下几种方式：

（1）正规教育

正规教育一般是指在全日制学校系统接受初级、中级和高级知识文化的过程，这个过程能够帮助劳动者建立最基础的知识网络，具备基本的认知和判断能力，形成最原始的观念和思维方式，它是所有人力资本积累方式中最基础也是最核心的一种方式。一个人接受正规教育时间长短不仅会影响其科学文化知识水平，还会影响一个人的思想道德素质和身体健康水平（杨建芳，2006）。一个国家的教育事业越发达，则国民的科学文化素质和思想道德品质便会越高，且该国所蕴涵的生产能力和经济能量也越大（张凤林，2007）。

（2）职业培训

职业培训包含的范围比较广，它是继正规教育之后的再一次学习，主要是为适应某项特定职业而进行的学习，包括入职前培训、入职后的干中学及在职培训、学徒制、自主学习等。相对于正规教育而言，职业培训更具有灵活性、差异性、针对性和实用性。职业培训主要是针对相关岗位或工种的技术业务知识和实际操作能力进行学习和培训，以使劳动者能够胜任工作岗位。

（3）医疗保健

医疗保健是对人身体素质的积累和投资，主要包括足够营养、医疗保健、锻炼娱乐等方式，主要目的是为了拥有健康体魄、适当延长预期寿命和逐渐降低死亡率等。无论对个人还是对社会来说，身体健康都是至关重要的，它决定着一个人的生存和发展能力，也关系到整个社会的生产力水平。医疗保健投资能够减少劳动者的生病时间，延长生产时间。旺盛的精力和健康的体魄还能有效提高劳动生产效率，能够直接影响一个国家的劳动力数量和质量。

（4）通信迁移

通信迁移可以从通信和迁移两个方面来分析。通信主要是指通过沟通交流等方式获得有效信息的过程，这种有效信息的获得能够帮助经济行为主体获得更多可供选择的机会，以便作出科学合理且最优化的选择和决策。迁移可以分为短期迁移和长期迁移，也可以分为地域迁移和行业迁移等。迁移是劳动者为获得更好就业机会或得到更高劳动报酬等而主动作出的一种改变。劳动者在通信和迁移过程中获得的信息、增长的见识、提高的技能等都能够成为人力资本积累的一部分。

2. 人力资本投资需求与供给分析

要分析人力资本投资需求和投资供给，首先要明确人力资本投资主体是谁。一般来说，人力资本投资主体主要包括个体、政府、企业及社会团体。研究人力资本投资问题，从投资主体来看，企业和社会团体的投资一般所占比例较小；国家对人力资本投资较大，但其投资需求和供给往往波动不大，较为稳定；农户或农民个人对人力资本投资的需求和供给往往受多因素影响，呈现多元化等特征。因此，本书在分析人力资本投资需求与供给时，主要针对投资主体为个体的情况展开。

（1）人力资本投资需求分析

人力资本投资需求和其他需求一样，它是受多重因素影响的。针对个体来说，首先，影响其需求的是年龄。在个体年龄较小，特别是处于幼年、少年、青年、中年等时期，个体对于再教育的需求是不断上升的，但随着年龄的不断增长，这种需求上升会在某个阶段开始呈现下降趋势，特别是在进入中年以后，个体更追求趋于稳定的工作，且随着年龄的增长，人体对于新知识、新技能的掌握效率也会降低，这无形中会加大人力资本投资成本，因此，年龄增长对人力资本投资需求的影响是先上升后下降的。

其次，学历即受教育程度也会在一定程度上影响人力资本投资需求，特别是影响再教育需求，且两者之间呈现倒 U 型曲线关系。研究表明，学历水平为高中和大专的人群对人力资本的投资需求会比学历水平为初中及初中以下和大学本科及本科以上人群对人力资本的投资需求更为强烈（翁杰，2005）。

以上提到的年龄和学历因素都可以看成个体内在因素，人力资本投资需求不仅受个体内在因素影响，也受个体所处的工作环境等外在因素影响，例如企业性质、企业规模、合同期长短、技能水平、职位高低等。具体来说，规模越大、性质越稳定的企业能够为个体人力资本投资提供更多制度保障和经济激励，对于个体人力资本投资是有正向影响的。当个体所处行业属于知识密集型或技术密集型时，个体对于人力资本的投资需求也会上升。同时，当个体的技能水平和所处职位较低时，个体对于人力资本投资的需求也会上升。

（2）人力资本投资供给分析

人力资本投资供给同样受到很多因素影响。任何投资都会考虑回报和收益，当预期收益较高时，人们会增加人力资本投资供给。相应地，当预期收益较低时，人们会减少人力资本投资供给。但人力资本投资收益又不同于其他投资，因为人力资本投资收益不仅有货币收益还会有更多非货币收益，比如身体更加健壮、思想道德水平更高等。

投资除了考虑收益还会考虑成本，人力资本投资不仅有直接成本，即受教育的学杂费、医疗保健开销、迁移带来的通信费和交通费等，还有间接成本（也称机会成本），是指在人力资本投资期间用于其他项目投资所获得的收益。假定其他因素都不变，人力资本投资供给会随着投资成本的升高而降低，两者呈负相关关系。

任何投资除了考虑投资成本和投资收益外，还有一个因素也至关重要，那就是投资风险。人力资本投资同样面临着投资风险问题，这主要是由市场因素决定的，在人力资本投资市场上，受自身能力和市场波动限制，人力资本投资需求信息往往不能及时传递到人力资本投资供给方，从而导致人力资本投资供给调整滞后于投资需求，使市场上出现供过于求或供小于求等不均衡状态，给投资带来一定风险。

二、农户行为理论

（一）农户行为理论概述

农户行为理论是研究农业劳动者行为的一门学问，它包含行为模式、行为经济学、行为心理学等多方面内容，亚当·斯密、舒尔茨、李嘉图、恰亚诺夫等著名学者都对小农经济条件下农户个体行为进行过研究和相关论述，国内对于农户行为理论的相关研究也在逐渐成为热门。

从行为模式理论和行为心理学理论来看，行为是有机体对于外界刺激作出的反应。传统经济学研究都是建立在理性经济人假设基础之上的，认为人们所做的经济决策都是在追求自我利益实现基础上的理性决策。而行为经济学在传统经济学的基础上融入了心理学思想，认为人的行为不仅仅是追求经济利益，还会同时考虑公平、效率、道德等其他因素，即人在作出决策时是理性的，但这种理性是有限的，在决策过程中所面临的风险、所处的情境等都会对人的决策产生影响，从而影响决策结果。

基于以上内容，可以进一步分析农户行为的形成机制。农户在已有条件下，为满足需求实现目标会采取一系列行动，这些行动选择是建立在有限理性约束条件之上的，并受农户所处的主客观环境影响。

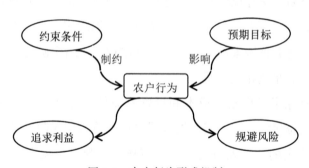

图 2-1　农户行为形成机制

（二）农户行为理论研究的主要派别

目前国内外关于农户行为理论研究大致形成了三大类别：一是生存小农学派；二是理性小农学派；三是综合小农学派。

1. 生存小农学派

生存小农学派的代表人物主要是恰亚诺夫、西蒙、詹姆斯等。因为农民总是与保守、传统等词语联系在一起的，因此很多学者往往不会用理性一词去判断农户行为(郑风田, 2000)。恰亚诺夫(1996)在《农民经济组织》一书中从社会学角度分析了农户行为, 他认为农户是为了家庭生计而生产的小农, 特别是在自给自足经济时期, 农户追求的是家庭的整体消费, 而不是利益最大化。詹姆斯也认为, 农户在不确定因素的影响下, 不会冒险追求生产效益最大化。在斯科特(2001)看来, 农户行为多是受生存理性所驱使, 而不是被经济理性逻辑驱动。西蒙则认为人不可能做到充分和完全理性, 特别当信息不完全、风险不确定时, 人们所作的决策只能是有限理性的。

2. 理性小农学派

理性小农学派的主要观点是农民同其他微观经济主体一样是完全理性且追求利益最大化的, 他们能够完全理性地作出资源配置和生产要素投资决策。舒尔茨是这一学派的主要代表人物, 他在《改造传统农业》一书中论述了农户行为的理性化, 农户并不懒惰和缺乏上进心, 主要条件具备或某项要素投入能够带来明显利润时, 农户会积极作出理性的生产决策, 并成为利润最大化的引领者。波普金也赞同舒尔茨的这一观点, 他以东南亚地区农户为研究对象, 认为农户不论在经济活动中还是在政治或社会活动中都是理性投资者, 始终遵循着成本与收益理性计算原则, 是典型的理性小农。

3. 综合小农学派

综合小农学派是在生存小农学派和理性小农学派的基础上发展起来的。随着商品经济的发展, 农户的生产经营行为和职业选择发生变化, 农户的理性行为选择在不同的制度环境下具有异质性(郑风田, 2000), 在自给自足的经济制度下, 农户行为选择遵循维持家庭生计和家庭消费效用最大化; 在商品经济和市场经济制度下, 农户行为选择会在家庭消费和工作收入之间寻找均衡, 以追求利润最大化为目标; 而在经济制度的过渡阶段, 农户行为选择则是双重的或多重的, 但总的来说, 都是会在解决温饱问题的基础上追求利益最大化(黄宗智, 2007)。

（三）农户行为理论的指导意义

农业经济体系从本质上看是生存型经济，也是伦理型经济。乡村的社群伦理、道德观念、地方传统等都会影响农户行为。本书主要研究人力资本投资和农民生计选择，这两方面内容都与农户行为选择息息相关。根据农户行为理论，农民作为人力资本投资主体和家庭生计决策主体，其行为选择往往受到各种内外部因素影响，如认知水平、信息不完全、分析能力、外界舆论、文化传统等，因此我们在分析农户行为时必须从农民的生存逻辑出发，并尽量考虑这些影响行为选择的因素，才可能抓住所研究问题的本质。

三、可持续生计理论

（一）可持续生计理论的提出背景

可持续生计理论最早见于 20 世纪 80 年代末期，在世界环境与发展委员会的报告中首次提到可持续生计概念，"稳定的生计可以促进制度协调发展、消除贫困和可持续地利用资源""可持续是指从长期来看，能够维持和提供资源的生产能力"。可持续生计理论诞生之初主要是为了解决发展中国家的贫困和发展问题，在充分认识和了解发展中国家实际情况及所有资源的前提下，使落后地区贫困人员获得更多发展机会，从而优化和改善其生计方式，并最终能够达到摆脱贫困落后的目的。随后，在联合国环境与发展大会、哥本哈根社会发展世界峰会和北京第四次世界妇女大会等多个重要场合都强调了可持续生计对于减贫和发展的重要意义。一些国际发展机构和组织也开始探索针对解决农村，特别是发展中国家农村扶贫、农民发展等多样性和多元性农村发展问题的生计途径。可持续生计理论不仅构建了一种科学的理论分析框架，也提供了一种以"以人为本，以人为中心"为解决思路的集成分析框架。

(二)可持续生计理论的发展完善

1. 可持续生计概念的正式提出

学术界将生计和可持续生计概念的正式提出时间和事件认定为1992年Chambers和Conway在《农村可持续生计：21世纪的实践概念》中的公开表述。他们在诺贝尔经济学奖获得者阿马蒂亚·森的可行能力理论基础上，认为能力不仅包括人生存和做事的能力，还包括在一定环境下处理胁迫和冲击的能力，以及发现和利用机会的能力。可持续生计主要包括环境可持续和社会可持续，而生计的可持续性主要体现在面对脆弱性环境压力和冲击时能够维持或增加自身物资储备和资产，并且无论短期还是长期，无论局部还是全球范围内都不损害下一代和其他人的生计机会及发展。Chambers和Conway不仅对生计、可持续生计、可持续生计能力等概念进行界定，还认为可持续生计理论能够帮助增强能力、改善公平和提高社会的可持续性，并进一步解析家庭生计是由人、活动、资本和产出组成（见图2-2）。

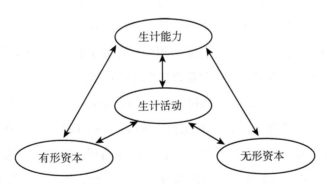

图2-2　生计的组成要素及其转换

2. 可持续生计理论的发展完善

在可持续生计概念被正式提出来以后，多位学者及研究机构开始尝试将可持续生计理论与自身研究相结合，并致力于不断发展和完善该理论。

1993 年，乐施会（OXFAM）将可持续生计作为其制定总体目标的参考依据，并提出可持续生计权益是其自身五个总体目标之一。1994 年，国际救助贫困组织（CARE）在开展援助工作时，将家庭生计安全纳入规划框架。1995 年，联合国开发计划署（UNDP）将可持续生计作为其五项使命之一。1997 年，英国发布白皮书，将"消除贫穷国家的贫困问题"作为其制定国际发展政策的根本目标，并从国家政策角度认可可持续生计，并将此项研究工作委托英国国际发展部（DFID）完成。多家权威组织机构对可持续生计理论的认可和研究有效促进了可持续生计理论的发展和完善，同时也体现出可持续生计理论与宏观及微观政策之间的强烈关联，说明该理论是能够指导实践发展的。

1998 年，Ian Scoones 提出了"可持续农村生计分析框架"，这对可持续生计理论发展是一种补充和完善。该分析框架认为，在不同的背景条件下，农户主要通过获得生计资本及组合不同的生计策略等方式来实现可持续生计，其中背景条件包括政策、历史、社会经济状况等，生计资本包括有形的和无形的自然资本、金融资本、人力资本和社会资本，生计策略包括农业集约生产、生计多样性、迁移等。为开展实证研究，Scoones 使用实地调研法、定性分析法等方法不断完善可持续农村生计分析框架，整个框架着重强调背景、资源、制度、策略和结果这五个相互作用的因素，并通过图表的形式将这五者之间的关系表达得清晰具体。

在 Scoones 之后，DFID、Bebbington、Dorward、Ellis 等机构和学者也对可持续生计理论进行了探讨和完善。Bebbington（1999）强调要把资本和能力作为核心来分析农民脆弱性、农村生计等问题，特别是不能忽视社会资本的作用。Dorward 等（2001）提出资产功能框架，主要考虑生计资产的功能和特点及其对生计策略的影响，拥有不同的生计资产便能带来不同的生计机会。Ellis（2000）通过总结扶贫、脆弱性、可持续性等相关研究，提出生计多样性分析框架，这种多样化不仅指收入多样化，也包括生计策略和农户社会行为的多样化。DFID 的可持续生计分析框架将在下一部分详细介绍（见图 2-3）。

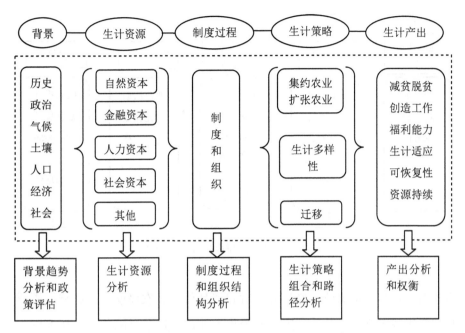

图 2-3　Scoones 的可持续农村生计分析框架

(三)DFID 可持续生计分析框架具体内容

可持续生计分析框架是对农民生计涉及的复杂因素进行梳理和分析的一种方法，其中由英国国际发展部(DFID)提出的可持续生计分析框架最为典型，应用性和影响力也最为广泛，是很多国际组织和机构对发展中国家进行经济资助和指导的工具。该分析框架主要包括脆弱性背景、生计资本、转换结构及过程、生计策略和生计结果五部分内容，农民在脆弱性背景下，运用自身拥有的生计资本谋生，同时还会受到外在条件等因素影响，农民会综合考虑各种因素之后采取适合的生计策略，从而得到相应的生计结果(见图 2-4)。

1. 脆弱性背景

脆弱性背景又称风险环境，指农民所处的环境会不可避免地发生改变，这种改变可能是逐渐的变化也可能是突然的冲击。例如，季节及气候

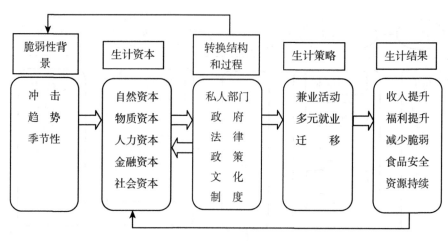

图 2-4　DFID 的可持续生计分析框架

变化对农业生产的影响，经济波动对农产品价格和农民就业的影响，遭遇自然灾害或者交通事故、天灾人祸等重大冲击。这些风险环境往往不以人的意志为转移，不能人为干预和控制，并且它们还会改变农民的生计资本状况和面临的机会选择，是威胁农民生计导致陷入贫困的潜在因子。

2. 生计资本

DFID 在 Scoones 可持续农村生计分析框架的基础之上，将金融资本细分为金融资本和物质资本，即生计资本包括自然资本、物质资本、人力资本、金融资本和社会资本五大类别。生计资本是生计分析的核心，把握这项核心必须有以下三方面的认识：一是 DFID 可持续生计分析框架一般使用五边形来显示五项资本积累状况，这种表达方式也直观显示了五项资本之间的内在关系，它们并不完全独立，会随着时间和环境变化改变资源禀赋状况；二是生计资本是生计能力的体现，生计资本的多寡以及生计资本种类的多样性都会对生计能力产生影响，例如使用生计资本将风险环境冲击影响降低便是一种生计能力体现，合理选择生计策略组合也是一种生计能力体现；三是生计资本是农民选择生计策略的前提和基础，而生计策略的选择又会直接影响农民的生计结果，因此生计资本是可持续分析框架的核心和基础内容。

3. 转换结构和过程

前面提到的脆弱性背景往往是农民不得不面对的客观环境,而转换结构和过程与之相对,指的是农民同样要面对的主观环境。它具体指政府部门通过制定法律、政策、规范等帮助农民抵御风险、保护环境,实现生计可持续。尽管政府宏观调控初衷是好的,但在政策制定和执行过程中往往不可能面面俱到,导致政策效果大打折扣,甚至阻碍农民生计可持续。

4. 生计策略

生计策略是指人们在综合考虑客观环境和主观环境的前提下,充分利用自身拥有的生计资本,为实现可持续生计目标所采取的一系列行动和方法。生计策略通过生计活动来体现,通常来说,多样化的生计活动、多元就业和迁移等都是实现可持续生计的途径。

5. 生计结果

生计结果是生计策略实施后的结果,这种结果往往会改变农民的生计资本状况。可持续生计结果的表现主要包括收入水平提高、福利待遇提升、生活状况改善、生计资本增加、风险伤害减少、食品安全可靠和自然资源可持续等。当然,生计结果大部分时候是积极的、正向的、可持续的,但也不排除会有不可持续生计结果的出现。

(四)可持续生计理论的指导意义

可持续生计理论体现了以人为本的发展思路,也为政府机构、非政府组织及学者了解农村家庭或个人在面对困难和机遇时提供了全新视角。可持续生计分析框架清晰展示了农民生计构成的核心要素及要素之间相互影响和转化的关系,在脆弱性环境背景下,农民会根据生计资本和政策制度等状况作出生计策略选择,从而出现相应的生计结果,生计结果同时又会影响生计资本的状况和性质。

可持续生计理论和可持续生计分析框架及方法都十分重视事物发展的长期性和动态性,而不只是关注农民的短期利益和静态收益,它力求能够从不断变化的过程中去寻找科学规律,试图在复杂的变化中抓住问题实质，从根本上保障农民可持续生计。同时，可持续生计理论强调农民微观层面与政策宏观层面两方面分析相结合、相统一，一方面强调宏观政策对农民可持续生计的影响，另一方面也不会忽视农民生计选择与实际需求对政策制定的影响，这对于农民可持续生计实践发展是具有很强指导意义的。

本书主要研究人力资本投资对农民生计的影响，会重点关注农民生计能力、农民就业、农民投资、农民收入及支出等与农民生计息息相关的方面，重点考察人力资本投资对农民生计能力、农民就业、农民投资、农民收入及支出的影响。使用可持续生计理论对本书研究进行指导，一方面有助于理清文章思路，抓住核心脉络，从宏观上把握研究节奏；另一方面，在具体分析各项影响的微观研究中，可以借助可持续生计分析方法具体剖析人力资本投资对生计能力、生计策略和生计结果的影响，从而提出切实可行的保证农民可持续生计的政策建议。

四、经济增长理论

(一)经济增长理论的发展历程与主要内容

经济增长理论的发展经历了多个阶段，涌现了许多代表人物和主要观点。在古典经济时期，亚当·斯密(Adam Smith)提出了劳动分工理论，认为劳动分工可以提高生产效率和促进经济增长。经济增长主要是指国民财富的增加，且他认为经济增长主要取决于资本和劳动力。这一观点在当时得到大多数学者的认可，但也有人认为不断增长的人口会阻碍经济增长(马尔萨斯，1798)。

到新古典经济学阶段，著名经济学家约瑟夫·熊彼特(Joseph Schumpeter)提出了创新理论，认为创新是经济增长的主要推动力，通过创新可以破坏旧有的经济秩序并推动新的增长。同时，罗伯特·索洛(Robert Solow)提出了全要素生产率理论，认为技术进步是经济增长的主要源泉，对资本和劳动力的投入只能解释一部分增长。

在凯恩斯主义阶段，保罗·罗默（Paul Romer）发展了新古典经济学的增长模型，进一步强调了技术创新和知识的重要性，罗伯特·卡尼（Robert Kuznets）则提出了经济增长与不平等之间的关系，认为经济增长可能会导致财富分配不均。

进入现代经济以后，学界一般使用GDP（国内生产总值）来衡量经济增长。也有研究认为经济增长不仅指经济总量的增长，还应该包括经济结构的优化和社会经济生态等方面效益的提高。埃德蒙·菲利普斯（Edmund Phelps）提出了创业家精神和创造性毁灭的概念，认为这些因素对经济增长至关重要，这也在一定程度上完善和发展了经济增长理论。罗伯特·博斯坦（Robert Barro）则提出了经济政策对经济增长的影响，并主张通过稳定的宏观经济政策和减少政府干预来促进增长。

经济增长是经济学界的研究热点，很多学者通过构建经济增长模型来讨论影响经济增长的因素，例如索洛模型认为资本、劳动和技术进步是经济增长的主要影响因素；琼·罗宾逊等则认为当资本产出比一定时，经济增长由储蓄率大小决定；内生经济增长模型则认为劳动分工、技术创新、人力资本和经济政策是影响经济增长的主要因素。这些代表人物的观点对经济增长理论的发展作出了重要贡献，从不同角度探讨了经济增长的驱动力和机制，并为经济政策制定提供了理论基础。然而，经济增长理论的研究仍在不断演进和完善之中，新的观点和理论还在不断涌现。

（二）人力资本投资与经济增长的关系

人力资本投资与经济增长息息相关。杨俊龙（2006）探索人力资本投资促进经济增长的作用机理，并强调借鉴国外人力资本报酬设计模式，正确设计我国人力资本报酬模式，发挥人力资源的巨大潜力，为经济增长和社会进步作出巨大贡献。代谦、别朝霞（2006）从FDI（国际直接投资）视角研究教育、人力资本和经济增长的关系。研究表明，FDI能否给发展中国家带来技术进步和经济增长依赖于发展中国家的人力资本积累，只有辅之以较快速度的人力资本积累，FDI才能给发展中国家带来技术进步和经济增长。人力资本水平的提高可以吸引外国直接投资。外国企业倾向于在人力资源丰富、教育水平较高的地区进行投资，以获得高素质的劳动力。外国直接投资的增加可以促进经济活动、技术转移和产业升级，推动经济增长。所以普及和改善教育、提高国民的人力资本水平应该成为发展中国家提高自身技术能力、吸引 FDI、促进技术进步和经济增长的核心政策。

之所以说人力资本是决定经济增长的重要因素，首先是因为人力资本本身具有重要的生产功能。一方面，人力资本作为一种更高级的劳动力代表，它是生产过程中不可或缺的基本生产要素之一；另一方面，人力资本的加入能够促使生产效率得到极大提高，这种生产效率的提高既有人力资本本身作为生产基本要素的作用，同时还有人力资本带来的知识、技能等方面的革新促使其他生产要素，如土地、资本等要素充分发挥价值。

其次，人力资本对经济增长同时具有"内部效应"和"外部效应"，这一观点也得到理论界普遍认可（舒尔茨，1990；卢卡斯，1988；邹恒甫，2009；张东伟，2007）。人力资本对经济增长的内部效应是指拥有人力资本的劳动者能够提高其自身的劳动生产能力和效率（卢卡斯，1988），并且这种内部效应在某种程度上能够被评估和计算。而人力资本对经济的外部效应是指拥有人力资本的劳动者还能对其他劳动者和整个社会经济发展带来影响（舒尔茨，1990），当然这种影响也有正负之分。正影响，即积极的外部效应，可对其他劳动者和整个社会经济发展带来正向积极影响；负影响，即消极的外部效应，可对其他劳动者和整个社会经济发展带来负向消极影响。关于人力资本投资的外部效应研究，舒尔茨、卢卡斯多是从宏观角度进行剖析。他们认为国家经济高速增长、人民生活水平不断提高都应该归功于知识和科技的进步，而知识和科技进步则是人力资本投资带来的直接效果。人力资本投资有助于改善社会福利和人力资源发展。通过提供高质量教育和培训机会，人力资本投资可以提高人民的生活质量和福利水平，促进社会进步和可持续发展。贝克尔（1965）则从微观层面分析了人力资本投资的外部效应，它从家庭人力资本投资的视角分析了家庭代际之间的人力资本投资，解释了家庭人力资本投资对经济增长的外部效应。

再次，人力资本是经济增长的主要驱动力，通过投资人力资本的培训和教育，可以提高劳动者的技能和知识水平，从而推动经济的创新和生产力的提高(赫伯特·西蒙斯)。经过培训和教育的劳动者具备更多专业知识和技能，能够更高效地从事生产活动，提高了整体的生产效率和经济增长潜力。个人通过接受教育和培训来增加自身的人力资本，这将提高劳动者的生产力和就业机会，进而推动经济增长(加里·贝克尔)。

最后，人力资本投资鼓励创新和技术进步，鼓励创业和企业发展。受过高质量教育和培训的人才更有可能产生创新想法和技术突破，推动新产品、新技术和新商业模式的出现。受过良好教育和培训的人才更有可能创办新企业，并具备更好的管理和创新能力。创业活动的增加可以带动就业机会的增加，同时这些创新可以促进产业结构的升级和经济结构的变革，从而推动经济增长。詹姆斯·蒂利(James Tybout)的研究关注人力资本对产业发展和经济增长的影响。他认为，人力资本的提高可以促进产业结构的升级和技术进步，从而推动经济的增长和发展。

总体而言，人力资本投资对经济增长具有重要的推动作用。它不仅本身具有重要的生产功能，而且会从内部效应和外部效应两个方面影响经济增长，同时通过提高劳动者的生产力和创新能力，促进了技术进步、企业发展和社会进步，为产业发展和经济增长创造更多的机会和潜力。因此，政府和企业通常都重视人力资本投资，并采取相应的政策和措施来鼓励和支持。

五、收入分配理论

(一)收入分配理论的发展历程与主要内容

收入分配理论的发展历程涉及古典经济学、马克思主义、新古典经济学、新凯恩斯主义、现代经济学等多个阶段，涌现出许多代表人物和相关观点。

亚当·斯密(Adam Smith)认为市场竞争可以实现合理的收入分配，并主张自由市场机制和个人自由来实现公正的分配。卡尔·马克思（Karl Marx）的劳动价值论强调劳动者创造价值，而剥削和剩余价值的产生导致了收入分配的不平等。他主张通过阶级斗争来实现更公平的收入分配。约翰·贝茨·克拉克（John Bates Clark）提出了边际生产力理论，认为收入分配取决于劳动者的边际贡献。高边际生产力的劳动者将获得更高的收入份额。弗兰克·奈特（Frank Knight）强调不确定性对收入分配的影响，认为承担风险和创新的企业家应获得较高的收入。20世纪后半叶至21世纪初，加里·贝克尔（Gary Becker）发展了人力资本理论，认为个人通过投资于教育和培训来提高自身技能和知识，从而获得更高的收入。他强调个人选择和努力对收入分配起着重要作用。同时期的约瑟夫·斯蒂格利茨（Joseph Stiglitz）则关注市场失灵和不完全信息对收入分配的影响。他指出，市场存在信息不对称和垄断力量，导致收入分配不公平。他主张通过税收和社会福利政策来实现更平等的收入分配。安东尼奥·阿提亚（Anthony Atkinson）提出了"几何平等"的概念，强调需要采取措施来减少贫困和不平等，并主张通过租税、转移支付和社会福利政策来实现更公平的收入分配。进入现代经济学阶段，托马斯·皮凯蒂（Thomas Piketty）的研究主要集中在财富和收入不平等问题上。他认为，资本收益率高于经济增长率会导致财富和收入集中，加剧不平等。他主张通过财富税和更公平的税收制度来解决不平等问题。他在《21世纪的资本》一书中强调资本收益率高于经济增长率会导致不平等加剧，提出了通过财富税来解决收入分配问题的观点。丽兹·丹兹格勒（Branko Milanovic）提出了"象限分配法则"，强调将经济增长和收入分配分为不同的象限，她同时提出了全球收入不平等的概念，并研究了不同国家和全球范围内的收入分配差距，主张通过国际合作和全球政策来解决全球不平等问题。

这些代表人物和观点体现了收入分配理论的多样性和复杂性。他们从不同的角度分析收入分配问题，包括人力资本、市场失灵、财富不平等，以及全球收入差距等因素，并提出了各自的政策建议和解决方案。

收入分配问题一直是经济学界研究的重点和热门领域。在农业社会时期，土地要素在生产三要素中占据主要地位，土地的多寡和优劣决定了社会财富的主要归属；工业社会时期，土地要素的关键地位渐渐被资本要素所替代，社会财富开始向资本密集处汇聚；进入现代社会以后，知识、技术等要素开始成为推动经济增长的核心力量，以知识和技术为代表的人力资本往往依附于劳动者，人力资本对收入分配的影响也通过劳动者所获得的劳动报酬来体现。劳动者的人力资本水平越高，其在社会收入分配中占据的比例将越大，所获得的劳动收入和报酬也越多。

经济学研究一直建立在理性经济人的假设之上，理性经济是指人们在充分获得信息的前提下，会对各种信息进行综合分析，最终选择付出最少收获最多的理性行为和方案，以实现个人收益最大化目标。在收入分配问题上，人们同样会在分析自身所处的环境和面临的风险，在各种收入分配方案中选择能够获得最多收入的分配方案。尽管人力资本投资能够使劳动者在收入分配中处于优势地位，但也必须认识到这种优势地位并不是及时有效的。劳动者在进行人力资本投资时，不可避免会花费时间、精力和金钱，这在一定程度上是会减少劳动者当期的收入分配的，但也不必沮丧，因为现阶段的人力资本投资一定会在未来的收入分配中得到补偿。

(二)收入分配、人力资本投资和农民生计

1. 人力资本投资对农民生计和收入分配的影响

(1)教育和培训

农民通过接受教育和培训来提升自身的人力资本。通过教育和培训，农民获得农业技术、管理知识、市场信息等方面的知识。这有助于提升农民的生产能力和效率，从而提高收入水平。根据迪林格尔(Dercon, 2009)等的研究，非洲农民通过参与技能培训项目，如农业技术培训和管理培训，改善了其农业生产技能和效率，从而增加收入来源。

(2)技能提升

人力资本投资使农民获得更多的技能和专业知识，提高了他们在农业生产和农村经济中的竞争力，从而增加就业机会，尤其是非农领域的就业

机会。这可以帮助他们开展更有利可图的农业活动，增加收入来源。沃克（Walker，2010）和尼昂（Nyoni，2010）的研究表明，在非洲农村地区，接受职业培训的农民更有可能从事非农就业，获得更高的收入。

（3）创新和适应能力

农民通过人力资本投资提高了其创新能力，使他们更好地应对市场变化、气候变化和农业技术进步等挑战。同时，农民创新能力的提高有助于增加农产品质量和产量，进而影响其农业生计和收入分配。研究表明，农村居民通过接受农业技术培训和传授先进的农业管理知识，增强了他们的创新能力和适应能力，改善了农产品的生产和质量，从而提高了农民的收入。瓦蒂（Watti）和布尔曼（Bollman）的研究指出，加拿大农村地区农民通过参与农业技术培训项目，提高了其农产品质量和效率，从而实现了可持续的生计和收入增长（Watti & Bollman，2016）。

（4）人力资本投资与农民生计多样性

人力资本投资可以帮助农民实现生计多样化，从而提高收入稳定性和抵御风险的能力。博德加（Bodogaard，2019）等的研究发现，肯尼亚农民通过参与农业技术培训，获得了新的农业技能和知识，进而扩大了他们的生计多样性，通过农业和非农业活动获得了更多的收入来源。

2. 收入分配不平等对农民生计的影响

首先，收入分配不平等可能导致农民之间的收入差距扩大，使得贫富差距增加。贫困农民面临更大的生计压力，难以满足基本生活需求，包括食品、医疗和教育等方面。富裕农民能够提供更好的教育和医疗条件给自己的子女，而贫困农民则可能面临受限的教育和医疗资源，限制了他们的人力资本积累和生计发展。拉班（Rabah，2017）等的研究发现，在乌干达农村地区，收入分配不平等与农民的生计贫困密切相关，收入较低的农民更容易陷入贫困。

其次，不平等的收入分配可能会限制农民的社会流动性和机会均等，从而限制农民获得经济机会的能力。富裕农民能够获得更多资源和资金，更容易获得农业技术和市场准入的机会，从而提高生产效率和收入水平。

而贫困农民则可能受到资源和资金的限制，往往难以改变他们的社会经济地位，难以改善农业生产条件和开展其他经济活动，进一步加剧了不平等现象。格特林（Getnet，2020）等人的研究指出，在埃塞俄比亚农村地区，农民面临的低农产品价格和市场准入限制使得农民难以获得公平的收入和销售机会，限制了他们的生计发展。

再次，收入分配不平等还可能导致社会不稳定和冲突的加剧。当贫困农民感受到不公平和排斥时，他们可能更容易受到社会动荡和不满情绪的影响，进而导致社会不稳定和冲突的加剧。农民组织和合作可以改善收入分配，并对农民的生计产生积极影响。根据佩尔（Perrings，2014）的研究，农民通过组织合作社或农民协会，可以实现资源共享、协作生产和市场渠道整合，从而改善收入分配，提高生计收入。

3. 农民生计对人力资本和收入分配的影响

人力资本积累。农民的生计情况直接影响他们对人力资本的投资和积累。如果农民面临贫困和经济困难，他们可能难以投资于教育、培训和技能提升，从而限制了他们的人力资本积累。相反，如果农民能够实现较好的生计，他们更有能力投资于教育和培训，提高技能水平，从而增强自身的人力资本。

收入分配公平。农民生计对收入分配有直接影响。如果农民能够获得公平的收入，他们更有动力投资于人力资本，并更愿意参与农业生产和发展。然而，如果农民生计困难，他们可能面临低收入、不平等的收入分配，这可能削弱他们投资于人力资本的能力和意愿。

就业机会和收入来源。农民的生计状况决定了他们能否获得稳定的就业机会和多样化的收入来源。良好的生计条件可以促进农民获得更多的就业机会，包括农业和非农业领域，从而增加收入来源。相反，困难的生计可能导致农民面临就业机会的不足和收入来源的单一化。

农民组织和合作。农民的生计状况可能会影响他们组成合作社或农民协会的能力。通过组织和合作，农民可以共享资源、协作生产和整合市场渠道，从而提高收入分配和促进农民生计的发展。然而，困难的生计状况可能限制农民组织和合作的能力。

综上所述，农民的生计状况对人力资本和收入分配具有重要影响。良好的生计条件可以促进人力资本的积累、公平的收入分配和多样化的就业机会。相反，困难的生计可能限制人力资本的投资和收入分配的公平性。此部分内容不属于本书研究的主要方向，后文将不会再涉及。

(三)收入分配理论对人力资本投资与农民生计的指导意义

人力资本投资能够影响农民收入分配，而农民收入分配属于农民生计结果范畴。人力资本投资对农民收入水平影响显著，从全国层面看，无论教育投资、健康投资还是迁移投资都会对农民工资性收入和非工资性收入有促进作用，且迁移投资对收入增长影响最为显著，健康投资次之（王红钰，2018）。农村人力资本投资对城乡收入差距具有显著的负向影响（邓菊琼，2019），当政府人力资本投资偏向处于低收入水平的农村家庭时，则有助于缩小城乡收入差距（周梅，2019）。相对城市来说，农村地区的高生育率和低人力资本积累率所导致的马尔萨斯稳态，是农民收入增长困难的根本原因（郭剑雄，2015），而城市部门的低生育率和高人力资本积累率使得城乡收入差距扩大。

关于人力资本决定收入分配的依据，除了以上提到的经济人理论和补偿理论之外，还有部分学者对此进行了深入探究。雅各·闵沙在补偿原理的基础上进一步解释了人力资本投资不同会导致收入分配存在差异，不同的职业需要不同的技能，也就需要不同程度的人力资本投资数量，人力资本投资数量的不同则意味着劳动者当前所承担的成本及未来的预期收益都是存在差异的，因此，只有当预期收益扣除当前成本后所获收益高于进行人力资本投资时，劳动者才会采取人力资本投资行为。

第三章　人力资本投资与农民生计现状

研究人力资本投资对农民生计的影响，首先应该了解人力资本投资和农民生计的现实状况，只有把握现状了解问题之后，才能使后面的理论研究更有针对性和实用性。本章主要由人力资本投资现状与问题和农民生计现状与问题两节组成。在人力资本投资现状与问题这一节，首先介绍人力资本投资概况，其次通过文字描述与统计量表相结合的方式展示人力资本投资的城乡差异和地区差异，并在分析投资差异的基础上总结出农民人力资本的投资特征，如存量特征、增量特征和结构特征等，最后指出人力资本投资存在的问题，并简要分析原因。在农民生计现状与问题这一节也是从农民生计现状入手，主要阐述农民生计存在的问题。

第一节　人力资本投资现状

一、人力资本投资概况

农村人力资本同城市人力资本和企业人力资本一样都属于人力资本，因此也一样拥有一般人力资本所具有的时效性、依附性、私有性、可变性、层次性等特质。具体来说，人力资本是依附于劳动者而存在的，且人力资本在发挥作用时还需要借助物质资本、金融资本、自然资本等其他资本的共同作用，这是它依附性的表现。人力资本存在于劳动者自身，而劳动者是有年龄差异和生命限制的，只有到一定年龄阶段才能拥有人力资本，而到一定年龄阶段，劳动者的人力资本也会消失。私有性是指人力资本永远只属于被投资者一人，他人不可能占用或拿走。可变性是指人力资本有多与少、强与弱的差别，因个体差异等因素，人力资本不可能一成不变。根据不同劳动者的文化水平、健康程度等，人力资本还表现出一定的层次性和差异性。

以上对人力资本特性的分析一方面是为了在考察人力资本投资概况时，能够在兼顾农村所具有的特殊性的同时还能注重对其一般特性的把握；另一方面是为了理清思路、把握主线，具体从人力资本投资体系入手，即人力资本投资主体和人力资本投资途径两大块来具体阐述人力资本投资概况。人力资本投资主体主要涉及政府和农民，企业和社会力量参与较少。人力资本投资途径主要有教育投资、健康投资和迁移投资三大类。

（一）政府对农村人力资本的投资

农业是国民经济的基础，当前我国农业和农村发展都面临着诸多难题，深化农业供给侧改革，调整农村产业发展结构，努力增加农民收入缩小城乡差距，尽早实现农业农村现代化和乡村振兴战略等一系列促进农业经济发展和农村社会发展都离不开农业农村的建设主体——农民。不断提高农民素质，培育新型职业农民，增加对人力资本投资是解决农业农村问题的关键所在。从宏观上来看，政府对人力资本投资是理所应当和责无旁贷的，一方面是因为政府是人力资本投资的最大受益者，人力资本投资增强不仅能够为农村经济发展提供人才支撑和不竭动力，而且还能使农民自身能力增强以获得更高收入，实现农村社会和谐稳定和长治久安；另一方面，对农村基础教育、医疗保健、交通通信等进行投资和建设都属于公共事务范畴，个人、社会群体和市场是没办法解决所有公共物品供给的，因此人力资本投资主要还是靠政府。

1. 教育投资

提高农民智力素质的关键是发展基础教育，农民接受正规基础教育的时间长短会影响他们的道德观念、思维方式、知识储备、专业技能等各个方面，对农民教育方面的投资是人力资本投资中最基础也是最重要的途径之一。

　　1986 年，我国正式颁布《中华人民共和国义务教育法》，首次将"适龄儿童和少年必须接受九年义务教育"写入法律，此举标志着我国基础教育进入新的阶段。2006 年前后，国家开始对农村税费进行大面积改革，逐渐取消农村教育经费来源——农村教育费（附加）以及农村教育集资筹集，使得原来主要由乡镇财政负担的农村教育经费来源逐渐枯竭。随后国家立刻实施新的义务教育法，其中明确规定，将义务教育纳入财政保障范畴，实现了"义务教育人民办"到"义务教育政府办"的实质转变。根据历年《中国教育经费统计年鉴》上相关数据也可以看出政府对农村教育特别是义务教育投入的变化（见表 3-1）。

表 3-1　农村学校生均公共财政预算教育经费支出（单位：元）

年份	农村中职	农村高中	农村初中	农村小学	农村幼儿园
2014	8463.89	7858.18	9933.77	7518.83	2855.71
2013	7550.68	7704.9	9464.96	6973.66	2758.27
2011	4937.78	5032.56	6376.41	4847.79	1409.06
2010	3884.68	3821.43	5061.3	3876.23	1869.87
2009	3521.38	3078.1	4267.68	3236.26	
2008	3139.65	2648.05	3390.06	2640.79	
2007	2338.84	2115.18	2465.46	2099.65	
2006			1763.75	1531.24	
2005			1355.4	1230.26	
2004			1101.32	1035.27	
2003			889.69	823.22	
2002			815.95	723.36	
2001			666.7	558.36	
2000			539.87	417.44	
1999			515.22	350.53	
1998			485.82	310.58	

数据来源：《中国教育经费统计年鉴》及国家统计相关数据整理所得。

纵观上表，政府对农村教育的投资力度是不断加大的，对农村小学生均公共财政预算支出由 1998 年的 310.58 元增加到 2014 年的 7518.83，对农村初中生均公共财政预算支出由 1998 年的 485.82 元增加到 2014 年的 9933.77，并且自 2007 年开始，政府对农村幼儿园、农村高中、农村中职的教育经费投入也开始在统计年鉴上显示，这也体现出近年来政府对农村其他类基础教育的重视。

尽管国家在税费改革之后增加了对农村教育的投入，减轻了地方政府和农民在教育支出方面的负担，但农村教育经费短缺问题还是实际存在的。农村教育经费缺乏，导致学校运转艰难，教师人才流失严重，教室校舍等基础建设陈旧落后，特别是路途遥远且家庭贫困学生仍然无法享受到免费九年义务制教育。

除了农村基础教育之外，近年来随着新农村建设和乡村振兴等国家战略不断实施，政府对于农村人才建设的力度也在不断加强。2004 年开始，由政府公共财政拨款，为提高农村劳动力素质和就业技能，在粮食主产区、贫困地区和劳动力主要输出地对农民开展生产技术培训，对外出农民工提供职业能力教育的农村劳动力转移培训阳光工程开始实施，并在农业部、财政部、教育部、科技部等相关部委的推动下，已将农村劳动力培训纳入国民教育体系。

2. 健康投资

国民的健康状况与农业产出成正比(马伦鲍姆)。政府对农民健康方面的投资主要是为了延长人的寿命和健康时间，从而延长农民的劳动时间和劳动体能，促进农村人力资本积累和全民族身体素质的提升。身体是革命的本钱，对于农民来说更是如此，因为农村劳动力基本都需要从事体力劳动，拥有健康体魄是农民得以生存的基础。

我国农村医疗保障制度从新中国成立以来到现如今经历了多次变迁，然而每一次变迁都是伴随新的经济制度而存在的。在新中国成立之初，由于经费不足且百废待兴，国家重点发展重工业和农村支持城市的政策导向使得在这一阶段并没有建立起农村医疗保障制度，农民只能接受自费医疗方式。后来由于人民公社运动、"文化大革命",农村合作医疗制度曾一度在农村各地兴起并占据主导地位,但随后随着分田到户的家庭联产承包责任制的实行和集体经济的逐步瓦解,农村合作医疗制度开始迅速衰落,农民重回自费医疗阶段。直到20世纪90年代,政府开始意识到农村医疗卫生的重要性,开始试点重建农村合作医疗制度,并在2002年10月发文《关于进一步加强农村卫生工作的决定》,明确提出要建立新型农村合作医疗制度,该制度实行农民个人缴费、集体扶持和政府资助相结合的筹资机制。截至2012年,农村新型合作医疗制度已基本覆盖农村居民,此举有效缓解了农民医疗负担。通过1980—2021年中国卫生总费用及其来源构成情况(表3-2),也可以看出政府、社会和个人在卫生总费用上的占比变化情况。为了更直观反映政府、社会和个人三大群体在中国卫生总费用中的支出情况和占比情况,根据表3-2的数据制作了图3-1和图3-2供参考。

表 3-2　1980—2021 年中国卫生总费用及其来源构成

年份	卫生总费用(亿元)				卫生总费用构成占比(%)		
	合计	政府卫生支出	社会卫生支出	个人卫生支出	政府卫生支出	社会卫生支出	个人卫生支出
1980	143.23	51.91	60.97	30.35	36.24	42.57	21.19
1985	279.00	107.65	91.96	79.39	38.58	32.96	28.46
1986	315.90	122.23	110.35	83.32	38.69	34.93	26.38
1987	379.58	127.28	137.25	115.05	33.53	36.16	30.31
1988	488.04	145.39	189.99	152.66	29.79	38.93	31.28
1989	615.50	167.83	237.84	209.83	27.27	38.64	34.09
1990	747.39	187.28	293.10	267.01	25.06	39.22	35.73
1991	893.49	204.05	354.41	335.03	22.84	39.67	37.50
1992	1096.86	228.61	431.55	436.7	20.84	39.34	39.81
1993	1377.78	272.06	524.75	580.97	19.75	38.09	42.17
1994	1761.24	342.28	644.91	774.05	19.43	36.62	43.95

续表

年份	卫生总费用(亿元)				卫生总费用构成占比(%)		
	合计	政府卫生支出	社会卫生支出	个人卫生支出	政府卫生支出	社会卫生支出	个人卫生支出
1995	2155.13	387.34	767.81	999.98	17.97	35.63	46.40
1996	2709.42	461.61	875.66	1372.15	17.04	32.32	50.64
1997	3196.71	523.56	984.06	1689.09	16.38	30.78	52.84
1998	3678.72	590.06	1071.03	2017.63	16.04	29.11	54.85
1999	4047.5	640.96	1145.99	2260.55	15.84	28.31	55.85
2000	4586.63	709.52	1171.94	2705.17	15.47	25.55	58.98
2001	5025.93	800.61	1211.43	3013.89	15.93	24.10	59.97
2002	5790.03	908.51	1539.38	3342.14	15.69	26.59	57.72
2003	6584.10	1116.94	1788.50	3678.66	16.96	27.16	55.87
2004	7590.29	1293.58	2225.35	4071.35	17.04	29.32	53.64
2005	8659.91	1552.53	2586.41	4520.98	17.93	29.87	52.21
2006	9843.34	1778.86	3210.92	4853.56	18.07	32.62	49.31
2007	11573.97	2581.58	3893.72	5098.66	22.31	33.64	44.05
2008	14535.40	3593.94	5065.60	5875.86	24.73	34.85	40.42
2009	17541.92	4816.26	6154.49	6571.16	27.46	35.08	37.46
2010	19980.39	5732.49	7196.61	7051.29	28.69	36.02	35.29
2011	24345.91	7464.18	8416.45	8465.28	30.66	34.57	34.80
2012	28119.00	8431.98	10030.70	9656.32	29.99	35.67	34.34
2013	31668.95	9545.81	11393.79	10729.34	30.10	36.00	33.90
2014	35312.40	10579.23	13437.75	11295.41	29.96	38.05	31.99
2015	40974.64	12475.28	16506.71	11992.65	30.45	40.29	29.27
2016	46344.88	13910.31	19096.68	13337.90	30.01	41.21	28.78
2017	52598.28	15205.87	22258.81	15133.60	28.91	42.32	28.77
2018	59121.91	16399.13	25810.78	16911.99	27.74	43.66	28.60
2019	65841.39	18016.95	29150.57	18673.87	27.36	44.27	28.37

年份	卫生总费用(亿元)				卫生总费用构成占比(%)		
	合计	政府卫生支出	社会卫生支出	个人卫生支出	政府卫生支出	社会卫生支出	个人卫生支出
2020	72175.00	21941.90	30273.67	19959.43	30.40	41.94	27.66
2021	76844.90	20676.06	34963.26	21205.67	26.91	45.50	27.59

数据来源:《中国卫生和计划生育统计年鉴》及国家统计相关数据整理所得。

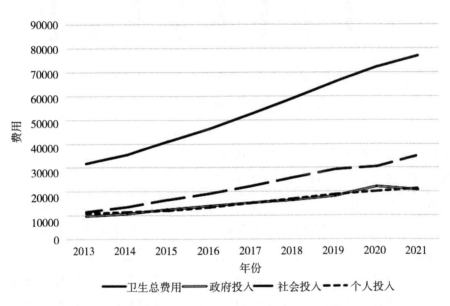

图 3-1 2013—2021 年中国卫生总费用及其来源构成

3. 迁移投资

根据人力资本理论,迁移也是人力资本投资的重要渠道之一。通过迁移能够开拓劳动者视野、增长见识,同时也能增强劳动者的社会经验和适应社会的能力。在中国,农村劳动力向城镇迁移一直存在且经历了较为曲折的道路。在新中国成立之初,国家为摆脱贫穷落后的现状制定了二元经济结构发展战略,使用行政强制手段促使农村劳动力集中迁移。1978 年改革开放之后,市场经济逐渐取代计划经济,在市场引导下,乡镇企业不断

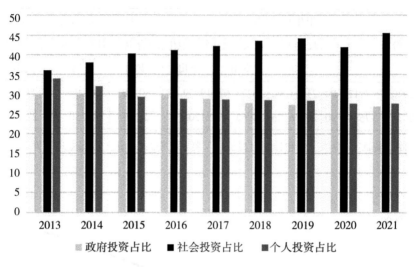

图 3-2　2013—2021 年中国卫生费用来源占比

发展壮大，中国农村劳动力迁移出现新的高潮，且这一阶段的迁移具有自发转移特征。相关资料显示，仅 1984 年至 1988 年四年间，乡镇企业的从业人员从 5028 万人增加到 9545.5 万人，部分地区乡镇企业甚至吸纳了 80% 以上的农村迁移劳动力。1996 年以后，中国经济体制基本转为市场经济体制，此时经济运行的总体特征为总需求小于总供给，乡镇企业发展陷入低潮，大量工人下岗，针对上述情况国家开始宏观调控引导农村劳动力合理有序迁移，并在体制机制上对农村劳动力迁移进城进一步松绑，建立城乡劳动力平等的就业环境和就业制度。第六次人口普查数据显示，在全国 7.5 亿就业人员中约有 4 亿人从事第二和第三产业工作，且其中约有 1.3 亿人来自农村。

中国农村劳动力迁移具有明显的地域特征、职业特征和人口特征。地域特征主要表现在受经济发展水平影响，农村剩余劳动力总是从经济发展较慢的地区流向经济发达地区，中部和西部多为人口流出地，东部则多为人口接收地。职业特征主要表现为受文化程度和专业技能限制，农村剩余劳动力多流向需求量大且体力要求高、技术要求低的行业，如建筑业、餐饮业、工矿企业、服务业等。人口特征主要表现为农村剩余劳动力转移起初多以青壮年男性为主，青壮年女性转移人数逐年增加，且转移人口的文化素质呈上升趋势。

(二)农村居民对农村人力资本的投资

尽管政府是人力资本投资的最大受益者，但接受投资的农民和农村家庭却是人力资本投资的直接受益者。农民对人力资本投资同其他投资一样会考虑成本、收益和风险等影响因素，只有在风险较小且收益大于成本的情况下，农民才会对人力资本进行投资决策。相比政府而言，农民对人力资本的投资往往更为谨慎小心，当投资不合算时投资行为往往会终止。

1. 教育投资

农民文化水平的提高一方面可以提高农业科技利用转化率，增强农民生产能力，另一方面能够提高农民的认知能力、理解能力、判断能力、分析能力，使农民能够获取和把握更全面准确的信息，并为自身发展创造更多机会。

改革开放以来，农民对教育的投资意识不断增强，随着农业科技的普及和应用，农民越来越认识到知识和技术对农业生产率和收入的正向影响，都会尽可能地增加对教育的投资。由表 3-3 可以看出，1993 年农户在文教娱乐方面的支出仅有 58.4 元，到 2022 年，这一方面的支出已经达到 1683 元；且文教娱乐支出占农民可支配收入的比重虽然具有一定波动，但整体上呈上升趋势，由 1993 年的 6.3%上升到 2022 年的 8.36%，其中占比最高在 2019 年，达到 9.25%。2020 年至 2022 年，受新冠疫情和国家"双减"政策影响，文教娱乐支出占比略有下降。

尽管农民对教育的投资金额和投资意识都在不断增强，但也必须看到农民个人教育投资水平较低，投资能力较弱是不容忽视的事实。这一方面是由农民传统狭隘的思想观念导致的，受传统封建思想影响和小农意识束缚，大多数农民传统保守、封闭落后，对新技术、新观念的接受能力差，多不思进取、得过且过。一方面是因为教育投资收益具有典型的外溢性特征，即农民作为教育投资者往往只能享受部分收益，另外一部分收益会被其他组织或社会获得。还有一方面是受客观因素限制，例如农民的收入水平通常较低，对于一些经济拮据的农民来说，学费、书本费等可能超出他们的负担能力，农村地区撤村并校，缺乏良好的教育设施和资源，教师素质和教学质量都不可能太高，这些因素会降低农民对教育的兴趣和信心，进一步减少他们对教育的投资意愿。因此，农民对教育的投资决策往往会受到多重因素影响，通过表 3-3 和图 3-3 也可以看出其投资会呈现出不对称性和波动起伏性。

表 3-3 1993—2022 年农民文教娱乐支出金额及占总收入的比重

年份	文教娱乐支出（元/人）	可支配总收入（元/人）	文教娱乐支出占总收入的比重（%）
1993	58.4	921.6	6.34
1994	75.1	1221	6.15
1995	102.4	1577.7	6.49
1996	132.5	1926.1	6.88
1997	148.2	2090.1	7.09
1998	159.4	2162	7.37
1999	168.3	2210.3	7.61
2000	186.7	2253.4	8.29
2001	192.6	2366.4	8.14
2002	210.3	2475.6	8.49
2003	235.7	2622.2	8.99
2004	247.6	2936.4	8.43
2005	295.5	3254.9	9.08
2006	305.1	3587	8.51

年份	文教娱乐支出 （元/人）	可支配总收入 （元/人）	文教娱乐支出占 总收入的比重(%)
2007	305.7	4140.4	7.38
2008	314.5	4760.6	6.61
2009	340.6	5153.2	6.61
2010	366.7	5919	6.20
2011	396.4	6977.3	5.68
2012	445.5	7916.6	5.63
2013	486	8859.9	5.49
2014	859.5	10488.9	8.19
2015	969.3	11421.7	8.49
2016	1070.3	12363.4	8.66
2017	1171	13432	8.72
2018	1302	14617	8.91
2019	1482	16021	9.25
2020	1309	17131	7.64
2021	1646	18931	8.69
2022	1683	20133	8.36

数据来源：根据历年《中国统计年鉴》《中国农村统计年鉴》相关数据整理所得。

2. 健康投资

农民在满足基本的吃饭穿衣居住等需求之后，对身体康健的愿望会越来越强烈，毕竟身体健康且寿命延长才可能参与更多劳动、承担生活压力、实现人生目标和为社会作贡献。根据《中国统计年鉴》资料显示，我国农民在医疗保健方面的支出是逐年提高的，这一方面与人民生活水平不断

图 3-3　1993—2022 年农民文教娱乐支出金额占总收入的比重图

提高有关系，另一方面也反映出农民对医疗保健和身体健康的重视程度逐渐加强，如表 3-4 所示。

表 3-4　1993—2022 年农民医疗保健支出金额及占总收入的比重

年份	医疗保健支出 （元/人）	可支配总收入 （元/人）	医疗保健支出占总 收入的比重（%）
1993	27.2	921.6	2.95
1994	32.1	1221	2.63
1995	42.5	1577.7	2.69
1996	58.3	1926.1	3.03
1997	62.5	2090.1	2.99
1998	68.1	2162	3.15
1999	70	2210.3	3.17
2000	87.6	2253.4	3.89
2001	96.6	2366.4	4.08

年份	医疗保健支出 （元/人）	可支配总收入 （元/人）	医疗保健支出占总 收入的比重(%)
2002	103.9	2475.6	4.20
2003	115.8	2622.2	4.42
2004	130.6	2936.4	4.45
2005	168.1	3254.9	5.16
2006	191.5	3587	5.34
2007	210.2	4140.4	5.08
2008	246	4760.6	5.17
2009	287.5	5153.2	5.58
2010	326	5919	5.51
2011	436.8	6977.3	6.26
2012	513.8	7916.6	6.49
2013	614.2	8859.9	6.93
2014	753.9	10488.9	7.19
2015	846	11421.7	7.41
2016	929.2	12363.4	7.52
2017	1059	13432	7.88
2018	1240	14617	8.48
2019	1421	16021	8.87
2020	1418	17131	8.28
2021	1580	18931	8.35
2022	1632	20133	8.11

数据来源：根据历年《中国统计年鉴》《中国农村统计年鉴》相关数据整理所得。

从表3-4和图3-4可以看出，农民对于医疗保健的支出金额从1993年的人均27.2元增长到2022年的人均1632元，其增幅较大，且医疗保健支出金额占可支配总收入的比重也从1993年的2.95%增长到2022年的

图 3-4　1993—2022 年农民医疗保健支出金额占总收入的比重图

8.11%，这说明现如今农村居民的健康状况和医疗保障状况是有极大改善的。但同时也必须认识到，相比城镇居民，农村居民对于医疗保健的投入是极少的，这主要是由城乡收入差距造成的。首先，居民医疗保健支出同其他支出一样，其支出能力都严格受收入影响，农村居民收入较低的现实情况限制了其对医疗保健的投资。其次，相比城市，农村地区的医疗资源相对匮乏，医院和诊所数量少，医生和其他医疗专业人员的配备不足，医疗设备和技术水平有限，这使得农村居民面临就医不便、等待时间较长等问题，这也会影响农村居民对医疗保健的投资意愿。再次，一些农村居民缺乏关于健康和疾病的基本知识，对医疗保健的重要性和必要性认识不足，他们可能对早期预防、定期体检和疾病治疗等方面缺乏意识，因此对医疗保健的投资较少。最后，在一些农村地区，传统习俗和信仰也可能对农民医疗保健投资产生影响。例如，一些农民可能更倾向于采取传统的民间疗法，或者依赖于家族或社区的支持，而不是寻求现代医疗服务，这也会导致他们对医疗保健的投资较少。

3. 迁移投资

迁移投资能够增加人力资本积累，农民对迁移的投资主要是随着经济发展水平和国家政策不断变化的。在过去，经济发展水平较低，农民的主要收入来自种植业、养殖业等传统农业收入，且经济发展缓慢、交通不便、信息不畅，农民对于迁移投资并不重视，多故步自封，坚守仅有的一亩三分地。后随着经济不断发展，越来越多的农村剩余劳动力开始走出农村、走出大山、进入城镇，城镇务工使他们获得工资性收入，且工资性收入逐渐超过农业经营性收入，于是越来越多的农民开始意识到迁移投资的重要性。随着通信业和互联网的推进和普及，农民与外界的联系不断加强，对外界信息的把控能力有了极大提高，这无形中也给农民带来更多就业机会。从表 3-5 和图 3-5 可以看出，农民对于交通和通信方面的投资是逐年递增的，且增幅较大。

表 3-5　1993—2016 年农民交通通信支出金额及占总收入的比重

年份	交通和通信支出 （元/人）	可支配总收入 （元/人）	交通通信支出占总 收入的比重（%）
1993	17.4	921.6	1.89
1994	24	1221	1.97
1995	33.8	1577.7	2.14
1996	47.1	1926.1	2.45
1997	53.9	2090.1	2.58
1998	60.7	2162	2.81
1999	68.7	2210.3	3.11
2000	93.1	2253.4	4.13
2001	110	2366.4	4.65
2002	128.5	2475.6	5.19
2003	162.5	2622.2	6.20
2004	192.6	2936.4	6.56

续表

年份	交通和通信支出 （元/人）	可支配总收入 （元/人）	交通通信支出占总 收入的比重(%)
2005	245	3254.9	7.53
2006	288.8	3587	8.05
2007	328.4	4140.4	7.93
2008	360.2	4760.6	7.57
2009	402.9	5153.2	7.82
2010	461.1	5919	7.79
2011	547	6977.3	7.84
2012	652.8	7916.6	8.25
2013	796	8859.9	8.98
2014	1012.6	10488.9	9.65
2015	1163.1	11421.7	10.18
2016	1359.9	12363.4	11.00
2017	1509	13432	11.23
2018	1690	14617	11.56
2019	1837	16021	11.47
2020	1841	17131	10.75
2021	2132	18931	11.26
2022	2230	20133	11.08

数据来源：根据历年《中国统计年鉴》《中国农村统计年鉴》相关数据整理所得。

1993年，农民对于交通通信的支出仅为人均17.4元，占当年总收入的1.89%；而到2022年，农民对于交通通信的支出已经达到人均2230元，其支出金额占到当年总收入的11.08%。特别是在2018年，农民交通通信投资占总可支配收入的比重达到11.56%，这一变化也与前文提到的政府对迁移投资的情况相一致。后面几年受新冠疫情的影响，国内国际整体上人口流动减缓，因此在交通通信投资占比上呈现出下降趋势。不仅如此，

图 3-5　1993—2022 年农民交通通信支出金额占总收入的比重图

在查阅统计年鉴的过程中我们还发现，近些年来，随着通信网络和农村道路的不断完善，农民对于交通通信的投资金额已经超过教育投资、医疗投资等，在农村居民消费支出中仅次于食品烟酒消费和居住消费，位列第三，详情可见表 3-6。

表 3-6　2017—2022 年农村居民消费金额及消费构成 (元/人)

消费单项	2022 年	2021 年	2020 年	2019 年	2018 年	2017 年
服务性消费	6358	6143	5190	5290	4645	4130
食品烟酒	5485	5200	4479	3998	3646	3415
居住	3503	3315	2962	2871	2661	2354
交通通信	2230	2132	1841	1837	1690	1509
教育文化娱乐	1683	1646	1309	1482	1302	1171
医疗保健	1632	1580	1418	1421	1240	1059
生活用品及服务	934	901	768	764	720	634
衣着	864	860	713	713	648	612

消费单项	2022 年	2021 年	2020 年	2019 年	2018 年	2017 年
其他用品及服务	300	284	224	241	218	201
总计	16632	15916	13713	13328	12124	10955

数据来源：根据历年《中国统计年鉴》《中国农村统计年鉴》相关数据整理所得。

二、人力资本投资差异

前面分别从政府和农民角度考察了教育投资、健康投资和迁移投资情况，政府和农民都是人力资本投资的主体，无论从投资金额还是投资内容来看，政府和农民都承担了绝大部分。同时，政府和农民对人力资本的投资意识和投资决策都受到多种因素影响，特别是农民，其对人力资本的投资更能显示差异性。这种差异主要体现在城乡差异和地区差异等几个方面。本书结合历年《中国统计年鉴》《中国农村统计年鉴》《中国教育经费统计年鉴》和《中国卫生和计划生育统计年鉴》等宏观统计数据，采用定性分析法对此项内容进行研究。

（一）城乡差异

受二元经济结构影响，城市和农村发展一直存在不平衡的矛盾，不仅城乡居民收入差距较大，而且在基础设施、社会保障和公共服务等方面，农村也远远落后于城市，这也导致人力资本投资存在明显的城乡差异。

1. 国家财政对人力资本投资存在城乡差异

历年来，国家财政对于农村的教育投入要远远低于城市，仅从初中和小学九年义务教育投入情况便可看出差距。如表 3-7 所示，2014 年全国初中生均预算内经费为 10607.3 元，而农村初中生均预算内经费仅为 9933.8 元；全国小学生均预算内经费为 7800.5 元，而农村初中生均预算内经费仅为 7518.8 元。无论是农村初中还是农村小学，生均财政预算内经费都要低于全国平均水平。不仅是 2014 年，从 1998 年以来，国家财政预算内经费对于农村中小学的投入都要低于城镇投入，1998年农村初中生均预算内经费和农村小学生均预算内经费仅为485.8元和310.6元。长期以来，国家财政对城乡教育经费投入的差距，也导致城乡学校办学条件和办学服务的巨大差距，农村学生不可能享受与城镇学生相同的就学条件，在学习环境、学习方式、学习氛围等方面都要差一些，长此以往，农村劳动力资源质量要远远低于城镇劳动力资源质量。

表3-7 1998—2014年全国及农村九年义务生均财政预算内经费

年份	全国初中生均预算内经费(元)	农村初中生均预算内经费(元)	全国小学生均预算内经费(元)	农村小学生均预算内经费(元)
2014	10607.3	9933.8	7800.5	7518.8
2013	9544.9	9465.0	7026.4	6973.7
2011	6742.6	6376.4	5063.6	4847.8
2010	5415.3	5061.3	4098.3	3876.2
2009	4538.9	4267.7	3425.2	3236.3
2008	3645.5	3390.1	2788.6	2640.8
2007	2731.6	2465.5	2231.1	2099.7
2006	1962.9	1763.8	1671.0	1531.2
2005	1562.0	1355.4	1360.7	1230.3
2004	1296.1	1101.3	1159.2	1035.3
2003	1097.3	889.7	951.8	823.2
2002	998.4	816.0	834.3	723.4
2001	838.8	666.7	658.4	558.4
2000	698.3	539.9	499.8	417.4
1999	655.4	515.2	422.7	350.5
1998	625.5	485.8	378.3	310.6

数据来源：根据历年《中国教育经费统计年鉴》相关数据整理所得。

同教育一样，政府在农村医疗卫生和通信等方面的投入也要低于城镇，同样存在巨大的城乡差异。以中国卫生总经费投入为例，无论是投入总经费还是人均经费在城乡之间的分配都存在极大不平衡的现象，且这种不平衡还呈逐年扩大趋势（见表3-8）。存在这种差距且这种差距不断扩大的原因主要有两方面：一是政府卫生支出具有明显的城市倾向；二是政府、社会和个人在卫生支出方面的比例在近些年基本持平（见表3-2），而由于城乡居民收入差距的不断扩大，个人在卫生方面的支出也会呈现出城市高于农村的现象。

表3-8　1990—2014年城乡卫生经费投入情况

年份	城市卫生总费用（亿元）	农村卫生总费用（亿元）	城乡总额差值	城市人均卫生费用（元）	农村人均卫生费用（元）	城乡人均差值
1990	396.00	351.39	44.61	158.80	38.80	120.00
1991	482.60	410.89	71.71	187.60	45.10	142.50
1992	597.30	499.56	97.74	222.00	54.70	167.30
1993	760.30	617.48	142.82	268.60	67.60	201.00
1994	991.50	769.74	221.76	332.60	86.30	246.30
1995	1239.50	915.63	323.87	401.30	112.90	288.40
1996	1494.90	1214.52	280.38	467.40	150.70	316.70
1997	1771.40	1425.31	346.09	537.80	177.90	359.90
1998	1906.92	1771.80	135.12	625.90	194.60	431.30
1999	2193.12	1854.38	338.74	702.00	203.20	498.80
2000	2624.24	1962.39	661.85	813.70	214.70	599.00
2001	2792.95	2232.98	559.97	841.20	244.80	596.40
2002	3448.24	2341.79	1106.45	987.10	259.30	727.80
2003	4150.32	2433.78	1716.54	1108.90	274.70	834.20
2004	4939.21	2651.08	2288.13	1261.90	301.60	960.30
2005	6305.57	2354.34	3951.23	1126.40	315.80	810.60
2006	7174.73	2668.61	4506.12	1248.30	361.90	886.40

续表

年份	城市卫生总费用（亿元）	农村卫生总费用（亿元）	城乡总额差值	城市人均卫生费用（元）	农村人均卫生费用（元）	城乡人均差值
2007	8968.70	2605.27	6363.43	1516.30	358.10	1158.20
2008	11251.90	3283.50	7968.40	1861.80	455.20	1406.60
2009	13535.61	4006.31	9529.30	2176.60	562.00	1614.60
2010	15508.62	4471.77	11036.85	2315.50	666.30	1649.20
2011	18571.87	5774.04	12797.83	2697.50	879.40	1818.10
2012	21280.46	6838.54	14441.92	2999.30	1064.80	1934.50
2013	23644.95	8024.00	15620.95	3234.10	1274.40	1959.70
2014				3558.31	1412.21	2146.1

数据来源：《中国卫生和计划生育统计年鉴》（2017）。

2. 城乡居民对人力资本投资存在城乡差异

不仅政府人力资本投资存在城乡差异，居民个人在人力资本投资上也存在明显差异，见表3-9和表3-10。从表3-9可以看出，无论是单项的教育投资、健康投资、迁移投资，还是三者之和人力资本投资总额，农村居民的投资金额都要远远低于城镇居民的投资金额。截止至2016年，城镇居民人均人力资本投资总额达到了7101.5元，而农村居民的这一数据仅为3183.5元，甚至不到城镇居民投资额的一半。尽管从投资金额上看，农村居民在人力资本上的投资要远远低于城镇居民，但考虑到城乡居民收入差距的现实情况，在城乡居民的可支配收入中，人力资本投资总额所占的比重却没有太大差别，甚至从2013年以来，人力资本投资占可支配收入的比例超过了城市居民的这一比例。这一方面说明了农村居民对人力资本投资的重视，另一方面也反映出农村居民在人力资本投资上的巨大压力。

表 3-9　1990—2016 年城乡居民人力资本投资比较

年份	城镇居民人力资本投资（元/人）				人力资本投资（元/人）			
	教育投资	健康投资	迁移投资	投资总额	教育投资	健康投资	迁移投资	投资总额
2016	2636.3	1298.7	3166.5	7101.5	1069.9	755.8	1357.8	3183.5
2015	2381.0	1153.7	2889.8	6424.5	969.0	681.4	1162.6	2813.0
2014	2140.7	1038.5	2631.5	5810.7	859.2	614.9	1012.5	2486.6
2013	2294.0	1118.3	2736.9	6149.2	754.4	573.2	874.7	2202.3
2012	2033.5	1063.7	2455.5	5552.7	445.5	513.8	652.8	1612.1
2011	1851.7	969.0	2149.7	4970.4	396.5	436.8	547.0	1380.2
2010	1627.6	871.8	1983.7	4483.1	366.7	326.0	461.1	1153.8
2000	669.6	318.1	427.0	1414.7	186.7	87.6	93.1	367.4
1995	331.0	110.1	183.2	624.3	102.4	42.5	33.7	178.6
1990	112.3	25.7	40.5	178.5	31.3	19.0	8.4	58.7

数据来源：根据历年《中国统计年鉴》《中国农村统计年鉴》相关数据整理所得。

表 3-10　1990—2016 年城乡居民人力资本投资占比情况

年份	城镇居民			农村居民		
	人力资本投资总额（元）	可支配收入（元）	人力资本投资占可支配收入的比重（%）	人力资本投资总额（元）	可支配收入（元）	人力资本投资占可支配收入的比重（%）
2016	7101.5	33616.2	21.1	3183.5	12363.4	25.7
2015	6424.5	31194.8	20.6	2813.0	11421.7	24.6
2014	5810.7	28843.9	20.1	2486.6	10488.9	23.7
2013	6149.2	26955.1	22.8	2202.3	8895.9	24.8
2012	5552.7	24564.7	22.6	1612.1	7916.6	20.4
2011	4970.4	21809.8	22.8	1380.2	6977.3	19.8

年份	城镇居民			农村居民		
	人力资本 投资总额 (元)	可支配 收入 (元)	人力资本投资 占可支配收入 的比重(%)	人力资本 投资总额 (元)	可支配 收入 (元)	人力资本投资 占可支配收入 的比重(%)
2010	4483.1	19109.4	23.5	1153.8	5919.0	19.5
2000	1414.7	6280.0	22.5	367.4	2253.4	16.3
1995	624.3	4283.0	14.6	178.6	1577.7	11.3
1990	178.5	1510.2	11.8	58.7	686.3	8.6

数据来源：根据历年《中国统计年鉴》《中国农村统计年鉴》相关数据整理所得。

(二)地区差异

人力资本投资不仅存在城乡差异，同时也存在地区差异。中国地域辽阔，各地区经济发展水平参差不齐，本书借鉴《中国农村统计年鉴》对中国区域进行如下划分：东部地区：北京、天津、河北、上海、江苏、浙江、福建、山东、广东和海南共10个省市；中部地区：山西、安徽、江西、河南、湖北和湖南共6个省；西部地区：内蒙古、广西、重庆、四川、贵州、云南、西藏、陕西、甘肃、青海、宁夏和新疆共12个省市；东北地区：辽宁、吉林和黑龙江共3个省，主要对比分析东部、中部、西部和东北四个地区的人力资本投资差异性。人力资本投资指标选择也同前文一样，根据数据的可获得性，主要选取与教育培训、医疗保健和迁移通信相关的具体指标来衡量。

1. 国家财政对人力资本投资存在地区差异

基于数据的可获得性，这里主要使用公共财政预算教育经费支出来衡量国家财政对农村人力资本的投资情况。为了便于比较，特选取生均教育投入这一数值，详见表3-11。

表 3-11　2014 年各地区生均公共财政预算教育经费支出（单位：元）

地区	省市	农村职业高中	农村高中	农村初中	农村小学	农村幼儿园
东部地区	均值	13374	15699	16844	11669	6019
	北京	29374	35873	44906	27041	16008
	天津	—	28852	22137	15071	6025
	河北	6433	7358	7884	5375	2274
	上海	18931	23994	20569	15950	16169
	江苏	9750	11947	17061	11003	2443
	浙江	11607	12275	13951	9961	4999
	福建	11053	9083	12153	8679	3481
	山东	8938	7552	11093	6887	2310
	广东	5961	7098	7932	7211	1305
	海南	18317	12961	10756	9521	5178
中部地区	均值	8181	6796	9592	6629	2177
	山西	8981	7287	9638	8257	2329
	安徽	7733	6871	9677	6799	2708
	江西	8108	8269	9166	6839	2860
	河南	6180	5537	7079	4453	1300
	湖北	9562	7054	12081	7302	1854
	湖南	8524	5757	9910	6124	2014
西部地区	均值	8843	10061	11239	9992	5207
	内蒙古	15798	10969	14043	12618	7518
	广西	5079	6278	7314	6101	1313
	重庆	8480	8477	9402	7273	1740
	四川	8583	6773	9399	7736	2612
	贵州	7430	6638	6893	6919	2673
	云南	7557	6608	7785	6406	2139
	西藏	—	24649	15926	21590	20106

地区	省市	农村职业高中	农村高中	农村初中	农村小学	农村幼儿园
西部地区	陕西	7538	8840	13219	11296	7097
	甘肃	8773	6317	8899	7861	3827
	青海	8987	14927	15885	13522	5693
	宁夏	10066	6913	10815	6569	3068
	新疆	8982	13349	15289	12011	4700
东北地区	均值	11559	7690	12462	10832	3700
	辽宁	7771	6625	11011	8922	2337
	吉林	12703	8042	14154	11227	4643
	黑龙江	14204	8404	12221	12346	4119

数据来源：根据《中国教育经费统计年鉴》(2015)相关数据整理所得。

整体来看，中部地区生均公共财政预算教育经费投入是最低的，特别是河南这样的人口大省，在职高、高中、初中、小学和幼儿园阶段的生均教育经费投入分别仅有 6180 元、5537 元、7079 元、4453 元和 1300 元，与生均教育经费投入最高的北京市相比，每一阶段的生均教育经费分别少了23194 元、30336 元、37827 元、22588 元和 14708 元。对比这些数字可以明显感受到国家财政在教育经费投入上的地区差异。在农村职业高中阶段，中部地区和西部地区的生均教育经费投入是低于东部地区和东北地区的；在高中阶段，中部地区和东北地区的生均教育经费投入仅为 6796 元和7690 元，东部地区和西部地区已达到生均 1 万元以上的教育经费投入；在初中和小学九年义务教育阶段，除了中部地区投入明显落后之外，其他三大地区均能保持在生均 1 万元以上的教育经费投入；在幼儿园阶段，中部地区和东北地区的生均教育经费明显落后于东部地区和西部地区。

2. 农村居民对人力资本投资存在地区差异

根据《中国农村统计年鉴》(2017)统计数据，采用农村居民人均交通通信支出、教育文化娱乐支出和医疗保健支出三者之和作为衡量人力资本投资指标，各地区农村居民对人力资本的投资情况如表3-12所示。

表3-12 2016年各地区人力资本投资情况（单位：元/人）

地区	省市	交通通信支出	教育文化娱乐支出	医疗保健支出	人力资本投资
东部地区	均 值	1944	1193	1093	4230
	北 京	2306	1342	1347	4995
	天 津	2647	1299	1335	5280
	河 北	1511	953	928	3392
	上 海	2367	1123	1707	5197
	江 苏	2334	1352	1148	4834
	浙 江	3076	1611	1173	5860
	福 建	1452	1071	867	3390
	山 东	1545	1013	1027	3585
	广 东	1371	1058	804	3232
	海 南	836	1109	593	2537
中部地区	均 值	1135	1098	892	3125
	山 西	962	1132	770	2864
	安 徽	1276	949	932	3157
	江 西	894	922	650	2466
	河 南	1211	949	798	2958
	湖 北	1381	1157	1214	3752
	湖 南	1083	1477	987	3547
西部地区	均 值	1145	935	844	2924
	内蒙古	1790	1553	1188	4531
	广 西	972	1001	782	2755
	重 庆	1067	1073	852	2991

地区	省市	交通通信支出	教育文化娱乐支出	医疗保健支出	人力资本投资
西部地区	四 川	1174	707	973	2854
	贵 州	961	1063	528	2552
	云 南	1032	920	620	2572
	西 藏	602	193	153	948
	陕 西	880	1103	1044	3027
	甘 肃	955	966	821	2741
	青 海	1577	851	1279	3707
	宁 夏	1510	1078	1041	3628
	新 疆	1227	716	847	2790
东北地区	均 值	1489	1252	1213	3954
	辽 宁	1664	1274	1139	4077
	吉 林	1335	1232	1231	3797
	黑龙江	1468	1249	1270	3987

数据来源：根据《中国农村统计年鉴》（2017）相关数据整理所得。

整体来看，东部地区农村居民对人力资本投资均值是最高的，为4230元，紧随其后的是东北地区3954元，而中部地区和西部地区却较为落后，仅有3125元和2924元，这样的人力资本投资差异与四大地区的经济发展水平是相匹配的。一直以来，东部和东北三省的经济实力都是最强的，居民收入水平也要高于中部和西部地区居民，因此在人力资本投资上有这样的差异存在是合乎常理的。从分项比较来看，交通通信支出东部地区最高，为1944元/人，东北地区为1489元/人，中部地区和西部地区几乎持平，分别为1135元/人和1145元/人。四地区在教育文化娱乐方面的支出差异并不大，最高是东北地区1252元/人，最低是西部地区935元/人。在医疗保健支出方面，东北地区的人均支出是最高的为1213元，其次是东部地区 1093 元，中部和西部仅为 892 元和 844 元。

三、人力资本投资特征

(一)人力资本投资存量特征

人力资本投资存量又称人力资本积累存量，是指经过后天投资多方面培养而形成的固定在劳动者身上的知识、技能、健康等内涵，指人力资本投资的结果，强调的是劳动力的质量特征。一般学术上采取适龄劳动力、受教育程度、健康状况、工作年限、技能等级等指标来衡量人力资本投资存量。这里主要选取农村人口数、农村就业人员数、农村劳动力文化状况、农村孕产妇死亡率、农村儿童死亡率、农村疾病死亡率等人力资本存量指标来衡量，详见表 3-13、表 3-14、表 3-15。

表 3-13　2021 年农村人口和农村人口就业状况

农村人口数(万人)	49835
农村人口数占总人口比重(%)	35.28
农村就业人员数(万人)	27879
第一产业就业人员数(万人)	17072
第一产业就业人员数占农村就业人员数比重(%)	61.24

数据来源：根据国家统计局网站相关数据整理所得。

根据最新统计数据，截至 2021 年我国还有近 5 亿农村人口，约占总人口数 35.28%，这一庞大的人口队伍说明中国农村人力资源充足，具有发展后劲。近 5 亿农村人口中能够就业的人数约占农村总人口的 55.94%，这说明还有近 44% 的农村劳动力或因为体力、年龄、健康状况、就业机会等因素没办法正常就业。在农村不就业就意味着没有收入来源，其基本生活保障必须依靠政府和家庭其他成员供给。

表 3-14　农村居民家庭劳动力文化状况

指标	单位	1990 年	1995 年	2000 年	2011 年	2012 年
平均每百个劳动力中：						
不识字或识字很少	人	20.73	13.47	8.09	5.47	5.3
小学程度	人	38.86	36.62	32.22	26.51	26.07
初中程度	人	32.84	40.1	48.07	52.97	53.03
高中程度	人	6.96	8.61	9.31	9.86	10.01
中专程度	人	0.51	0.96	1.83	2.54	2.66
大专及大专以上	人	0.1	0.24	0.48	2.65	2.93

数据来源：根据国家统计局农村住户调查相关数据整理所得。

根据国家统计局对农村住户调查的相关资料，农村居民家庭劳动力文化水平有一半左右维持在初中水平，每一百名劳动力中具有中专或大专水平的不足 6 人，具有高中文化程度的也仅 10 人左右，八成以上都只具备初中及初中以下文化水平。这说明农村劳动力文化素质普遍偏低，对农村居民的教育投入还有很大挖掘潜力。

表 3-15　2021 年城乡各类死亡率分析

指标	单位	城市	农村
孕产妇死亡率	1/100000	15.4	16.5
5 岁以下儿童死亡率	1/1000	4.1	8.5
婴儿死亡率	1/1000	3.2	5.8
新生儿死亡率	1/1000	1.9	3.6

数据来源：根据《中国统计年鉴》（2021）、智研咨询《2017—2022 年中国人口老龄化市场研究及发展趋势研究报告》相关数据整理所得。

国际上通常采用死亡率作为衡量身体健康状况的指标（张艳华，2010）。从表 3-15 可以看出，我国城市和农村的孕产妇死亡率已基本得到控制，虽然在儿童死亡率方面尽管相比过去下降了很多，但此数值依然较高，特别是农村生活水平和生活条件有限，无论是 5 岁以下儿童还是婴儿的死亡率都是城市的 2~3 倍。

表 3-16　农村居民人均主要食品消费量（单位：千克）

指标	2021 年	2020 年	2019 年	2018 年
农村居民人均粮食消费量	170.8	168.4	154.8	148.5
农村居民人均食用油消费量	11.7	11.0	9.8	9.9
农村居民人均蔬菜及食用菌消费量	107.0	95.8	89.5	87.5
农村居民人均肉类消费量	30.9	21.4	24.7	27.5
农村居民人均禽类消费量	12.4	12.4	10.0	8.0
农村居民人均水产品消费量	10.9	10.3	9.6	7.8
农村居民人均蛋类消费量	13.0	11.8	9.6	8.4
农村居民人均奶类消费量	9.3	7.4	7.3	6.9
农村居民人均干鲜瓜果消费量	52.4	43.8	43.3	39.9
农村居民人均食糖消费量	1.5	1.4	1.4	1.3

数据来源：根据《中国统计年鉴》（2021）相关数据整理所得。

农村居民人均主要食品消费量（表 3-16）可以反映出农村居民的营养素摄入量和膳食结构等，也可以作为衡量农村居民身体健康素质的指标。整体来看，农村居民对粮食的消费量逐渐降低，对蔬菜及食用菌、禽类、水产品、蛋类、奶类、干鲜瓜果类和食糖类等高蛋白、高维生素物质的消费量呈逐年上升趋势，对谷物的消费量减少，对薯类和豆类等粗粮、杂粮的消费量增加，这说明农村居民的饮食种类更加多元化，饮食结构更加健康合理。

（二）人力资本投资增量特征

人力资本投资增量在前面的分析中已有提及，它实际上就是指人力资本的投资量。近年来，国家和农村居民对我国人力资本投资越来越重视，人力资本投资增量不断增长，这是不容忽视的事实，但也必须承认，无论是与城市人力资本投资量比较，或者与其他国家人力资本投资量相比较，都还存在较大的差距。我国教育经费历来偏向城市和高等教育，对农村基础教育重视不足，导致国家对农村教育经费投入不足（赵友国，2008）。近年来，国家对农村医疗保障体制进行改革，虽然加大了对农村卫生医疗方面的投入量，但其绝对量和相对量仍然较小。表 3-17 和表 3-18 分别反映了农村教育情况和乡镇卫生院医疗服务情况。

表 3-17　农村教育情况

指标	单位	1995 年	2000 年	2013 年	2014 年	2015 年	2016 年
一、高中							
学校数	所	3112	2629	708	667	668	652
班数	万个	2.3	2.9	1.5	1.5	1.5	1.5
毕业生数	万人	33.1	39.2	26	25.2	24.7	23.3
招生数	万人	44.7	64.4	28.1	27	27	27
学生数	万人	113.2	157.8	81.5	78.6	77	75.7
专任教师	万人	9.4	10.4	5.5	5.5	5.5	5.5
二、初中							
学校数	所	45626	39313	18485	17707	16991	16171
班数	万个	50.9	60.1	17.8	16.6	15.7	15.1
毕业生数	万人	684.6	903.8	313.9	251.1	235.3	224.7
招生数	万人	1017.3	1265.9	274.5	249.7	232.3	227.1
学生数	万人	2659.8	3428.5	814.5	748.5	702.5	667
专任教师	万人	149.9	168.2	73.1	68.5	64.5	60.8

指标	单位	1995 年	2000 年	2013 年	2014 年	2015 年	2016 年
三、小学							
学校数	万所	55.9	44	14	12.9	11.8	10.6
班　数	万个	309.4	274.6	113.9	109.7	106.9	104.8
毕业生数	万人	1328.7	1567.6	560.3	474.3	440.9	432.3
招生数	万人	1791.1	1253.7	591.8	534.7	539.1	517.2
学生数	万人	9306.2	8503.7	3217	3049.9	2965.9	2891.7
专任教师	万人	382.7	367.8	219.9	211.6	203.6	197.5

数据来源：根据历年《中国统计年鉴》和《中国农村统计年鉴》相关数据整理所得。

表 3-18　2016—2021 年乡镇卫生院医疗服务情况

指标	单位	2021 年	2020 年	2019 年	2018 年	2017 年	2016 年
乡镇卫生院数	个	34943	35762	36112	36461	36551	36795
诊疗人次	亿次	11.61	10.95	11.75	11.16	11.11	10.82
入院人数	万人	3223.00	3383.35	3909.39	3985.09	4047.17	3799.94
病床使用率	%	48.2	50.4	57.5	59.6	61.3	60.6
平均住院日	日	6.6	6.6	6.5	6.4	6.31	6.4

数据来源：根据历年《中国统计年鉴》和《中国农村统计年鉴》相关数据整理所得。

（三）人力资本投资结构特征

人力资本投资结构有多重衡量标准，有从投资对象，即农村劳动力角度论述性别结构、年龄结构及就业结构的；也有从投资主体角度论述政府、农民和社会组织对人力资本投资构成结构的。本书主要使用农村居民对教育、健康和迁移投资的比例来衡量人力资本投资结构（见表 3-19）。

表3-19 人力资本投资情况

年份	教育投资 （元/人）	健康投资 （元/人）	迁移投资 （元/人）	教育投资占 可支配收入 的比例（%）	健康投资占 可支配收入 的比例（%）	迁移投资占 可支配收入 的比例（%）
2016	1069.9	755.8	1357.8	8.65	6.11	10.98
2015	969.0	681.4	1162.6	8.48	5.97	10.18
2014	859.2	614.9	1012.5	8.19	5.86	9.65
2013	754.4	573.2	874.7	8.48	6.44	9.83
2012	445.5	513.8	652.8	5.63	6.49	8.25
2011	396.4	436.8	547.5	5.68	6.26	7.84
2010	366.7	326.0	461.1	6.20	5.51	7.79
2000	186.7	87.6	93.1	8.29	3.89	4.13
1995	102.4	42.5	33.7	6.49	2.69	2.14
1990	31.3	19.0	8.4	4.56	2.77	1.22

数据来源：根据历年《中国统计年鉴》《中国农村统计年鉴》相关数据整理所得。

从农村居民近年来对教育、健康和迁移的投资金额及投资所占可支配收入的比例来看，其对健康投资的金额和比例都是最少的，对迁移投资的金额和比例是三者中最高的。2016年，农民在交通通信等方面的消费占到可支配收入的近11%，而在医疗保健方面的消费却只占可支配收入的6.11%。这说明农村对身体健康和卫生医疗的重视程度并不高，而随着交通和信息发展，人们对交通通信等迁移投资充满热情。

（四）人力资本投资收益特征

人力资本投资收益往往具有非均衡性特点（张藕香、李录堂，2006），这种非均衡性主要表现在时间上的滞后性、空间上的外溢性和收益主体的不一致性。具体来说，人力资本投资主要是指在劳动力尚未成年之时，使其接受基础教育、享受医疗保健以便能够保持身体康健和具备基本的知识技能，待其成年以后便可以发挥经济效力产生收益。因此，从时间上来看，这个投资过程是漫长的，收益是具有滞后性的。随着城镇化的推进和城乡融合的发展，越来越多的农村剩余劳动力，特别是具备较高文化水平和专业技能的农村年轻人都选择进城务工，甚至在城市定居，因此之前在他们身上的人力资本投资收益大多被城市分享，真正能使农村获得的收益并不多，这体现了人力资本投资收益的外溢性特征。人力资本投资往往是指父辈对子辈的投资，子辈自身在未成年之前是不具备投资能力的，因此父辈或农村家庭往往是投资主体，子辈是被投资对象，同时也是收益主体，这样一来，人力资本投资便会存在投资主体与收益主体不一致的特征。

四、人力资本投资存在的问题

综合上述内容，笔者认为人力资本投资存在的问题主要有两个方面：一是投资总量不足，二是投资质量偏低。

(一)投资总量不足

当前，大部分农村经济增长方式都以粗放型为主，且农村人力资本收益又具有滞后性、外溢性等特点，对于见识有限、收入有限的农民来说，他们更倾向于可以在短期内获得收益的投资，因此农民对人力资本投资认识不足，投资意识和投资兴趣都较弱，不愿意进行此项投资额度大却收益期长的投资。虽然政府已经意识到新时期人力资本投资的重要性，也在这方面花费了巨大物力和财力，但一方面与其他国家相比，我国政府对农村人力资本的投资总量要远远低于其他国家的平均水平；另一方面，由于我国国情特殊，农村人口数量庞大，有限的政府投资被平均到每一位农民身上时就已经微乎其微了。

(二)投资质量偏低

一般来说，投资总量不足意味着投资质量和投资水平不会很高。投资质量偏低主要是指在人力资本投资中存在错位和缺位现象。以农村教育投资为例，目前对农村教育投资的形式十分单一，大多只有正规学校的基础教育，而农民真正需要的技能培训和就业引导等却十分缺乏，此为农村教育投资缺位现象之一。再者，之前有过分析，人力资本投资存在巨大的城乡差异和地区差异，这种差异主要表现在城市比农村更重视人力资本投资，经济发展水平高的地区比经济发展水平低的地区更重视人力资本投资，这种投资的差异性和不平衡性将导致贫富差距的逐步扩大甚至恶化，如果不纠正和制止这种投资错位现象将可能出现更严重的后果。

无论是投资总量不足还是投资质量偏低，这都说明我国人力资本投资还处于低层次、低水平阶段，而这种低层次、低水平投资将影响我国人力资本整体素质的提高。从宏观方面来看，人力资本是影响经济增长的内生变量，与一国经济发展水平休戚相关，低层次、低水平的人力资本投资将阻碍我国劳动生产率的提高，甚至会影响我国经济发展速度和水平。从微观来看，如此低层次、低水平的人力资本投资不会使农民获得很高收益，而会进一步降低农民对人力资本投资的积极性。长此以往，农民将会陷入人力资本投资降低和农民收入降低的恶性循环中。

第二节　农民生计现状

一、农民生计概况

本节主要研究农村人力资本投资对农民生计的影响，因为没有专门研究某一地区或某一类型的农民，因此在分析农民生计现状时是将全国农民的生计作为分析对象。另因农民教育情况在前一部分已有所涉及，因此这一部分将主要从农民就业、农民收入、农民生活水平和农民社会保障这四个方面来阐释农民生计状况。

（一）农民就业

自古以来，农民就业就是围绕农业产业展开的，特别是农业生产产业，如种植业、养殖业、畜牧业等。随着社会经济发展和城镇化的不断推进，城乡之间打破原有壁垒，开始交叉融合发展，因此一部分农村剩余劳动力开始进入城镇从事第二产业和第三产业相关的工作，农民的就业渠道越来越广，就业形式越来越多样，就业能力也越来越强。根据国家统计局数据，第一产业和第二产业就业人数不断减少，第三产业就业人数在不断增加，2016 年乡村就业人口数有 36175 万人，约占到全国总就业人数的一半，其中在私营企业就业的约 5914 万人，从事个体经营的约 4235 万人。

表 3-20　2016 年湖北省农村劳动力外出情况

项目	子项目	人数（万人）	占外出总人数的比例（%）
	外出从业人员总数	1112.81	100
性别	男	658.21	59.1
	女	454.6	40.9
文化程度	小学及以下	124.94	11.2
	初中	625.31	56.2
	高中及以上	362.56	32.6
年龄分布	20 岁及以下	157.43	14.1
	21~49 岁	787.94	70.8
	50 岁及以上	167.44	15.0
外出渠道	自发	785.71	70.6
	政府有关部门组织	96.88	8.7
	中介组织介绍	74.96	6.7
	企业招收	155.26	14.0
外出从业时间	1~3 个月	91.75	8.2
	3~6 个月	218.65	19.6
	6 个月及以上	802.41	72.1

续表

项目	子项目	人数(万人)	占外出总人数的比例(%)
外出地点	县内乡外	185.54	16.7
	省内县外	308.05	27.7
	省外	613.39	55.1
	港、澳、台	3.33	0.3
	境外	2.5	0.2
从事行业	第一产业	60.96	5.5
	第二产业	601.57	54.1
	第三产业	450.28	40.5
外出从业目的	务工	839.5	75.4
	经商	177.96	16.0
	其他	95.35	8.6
职业技能培训情况	参加过职业技能培训	331.66	29.8
	参加过政府组织的培训	140.71	12.6
	持有职业技能证书	158.57	14.2
劳务收入	月收入500元及以下	4.68	0.4
	月收入501~1000元	48.46	4.4
	月收入1001~2000元	248	22.3
	月收入2001~3000元	411.09	36.9
	月收入3000元以上	400.58	36.0

续表

项目	子项目	人数(万人)	占外出总人数的比例(%)
从业环境	雇主拖欠工资	11.47	1.0
	从事高危、有害工作	42.35	3.8
	致伤致残人数	2.55	0.2
	享受劳保补贴人数	122.47	11.0
从业社会保障	与雇主签订劳动合同	458.95	41.2
	参与养老保险	531	47.7
	参与医疗保险	650.97	58.5
	参与失业保险	86.81	7.8
	参与生育保险	54.21	4.9
	参与工伤保险	223.27	20.1

数据来源：根据《湖北农村统计年鉴》(2017)相关数据整理所得。

目前，农民就业的实际情况是年龄较大的老年人多全职从事农业生产方面的工作，年龄适中的中年人则存在较为明显的兼业化，即兼顾农业生产和外出务工，而身强力壮的年轻人大多进城务工，从事与农业完全无关的工作。由于中国农村统计年鉴中没有农民就业情况相关统计口径，因此本节分析农民就业情况，将以地处中部且有不少劳动力外出就业的湖北省为例说明现实情况(见表3-20)。2016年湖北省农村劳动力外出从业人员共有1112.81万人，男女比例约为6∶4，年龄阶段多分布于21~49岁的青壮年，且一半以上仅具有初中文化程度。在外出人员中从事第一产业的仅60.96万人，从事第二产业和第三产业的分别有601.57万人和450.28万人，这一数据对比充分说明了目前农民外出就业已重点偏向非农产业，然而由于文化程度偏低和职业技能缺乏等因素，大多数农民外出只能选择务工，不仅收入较低，而且约有一半以上人员不能享受与城镇职工相同的社会保障待遇。

（二）农民收入

农民收入一直是国家和人民重点关注的问题。近年来，农民收入一直稳步上升，收入渠道不断增加，收入结构不断变化，收入差距却在不断拉大。从表 3-21 可以看出，农村居民人均可支配收入一直稳步上升，在农村居民可支配收入构成中，经营净收入、工资性收入、财产净收入和转移净收入均在上涨，且工资性收入一直最高，成为农村居民四项收入中占比最高者，其次是经营净收入和转移净收入，居末位的是财产净收入，这一部分所占比例甚至只有其他三项的零头。而农民收入差距拉大的事实则可以从表 3-22 和表 3-23 体现。

表 3-21 农村居民人均可支配收入及构成（元/人）

指标	2022 年	2021 年	2020 年	2019 年
人均可支配收入	20133	18931	17131	16021
一、工资性收入	8449	7958	6974	6583
二、经营净收入	6972	6566	6077	5762
三、财产净收入	509	469	419	377
四、转移净收入	4203	3937	3661	3298
可支配收入构成（%）	100	100	100	100
一、工资性收入	41.97	42.04	40.71	41.09
二、经营净收入	34.63	34.68	35.47	35.97
三、财产净收入	2.53	2.48	2.45	2.35
四、转移净收入	20.87	20.80	21.37	20.59

数据来源：根据历年《中国农村统计年鉴》相关数据整理所得。

表 3-22 是国家统计局将农村居民按收入五等份分组的人均可支配收入。尽管五组居民的人均可支配收入都在持续上升中，但若将最低的低收入户与最高的高收入户相比较，四年间低收入户仅增长 762 元，而高收入

户却增长了 10062 元。2019 年低收入户与高收入户之间的差距为 31786 元，到 2022 年，两者之间的差距却增大到 41050 元，横向与纵向对比充分说明在农村居民中，低收入者与高收入者之间的收入差距越来越大，贫富差距也越来越悬殊。表 3-23 是将农村居民按地区分为四组的人均可支配收入情况，东部地区人均可支配收入始终领先，其次是东北地区，再次是中部地区，西部地区始终排在最后。同样拿人均可支配收入最高的东部地区与人均可支配收入最低的西部地区相比较，无论是纵向增长率还是横向收入差距，西部地区始终落后于东部地区。

表 3-22　农村居民按收入五等份分组的人均可支配收入

组别	单位	2022 年	2021 年	2020 年	2019 年
低收入户（20%）	元/人	5025	4856	4681	4263
中等偏下户（20%）	元/人	11965	11586	10392	9754
中等收入户（20%）	元/人	17451	16546	14712	13984
中等偏上户（20%）	元/人	24646	23167	20884	19732
高收入户（20%）	元/人	46075	43082	38520	36049

数据来源：根据历年《中国农村统计年鉴》相关数据整理所得。

表 3-23　农村居民按东、中、西部和东北地区分组的人均可支配收入

组别	单位	2013 年	2014 年	2015 年	2016 年
东部地区	元/人	11856.8	13144.6	14297.4	15498.3
中部地区	元/人	8983.2	10011.1	10919	11794.3
西部地区	元/人	7436.6	8295	9093.4	9918.4
东北地区	元/人	9761.5	10802.1	11490.1	12274.6

数据来源：根据历年《中国农村统计年鉴》相关数据整理所得。

（三）农民生活水平

农民生活水平是一个比较宽泛的概念，从一般意义上来说，农民收入

水平和农民日常衣食住行均能在一定程度上反映农民的生活水平状况，前面已经谈到农民收入情况，所以这一部分将主要从农民衣食住行以及居住环境等方面来体现农民生活水平。

表 3-24 2018—2022 年农村居民人均消费支出及构成

指标	2022 年	2021 年	2020 年	2019 年	2018 年
人均消费支出	16632	15916	13713	13328	12124
（一）食品烟酒	5485	5200	4479	3998	3646
（二）衣着	864	860	713	713	648
（三）居住	3503	3315	2962	2871	2661
（四）生活用品及服务	934	901	768	764	720
（五）交通通信	2230	2132	1841	1837	1690
（六）教育文化娱乐	1683	1646	1309	1482	1302
（七）医疗保健	1632	1580	1418	1421	1240
（八）其他用品及服务	300	284	224	241	218
消费支出构成(%)	100	100	100	100	100
（一）食品烟酒	32.98	32.67	32.66	30.00	30.07
（二）衣着	5.19	5.40	5.20	5.35	5.34
（三）居住	21.06	20.83	21.60	21.54	21.95
（四）生活用品及服务	5.62	5.66	5.60	5.73	5.94
（五）交通通信	13.41	13.40	13.42	13.78	13.94
（六）教育文化娱乐	10.12	10.34	9.55	11.12	10.74
（七）医疗保健	9.81	9.93	10.34	10.66	10.23
（八）其他用品及服务	1.80	1.78	1.63	1.81	1.80

数据来源：根据《中国农村统计年鉴》(2017)相关数据整理所得。

表 3-24 是农村居民消费支出及构成，随着农民收入增长，农民消费总额也呈逐年上涨趋势，在农民消费支出构成中，食品烟酒、居住和交通通信是排在支出前三位的，这充分体现农民消费支出的主要部分在衣食住行

等基本生活需要方面。现代农民生活水平绝大部分已满足基本温饱需求，除此之外，农村居民对家用设备的拥有量也逐年增多，从表 3-25 可以看出，平均每户拥有的移动电话、彩色电视机和电冰箱(柜)都不止一台，摩托车、电动助力车、洗衣机、电冰箱(柜)和热水器等已达到 57% 以上的普及率，包括价格高昂的家用汽车在农村居民家庭也有 17.4% 的拥有量，这充分说明农民生活条件更加便利，生活水平不断提升。

表 3-25 平均每百户农村居民年末主要耐用消费品拥有量

指标	单位	2021 年	2020 年	2019 年	2018 年
家用汽车	辆	30.2	26.4	24.7	22.2
摩托车	辆	49.9	53.6	55.1	57.4
电动助力车	辆	80.7	73.1	70.1	64.9
洗衣机	台	96.1	92.6	91.6	88.5
电冰箱(柜)	台	103.5	100.1	98.6	95.9
微波炉	台	22.2	19.7	18.9	17.7
彩色电视机	台	116.3	117.8	117.6	116.6
空调	台	89.0	73.8	71.3	65.2
热水器	台	77.9	76.2	71.7	68.7
排油烟机	台	36.6	30.9	29.0	26.0
移动电话	部	266.6	260.9	261.2	257.0
计算机	台	24.6	28.3	27.5	26.9
照相机	台	1.7	2.2	2.3	2.5

数据来源：根据历年《中国农村统计年鉴》相关数据整理所得。

农村居住环境也能够反映农民的生活水平状况。从表 3-26 可以看出，农村住户对于住宅的投资无论是面积还是单价都在提高，这说明农民在满足基本吃穿需求以后，对居住环境的要求也在提高，到 2016 年农村卫生厕所的普及率已经达到 80%，相比 2000 年提高了将近一倍。农民对于沼气、太阳能等新型绿色无污染能源的使用量也提高很多，这对于农村居住环境的改善也有很大帮助。

表 3-26 农村居住环境情况

指标	2000 年	2010 年	2014 年	2016 年
农户投资住宅面积(万平方米)	75515.3	87947.1	83769.6	73051.4
农户投资住宅单价(元/平方米)	244.6	560.8	816.9	866.7
累计使用卫生厕所户数(万户)	9572	17138	19939	21460
卫生厕所普及率(%)	44.8	67.4	76.1	80.3
累计使用卫生公厕户数(万户)		2827.7	3990.9	3502.6
农村沼气池产气量(亿立方米)	25.9	139.7	155	144.9
太阳能热水器(万平方米)	1107.8	5498.3	7782.9	8623.7
太阳灶(万台)	33.2	161.7	230	227.9

数据来源：根据历年《中国农村统计年鉴》相关数据整理所得。

(四)农民社会保障

农村居民社会保障主要体现在对农村妇女、儿童、孤寡老人、残疾人等困难人群的帮扶方面。根据中国民政统计年鉴数据，自 2007 年以来，十年间农村最低生活保障人数先上涨后下降，在 2013 年保障人数达到最高，自 2014 年开始最低生活保障人数出现负增长。而农村集中供养五保人数波动情况也在 2013 年达到最高，然后逐步降低，直到 2021 年集中供养五保人数降至 69.2 万人。农村分散供养五保人数却一直波动不大，2021 年分散供养五保人数为 368.1 万人。

表 3-27　农村最低生活保障和特困救助供养情况

年份	最低生活保障人数(万人)	集中供养五保人数(万人)	分散供养五保人数(万人)
2007	3566.3	138.0	393.3
2008	4305.5	155.6	393.0
2009	4760.0	171.8	381.6
2010	5214.0	177.4	378.9
2011	5305.7	184.5	366.5
2012	5344.5	185.3	360.3
2013	5388.0	183.5	353.8
2014	5207.2	174.3	354.8
2015	4903.6	162.3	354.4
2016	4586.5	139.7	357.2
2017	4045.2	99.6	367.2
2018	3519.1	86.2	368.8
2019	3455.4	75.0	364.1
2020	3620.8	73.9	372.4
2021	3474.5	69.2	368.1
2022	3349.0		

数据来源：根据历年《中国民政统计年鉴》相关数据整理所得。

表 3-28 是农村能够提供住宿的社会服务机构情况，自 1978 年改革开放以来，这样的社会服务机构就一直存在，且直到 2010 年前后机构数都呈上涨趋势，床位数和收养人数也都随着机构数的增加而增加。2013 年及以后，随着城镇化不断推进，农村人口在全国人口中所占比例逐渐降低，且农村经济条件不断改善，农村扶贫救助工作不断推进，农村对这类社会服务机构的需求开始降低，因此无论是机构数量、床位数量还是收养人数都在减少。

表 3-28 农村提供住宿的社会服务机构情况

年份	单位数(个)	床位数(万张)	收养人数(万人)
1978	7843	16.2	10.6
1985	23622	30.9	26.2
1990	27886	43.5	33.1
2000	25576	55.6	42.8
2005	29681	89.5	67.9
2010	31472	224.9	182.5
2013	30247	272.8	201.2
2014	20261	219.6	155.7
2015	15587	177.1	115.2
2016	15398	179.9	113.2

数据来源：根据历年《中国民政统计年鉴》相关数据整理所得。

二、农民生计的影响因素分析

根据可持续生计理论和 DFID 提出的可持续生计分析框架，我们知道影响农民生计能力和生计水平的主要是农民所面临的内外部环境威胁和所拥有的生计资本以及对生计资本合理运用的能力。因此，我们将影响农民生计的因素主要归纳为自然环境因素、社会环境因素、生计资本因素和自身能力因素等。

(一)自然环境因素

自古以来，农民赖以生存的基础还是农业，而发展农业生产往往需要依靠较好的土地、水源、气候等自然条件才可能产生较好的经济效益，因此自然环境因素对于农民生计是有很大影响的。

过去人们都说农业是靠天收的产业，这个是不无道理的。尽管现在农业科技和农业技术比较发达，能够抵抗或避免一些由自然环境因素带来的限制和危害，但如果遇到恶劣气候、洪涝干旱、病虫鼠疫、水源污染、地震滑坡等自然灾害时，农民只能做到事前预防和事后补救，对于灾害发生时带来的严重后果和恶劣影响农民是没办法控制的。而一旦遇到这样的气象灾害、生物灾害、生态灾害和地质灾害，便使农民陷入了脆弱性环境背景，这种环境脆弱性会严重降低农民的收入水平和生计水平。

（二）社会环境因素

社会环境因素同自然环境因素一样是一个比较宽泛的概念，同时它也是与自然环境相对的概念，主要包括政治环境、经济环境、文化环境等几大范畴。农民的生计活动开展与农民所处的社会环境息息相关，因此农民必须不断改造自己、提升自己以适应不断变化着的社会环境。

影响农民生计的政治环境主要包括实行的政治制度、国家对农业农村农民的支持政策、国家在农业方面的法律制度和文件、农业政策执行者对政策的把握程度等。经济环境因素主要是指市场波动对农业生产的影响、经济发展速度对农民生活的影响、农村经济结构对农民就业的影响、农民收入和消费等对农民生计策略选择的影响等。文化环境因素主要是指农民的意识形态、价值观念、宗教信仰、风俗习惯等会在潜意识指导农民对生计策略的选择，从而影响农民生计。

（三）生计资本因素

生计资本是学术界公认的对农民生计影响最大的因素，上文提到的自然因素、社会因素大致可以和生计资本中的自然资本与社会资本相对应，虽然它们之间有联系，但也不完全一致，自然因素、社会因素是从宏观角度来描述的，而自然资本、社会资本则是从农民这个微观角度来衡量的。

一定程度上，生计资本的数量和生计资本的结构都会对农民生计产生影响。具体来说，自然资本主要包括耕地面积、耕地质量、山林面积、果园面积等。人力资本主要包括家庭人口、劳动力数量、受教育程度、健康状况等。金融资本主要包括存款金额、投资金额、贷款能力、现金收入等。物质资本主要包括住房估价、耐用消费品数量和质量等固定资产价值。社会资本主要是指拥有的人际关系及社会网络、能接触到的有效信息等。

(四)自身能力因素

任何事情的成败或效果好坏都与人的能力因素分不开，人的能力也可以看成人力资本。人力资本包括健康的身体和心理，以及人所拥有的知识文化和技能水平等。农民的生计能力和生计水平与其自身所拥有的能力分不开。

当农民处于脆弱性环境背景下，面临复杂多变的内外部环境时，如何运用自身能力对生计资本进行合理配置，如何选择能够获得更高收益的生计策略或生计策略组合，这都取决于农民自身的智慧和能力。对于能够灵活创新、随机应变的农民而言，他们能够凭借自身能力和本事化危为安，将风险和代价降至最低，以获得价值最大化；而对于因循守旧、故步自封的农民而言，当机会或威胁到来时，他们会缺乏应对事物变化的能力，非但不能对生计状况作出改善，反而可能会使生计状况变得更糟。

三、农民生计存在的问题

(一)农民就业与创业能力不足

前面已经提到，选择在家务农的农民已经并不多见，而多数外出务工的农民在就业能力方面是非常薄弱的，他们大多只能选择需要付出大量体力劳动或者需要承担高风险的行业和职位。农民就业渠道狭窄，就业信息封闭，对于需要较高文化水平和职业技能的工作往往没办法胜任。

农民就业能力弱，创业能力更是不足。一是农民收入水平较低，往往积蓄有限，缺少创业资本；二是农民信息相对封闭，见识和谋略皆有限，往往很难遇到好的创业项目和机会；三是农民文化程度不高，传统守旧意识浓厚，且社会关系极为薄弱，在竞争激烈的创业市场往往不占据优势。

尽管目前国家提倡大众创业、万众创新，且出台了很多关于鼓励农民工返乡创业的优惠政策，但农村的创业市场还是较为冷清。

(二)农民增收困难且支出增多

在农民的收入结构中，目前工资性收入已经超过经营性收入，成为农民收入的主要来源。工资性收入往往是农民进城务工所得，但农民的就业能力较弱，且随着社会经济发展和产业结构不断升级，国家对于劳动密集型产业的需求已不如过去那般强烈，知识和技术密集型产业正在逐渐取代劳动密集型产业的地位，而农民是很难胜任知识和技术密集型产业的工作的。这一现实情况会导致很多农民工处于失业或半失业状态，因而农民增收将越发困难。

尽管目前农民收入在逐年增加，但考虑到货币贬值和城乡差距贫富差距的扩大，农民的实际收入并没有增加多少，相反农民的消费支出却比原来多了许多。农民消费增加一方面是由于货币贬值和物价上涨；另一方面随着经济的发展，人们的消费欲望增加，导致农民消费变多。另外，部分农民进城购房，高昂的房价加上沉重的房贷负担导致农民背负起巨大的消费支出。

(三)农村人口流失严重且社会结构松散

随着城镇化的不断推进，农村劳动力大规模向城镇迁移，导致农村人口急剧下降，很多村庄的常住人口只有高龄老人，甚至有些村落开始出现空心屋、空心村等现象，由人口迁移带来的农村凋敝、农村养老、农村产业发展等问题开始受到社会各界的关注。

农村人口严重流失首先会导致耕地资源的浪费，大量田地荒芜、无人耕种，长此以往土地肥力下降，土地贫瘠越发加剧耕地资源的巨大浪费。其次，农村人口大量流失会导致农村宅基地更加分散，会对农村基础设施建设增添困难。再次，农村人口流失会导致农村家庭结构和社会结构松散，原本集中居住、同族邻近的居住空间被打破，和睦共处的邻里关系渐渐弱化，村民团结一致的集体意识和友爱互助的良善精神逐渐消散，这一切都为农村治安和社会稳定埋下了隐患。

(四)基层政府的组织和引导能力较弱

乡(镇)人民政府是国家最基层的行政机关，经国家统计局数据统计，截至2016年年底，我国共有20883个镇级单位和10872个乡级单位，而乡村人口数是58973万人，这样计算下来，平均每个基层行政机关需要管辖2万余人。尽管村民有村委会这样的村民自治组织，但实际上大多数关系到农民生计的问题村组织都具有局限性，还是只能依靠政府单位来组织和引导。

基层政府是国家政策和行政命令的执行单位，一般会面临人员有限、经费有限、权力有限、物资有限等尴尬处境，尽管他们是直接面对普通民众的政府代表，但往往在很多事情上没有发言权，更没有主导权。例如在农民教育、就业、社保、收入等方面，基层政府对于农民的帮扶有限，对农民的组织和引导能力较弱。

(五)农村社会保障落实不到位

随着农村医疗卫生事业改革不断推进，现如今新型农村合作医疗和新型农村社会保险的参保率已达到90%，甚至接近100%全覆盖，但仅有这两项基本保障是无法解决农民生计保障问题的。新型农村合作医疗是以大病统筹为主的互助共济制度，它只能解决农民部分疾病的医疗费用，对于普通门诊的费用却只能由农民自费承担，所以农民实际受益并不大，对其保障水平较低。新型农村社会养老保险的领取条件和标准为参保15年且年满60周岁的老人每月可以领取百余元养老金补助。相比如今的生活水平，每月百余元的补助只是杯水车薪，根本不能解决养老保障问题。

农村居民对于其他商业保险了解很少，投保率低，受农民传统思维限制，大多数农民还是把治病、养老等负担寄托在下一辈身上，养儿防老是大多数农民的传统思想，因此农村子女需要承担巨大的经济和心理压力，一旦父母老去或患病卧床，子女需要付出时间、精力和金钱等予以照顾和赡养。

第三节　本 章 小 结

本章主要梳理了人力资本投资现状及问题和农民生计现状及问题，在现状分析过程中多采用描述性统计分析方法，使用图表与文字相结合的分析范式力求直观形象地表达主要内容，在问题分析阶段多采用理论与实际相结合的办法对实际存在的问题进行清晰描述。现将本章内容总结如下：

第一，纵观政府和农民对农村人力资本的投资概况可以看出，政府对农村教育、健康和迁移的投资力度都在不断加大，农民对迁移的投资力度逐年递增，但对教育和健康的投资力度却有所减少。这一方面是因为政府从减轻农民负担的角度出发，为农民分担了一部分投资压力；但另一方面也反映出农民对人力资本投资的重视程度不够，农民对人力资本的投资现状可能会陷入越不进行人力资本投资会越贫困，越贫困越会不进行人力资本投资的恶性循环怪圈中，这一现象应该引起重视。

第二，从人力资本投资差异可以看出，无论是政府还是个人，其对人力资本的投资都存在巨大的城乡差异和地区差异。这种长期存在的城市人力资本投资远远高于农村人力资本投资的现象会导致农村劳动力资源质量远远低于城镇劳动力资源质量。而经济发达地区的人力资本投资总是高于经济欠发达地区的人力资本投资，这将会导致地区之间经济发展的不平衡以及个人之间的贫富差距扩大。

第三，从人力资本投资特征来看，人力资本投资存量并不充足，农村有近四成劳动力不能正常就业，农村劳动力文化素质和身体素质普遍偏低，这说明人力资本投资还有很大的潜力可挖掘。人力资本投资增量也相对不足，大部分资源都投向城市，对农村投资的绝对量和相对量都较小。农村居民对人力资本的投资结构特征表明农民对身体健康和卫生医疗的重视程度并不高，而随着交通和信息行业的发展，人们对交通通信等迁移投资充满热情。人力资本投资收益表现出非均衡性特点，这种非均衡性主要表现在时间上的滞后性、空间上的外溢性和收益主体的不一致性。

第四，纵观农民生计概况，农民的就业渠道越来越广，就业形式越来越多样，就业能力也越来越强，农民就业不再只依附于农业，相当一部分农民能够进入第二产业和第三产业就业。农民收入近年来一直稳步上升，收入渠道不断增加，收入结构不断变化，收入差距却在不断拉大。农民生活水平早已满足了衣食住行的基本需求，生活条件更加便利，生活环境也有极大改善。农村贫困人员逐年减少，农民所享受的社会保障条件和力度都在提高和增强。

第五，总体来看，人力资本投资主要存在投资总量不足和投资质量偏低的问题，而农民生计主要存在的问题是农民就业与创业能力不足、农民增收困难且支出增多、农村人口流失严重且社会结构松散、基层政府的组织和引导能力较弱，以及农村社会保障落实不到位。

第四章　人力资本投资对农民生计 影响的理论分析

本章主要从理论层面分析人力资本投资对农民生计的影响，首先辨识人力资本投资与农民生计的关系，包括人力资本投资对农民生计的影响和农民生计对人力资本投资的影响两个方面；其次分别分析人力资本投资对农民生计能力、生计策略及生计结果的影响机理；最后尝试构建人力资本投资对农民生计影响的研究框架，为本书研究提供逻辑起点。

第一节　人力资本投资与农民生计的关系辨识

从一般意义上来讲，人力资本投资与农民生计是息息相关、相互影响的两个方面。一方面，人力资本投资会改变农民的生计资本，从而对农民生计产生影响；另一方面，农民生计状况的改善或恶化也会影响人力资本投资决策。本节将从人力资本投资对农民生计的影响和农民生计对人力资本投资的影响两个方面来辨识人力资本投资与农民生计的关系。由于本章主要讨论的是人力资本投资对农民生计的影响，因此，关于农民生计对人力资本投资的影响将只在本部分简要探讨，后文将不再涉及。

一、人力资本投资对农民生计的影响

(一)基于生计资本视角

根据可持续生计理论，人力资本是生计五大资本中的一种，对人力资

本进行投资理所当然会改变五大资本的存量和结构。第一，对农村人力资本进行投资首先会增加农民的人力资本存量，这个是毫无疑问的。第二，人力资本投资有助于农民更有效地管理和保护自然资源，通过教育和培训，农民可以进行环境友好型的农业实践，减少土壤侵蚀、水污染和生态破坏等负面影响，这有助于保护和提高农田的生产力，增强农业可持续发展的能力。第三，由于投资的消耗会导致金融资本在短期内减少，但在后期，人力资本投资会帮助农民获得更多的金融资本和金融资源，通过人力资本投资使农民获得更高的教育水平和技能，农民将更容易获得农业贷款、农业补贴和其他金融支持，并将这些资金用于购买农业设备、种子、肥料等生产要素，扩大农业生产规模，提高生产效率和盈利能力。第四，在人力资本投资过程中，人们会购买电脑、电话及交通工具等固定资产，用于提高知识储备和增加远距离活动次数，同时通过提高技能和知识水平，农民可以更有效地管理和利用农业资源，例如土地、农具和农作物等，他们可以采用更先进的农业技术和设备来提高农产品的产量和质量，进而增加农业收入和积累物质资本。第五，通过参与教育和培训项目，农民有机会与其他农民、专家和组织建立联系与合作，从而获取更多有效信息，开阔视野、增长见识，结识人脉。当然这无形中也会增加农民的社会资本。基于以上分析，可以得出结论：人力资本投资会对农民人力资本、金融资本和社会资本状况产生影响，而这三大资本的变化也会对农民的生计策略产生影响。因此人力资本投资会对农民生计产生影响，详见图4-1。

(二)基于经济增长视角

人力资本投资与经济增长的关系是学术界较为成熟的研究课题，多位知名学者指出，人力资本投资是经济增长的重要解释变量（舒尔茨，1962），且农村人力资本投资对经济增长具有多重影响。首先，农村人力资本存量提高将推动各项物质生产要素的生产效率提升，通过引进先进的农业机械和现代农业技术，农民能够实现从传统的人工劳动向机械化生产的转变，这将提高农业生产效率，增加农产品的产量和质量，为农村经济

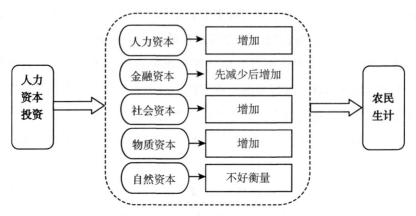

图 4-1 人力资本投资对农民生计的影响图（基于生计资本视角）

发展提供更多的物质资源。其次，农村人力资本的提高也涉及劳动者身体素质和文化素质的提升，通过接受教育和培训，农民可以提升个人的技能水平、增长专业知识，这使得其在农业生产中更具竞争力。高素质的劳动者不仅能够提高个人的生产效率，还能带动整个农业生产效率的提高，他们可以更好地适应市场需求，应对农业生产中的各种挑战，提高农业的创新能力和适应性。再次，随着农村人力资本的积累和生产效率的提高，农民个人、农村家庭和整个社会的收入水平都将得到提升，高素质的劳动者往往能够获得更好的就业机会和更高的收入，他们可以选择进入非农就业领域，从事更高附加值的工作，实现收入的多元化增长，这不仅会改善农民个人和家庭的生计状况，也将为整个农村社会创造更多经济机会和发展动力。最后，随着农民身体素质的提高和收入水平的提升，农民的消费水平将会得到提升，他们能够更好地满足基本消费需求，并有能力改善消费结构，增加对高等商品的消费需求，这一消费结构的改善和升级将刺激农村消费市场的发展，带动农村经济的增长和多元化。

（三）基于收入分配视角

前文已经提到，人力资本投资主要是提升农村劳动力身体素质和文化素质，而人力资本存量或水平在一定程度上可以看成劳动者素质的价值形

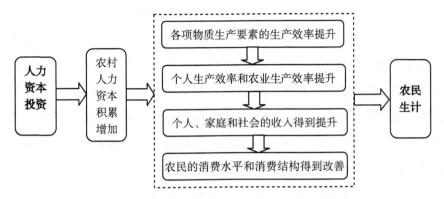

图 4-2　人力资本投资对农民生计的影响图（基于经济增长视角）

态和集中体现。

　　一方面，劳动者素质提高将直接影响到个人收入水平。随着劳动者分析力、想象力、判断力、创造力等能力的提升，他们在工作中将具备更多的优势和竞争力。他们能够更好地处理和应对复杂的信息，更有效地进行农业生产和资源配置，更灵活地适应不断变化的环境和市场需求。他们在人际交往中表现出更高的沟通能力和合作能力，能够更好地解决问题和协调资源。

　　另一方面，这些优势将使劳动者更有可能获得更高职位和更具挑战性的工作，从而获得更多的成就和经济效益。高素质的劳动者通常更容易获得晋升和加薪的机会，他们的工资和收入水平相对较高。这是因为他们能够为企业或组织创造更多的价值和利润，通过他们的工作能力和专业技能为经济增长作出更大的贡献。

　　此外，劳动者素质的提高还能在收入分配中发挥积极的影响。首先，随着劳动者素质的提高，他们通常会具备更高级的技能和更新、更丰富的知识，能够胜任更复杂和更高附加值的工作，这使得他们在劳动力市场上具有竞争优势，因而能够获得相对较高的工资，即高素质劳动者的技能溢价使得他们在收入分配中能够获得更大的份额。其次，素质提高的劳动者更容易获得晋升机会。他们通常具备更多的领导能力、问题解决能力和创新能力，能够承担更高级别的管理职位。这些职位往往拥有更高的薪酬和福利待遇，能进一步提升劳动者的收入水平。再次，高素质的劳动者往往更具创新能力和创业精神，他们更有可能在自主创业和自主就业方面取得成功。创业者可以通过自己的努力和创新为企业创造价值，并从中获得丰厚的经济回报，这使得他们能够享受更大的收入回报。然后，劳动者素质的提高有助于提高整体劳动力的素质水平，从而进一步提高企业对高素质劳动力的需求，这将促使企业愿意支付更高的工资和薪酬来吸引和留住高素质劳动者。最后，劳动者素质的提高有助于缩小收入差距和贫富差距，促进社会公平和可持续发展。高素质劳动者能够获得更好的工作条件、福利待遇和收入水平，从而提高整体社会的生活质量和幸福感。这种公平的收入分配有助于社会的可持续发展，增加社会的稳定性和凝聚力。

　　综上所述，劳动者素质提高则意味着劳动者的分析力、想象力、判断力、创造力等能力得到提升，在信息处理、农业生产、资源配置、人际交往、环境适应、专业技能等方面将更具有优势。这些职业能力能帮助劳动者获得更高职位，取得更多成绩，从而创造更多经济效益和价值，在收入分配中占据优势，提升个人收入水平。人力资本投资对农民生计的影响可通过图 4-3 来阐释。

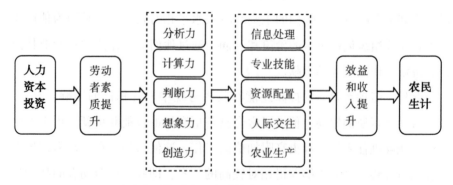

图 4-3　人力资本投资对农民生计的影响图（基于收入分配视角）

二、农民生计对人力资本投资的影响

农民生计状况的改善最直接体现在农民收入的增加上。随着收入的增加，农民的消费能力也会得到提升，他们不再为基本的生活需求而担忧，而是更多地关注如何提升自身价值和素质，以实现个人成长和发展。这将促使农民把更多资源投入自身人力资本的培养和提升上。

一方面，随着农民收入的增加，他们会更积极地用教育和培训提升自己的知识水平和技能。教育和培训可以帮助农民获取更多的专业知识、提高农业生产效率、应对市场变化和技术创新。另一方面，农民也会更加重视健康和身体素质的提升，通过健康教育和保健措施来提高自己的生活质量和工作效率。另外，收入的增加也会带来更多迁移资本，使农民具备迁移的基本要素，从而获得更多外出学习和交流的机会。

农民收入增加不仅对农民个体有益，还对整个社会经济的发展产生积极影响。经济发展的加速意味着更高的时间价值，人们会更加重视人口质量而非数量。这将推动社会对农村人口素质的关注和投资。政府和社会将会更加关注农村教育和培训资源的提供，以促进农村人口的全面发展。

农民收入增加和经济增长也会带动科学技术的进步和生活水平的提高。农村地区也会因此而受益。先进的农业技术和生产手段将进一步提高农业生产效率，为农民创造更多的机会和收益。同时，农民也会受益于改善的基础设施和公共服务，这也反过来进一步激发农民对人力资本投资的意愿。

综上所述，农民收入的增加将在多个方面推动农村人力资本的投资和提升。一方面，农民收入增加最直接的影响是农民的消费需求会扩大，手头宽裕以后，农民不再为衣食住行发愁，更多地会考虑如何提升自我价值，对自我进行投资，即进行人力资本投资。另一方面，农民收入增加也会带动整个社会经济的增长和发展。经济发展速度加快也会使人们的时间价值增大，从而促使人们重视人口质量而非人口数量，最终使得农村人口素质得到提高。同时经济增长也意味着各项科学技术的发展和生活水平的提高，这种客观形势也会刺激农民对教育和健康进行投资。农民生计对农民人力资本投资的影响可通过图4-4来阐释。

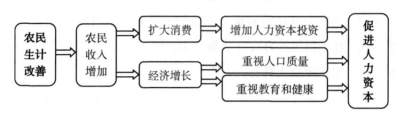

图4-4 农民生计对农民人力资本投资的影响图

第二节 人力资本投资对农民生计的影响机理

人力资本投资对农民生计的影响机理分析主要从农民生计能力、农民生计策略和农民生计结果三个方面来展开。农民拥有的自然资本、物质资本、社会资本、金融资本和人力资本情况是农民生计能力的直接体现，这种生计能力的强弱会影响农民对生计策略的选择，而不同的生计策略会产生不同的生计结果，生计结果的好与坏又会影响农民的生计资本，也就是生计能力。生计能力、生计策略和生计结果这三者是能够产生正向循环关系的。当然，如果经营不善，这三者也会出现恶性循环。

一、人力资本投资对农民生计能力的影响机理

（一）基于农民生计能力层面的分析

在文章第一节分析人力资本投资与农民生计之间的关系时，我们从生计资本角度入手着重分析了人力资本投资对农民生计的影响，从分析中我们知道生计资本是二者之间的桥梁，人力资本投资本身会使生计资本发生变化，生计资本的变化又会导致生计能力发生变化，这种影响是最直接的。

　　首先，人力资本投资可以通过提供教育和培训机会来提升农民的技能水平。例如，农民可以接受农业技术培训，学习更高效的农业生产技术，掌握市场营销知识等，这将提高他们的农业生产水平和农产品质量，从而增加收入。其次，人力资本投资也包括改善农民的健康和营养状况。农民如果身体健康，能够更好地从事农业生产和劳动，提高生产效率，因此，人力资本投资可以包括提供基本医疗保健、营养教育和卫生设施等，以改善农民的健康状况。再次，人力资本投资还可以帮助农民提高市场意识、掌握商业技能和提高商业谈判能力，这将使他们能够更好地了解市场需求，制定合适的产品定价策略，并与买家和供应商进行有效的商业交流，这样他们才能够获得更好的市场机会，提高农产品的附加值和销售收入。最后，人力资本投资可以扩大农民的就业机会，通过提供技能培训和创业支持，农民可以获得多样化的就业选择，例如农产品销售、农村旅游等，这将减少农民对第一产业的过度依赖，提高农民收入来源的多样性和稳定性。

　　能力是综合素质的体现，是完成某件事情或达成某项目标所需要具备的才干、本领、学识等综合素质的体现。生计能力指个人或家庭为谋求更好的生活、改善资产状况、提升舒适感和幸福感所需要具备的综合能力。而人力资本投资，无论是教育投资、医疗投资还是迁移投资，从本质上说都是为了提高人的能力和素质，使人具备更好的学识和更高的素质。所以从这个角度来说，人力资本投资与生计能力是存在强正相关关系的，对人力资本投资越多意味着生计能力越强。当然，针对生计能力弱项开展相对应的人力资本投资将会达到事半功倍的效果。

(二)基于人力资本投资层面的分析

　　分析人力资本投资对农民生计能力的影响机理还可以从人力资本投资的层面去分析。人力资本投资包括教育投资、医疗投资和迁移投资三个方面，因此可以从这三个方面具体分析人力资本投资对农民生计能力的影响机理。

1. 农村教育培训投资对农民生计能力的影响机理

农村教育投资是人力资本投资中最基本，也是最重要的投资方式之一。农村教育投资既包括正规的学校学历教育，也包括拜师学艺、集中培训等非正规形式，其目的都是为了增长知识、习得本领、掌握更多生存技能，从而获得更多的人力资本积累。具体来说，农村教育培训投资会从技能提升、知识获取、创业机会、自信心和社会认可这几个方面对农民生计能力产生影响。

教育培训投资可以提供农民所需的各种技能培训，例如农业技术、养殖技术、农产品加工等。通过学习和掌握这些技能，农民能够提高农业生产效率，改善产品质量，并进行更加可持续的农业实践。技能提升能帮助农民更好地适应市场需求和变化，提高农产品附加值，从而增加收入。

教育培训投资为农民提供了获取知识的机会。农民可以学习现代农业技术、科学种植方法和病虫害防治等知识，从而改进农作物的种植管理，提高产量和质量。此外，他们还可以学习营销技巧，以更好地了解市场，从而制定合适的农产品的价格和销售策略。

教育培训投资还可以培养和激发农民的创业意识。通过创业培训，农民可以学习创业技巧、商业计划编制、财务管理等知识，并了解创业过程中的风险和机遇。通过创业培训，农民可自主开发和实施农产品加工、乡村旅游、农村电商等创业项目，从而增加收入来源并提高生计能力。

农村教育培训投资还可以提升农民的自信心和社会认可度。通过接受培训并获得技能认证，农民的自信心得以增强，对农业劳动的认知也会发生改变，自我认同感得到提高。此外，技能认证也可以提升农民在社会中的地位和声誉，从而帮助他们获得更多支持和资源。

总之，农村教育投资不仅能提升农民的智力水平，还能从道德、文化、艺术等方面提升农民的认知能力、判断能力、审美能力、社交能力和抗压能力等，使农民个人素养得到提升，并拥有更强的生存技能和抗风险能力，让农民在从事生计活动时更具包容性和稳定性(周闯，2014)。

2. 农村医疗保健投资对农民生计能力的影响机理

农村医疗投资主要是指对农民身体健康、卫生保健等方面的投资。这种投资既有农民个体的投资，也有政府和社会团体在医疗保健上的投资，其主要受益人首先是农民个体，其次是国家和整个社会。健康也是一种重要的能力体现，身体是革命的本钱，人想要进一步发展和进步，健全的身体和健康的心理是必要条件。身体和心理都健康的人往往充满活力和斗志，有更多的精力投入到生计活动中。一个人的状态越好，他所能获得的资源也越多，从而能拥有较强的生计能力。同时，良好的身体和心理状态也会极大地降低疾病发病率，从而延长劳动时间、提高劳动效率，甚至农民还可以利用更多时间和精力来学习更多知识和技能。相反，不健康的身体不仅个人无法获得劳动机会，还会增加家庭负担。具体来说，农村医疗保健投资对农民生计能力的影响主要有健康状况的改善和生产力的提升两个方面。

农村医疗保健投资包括以下几个方面：（1）改善农村基础医疗设施。如建设医疗机构、诊所、卫生站等。这将使农民更容易获得医疗服务，减少因交通不便而造成的就医困难。基础医疗设施的建设还可以提供更多种类的医疗服务，提高诊断和治疗的水平。（2）培训和招聘医疗人员。通过培训和招聘农村地区的医疗专业人员，从而增加农村医疗资源的供给，提高医疗服务的质量效率。（3）推动疫苗接种和疾病预防措施的实施。通过提供免费或低价的疫苗，农民可以预防一些常见的传染病，减少疾病的发生和传播。通过疾病筛查和早期诊断，帮助农民及早发现潜在的健康问题并采取相应的治疗措施。（4）加强慢性病管理，如高血压、糖尿病的管理等。通过建立慢性病管理机制，提供定期随访、药物管理和健康指导等服务，帮助农民控制和管理慢性病，这将减少慢性病的恶化和并发症的发生，提高农民的生活质量和工作能力。（5）提供康复和护理服务，特别是对那些行动不便、患有残疾或慢性病的农民，包括康复训练、康复辅助器具的提供、护理人员的派驻等，这些服务可以帮助农民恢复身体功能、减轻疾病对生活的影响，提高他们的生计能力和生活质量。（6）建立和加强社会保障和医疗保险制度。通过社会保障和医疗保险，农民可以获得医疗费用的补偿和报销，减轻因疾病而造成的经济负担，提高就医的可及性和可负担性。

3. 农村迁移通信投资对农民生计能力的影响机理

农村迁移通信投资主要是指农民在交通、通信、搬迁、旅游等方面的开支，其目的主要是获取信息、增长见识、打开眼界等。虽然迁移投资不能直接提高农民的生计能力，但能够增加农民了解外界的渠道，使农民获得更多外界信息，避免自身处于闭塞愚昧的生存环境中。搬迁和旅游能够让农民处于更好的生存环境中或让农民亲身感受更优质的生存环境，使他们拥有追求更好生活的动力，同时具备实现自我的可能性。具体来说，农村迁移通信投资可以通过信息获取、农产品销售渠道拓展、农业技术支持、金融服务便利性、农民组织和合作网络建设、创业和就业机会拓展以及政府政策和服务接触等机制，提升农民的生计能力。

(1)信息获取和知识扩展

农村迁移通信投资可以为农民提供与外界联系的渠道，帮助他们获取各种信息资源，包括市场行情、农业技术、政策信息等。通过了解市场需求和趋势，农民可以作出更明智的农业生产决策、选择适宜的营销策略等。此外，通过通信工具，农民还可以快速扩充知识，学习新的农业技术和管理方法，提高生产效率和质量。

(2)农产品销售和营销渠道拓展

农村迁移通信投资可以帮助农民与市场建立联系，拓展农产品的销售和营销渠道。通过手机、互联网等通信工具，农民可以直接与买家、批发商、零售商等进行沟通和交流，了解市场需求和价格走势，选择更有利的销售渠道和方式。这将帮助农民增加销售额和利润，提高他们的生计能力和经济收入。

(3)农业技术支持和咨询服务

农村迁移通信投资包括为农民提供农业技术支持和咨询服务，以帮助农民解决生产中的问题和困难。通过远程咨询、技术培训视频等形式，农民可以获得专业的农业技术指导和建议，如获得种植、病虫害防治、灌溉管理等方面的知识技能,从而提高农民对农业技术的应用水平、优化生产过程、增加产量和提升农产品质量。

(4)金融服务和支付便利性

农村迁移通信投资可以促进金融服务的普及,帮助农民处理资金和支付事务。通过手机银行、移动支付等方式,农民可以方便地进行资金管理、贷款申请、收款付款等操作。这有助于提高农民的金融包容性和金融服务的可及性,增强他们的资金管理能力和经济活动的灵活性。

(5)农民组织和合作网络建设

农村迁移通信投资可以促进农民组织和合作网络的建设,增强农民之间的联系和合作。通过通信工具,农民可以更方便地进行信息交流、协商和组织活动。例如,组建农民合作社、农民协会等组织,共同合作解决生产、销售和经营中的问题。这有助于提高农民的集体谈判能力、市场议价能力并实现规模效应,从而增强他们的生计能力和经济实力。

(6)创业和就业机会拓展

农村迁移通信投资可以增加农村创业和就业机会。通过通信工具,农民可以获取创业和就业信息,了解城市和乡镇的就业机会和创业项目。农民可以通过远程办公、网络销售、直播带货、农产品加工等方式参与非农业领域的经济活动,从而增加收入来源。

(7)政府政策和服务接触

农村迁移通信投资可以加强农民与政府之间的联系和沟通。通过通信工具,农民可以及时了解政府的农业政策、农村发展计划和扶持措施,参与政策制定和决策过程。同时,他们也可以通过通信工具向政府反映问题、寻求帮助和获得支持。这有助于增强农民与政府的互动和合作,提高政府服务的针对性和有效性,从而解决农民在生产和生活中面临的各种挑战。

在信息化如此发达的今天,贫困地区农民更愿意迁移到基础设施更好、居住环境更优的城镇生活。农村迁移投资在一定程度上促进了农民生计能力的提升。

人力资本投资对农民生计能力的影响机理可概括为图 4-5。农村教育投资能够提升农民智力水平、生存技能和个人素养；农村医疗投资能够提高农民身体素质，延长工作时间，改善人口结构，使农民具备发展进步的能力；农村迁移投资能够增加农民的信息渠道，使其对未来发展充满希望和信心，从而具备自我实现的可能性。

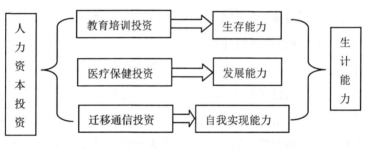

图 4-5　人力资本投资对农民生计能力的影响机理

二、人力资本投资对农民生计策略的影响机理

按照本书对农民生计策略的定义，这里的农民生计策略主要指农民就业及创业行为，具体包括农民非农就业选择、异地就业选择、创业意愿和创业能力等。因此，在分析人力资本投资对农民生计策略影响机理的时候可以撇开广义上的农民生计概念，直接分析人力资本投资对农民就业和创业的影响机理。以下将从产业结构、成本收益和预期收入三个角度进行深入分析。

（一）基于产业结构视角探讨人力资本投资对农民就业创业的影响机理

人力资本投资会导致产业结构发生变化，产业结构变化又会影响就业结构发生变化和升级，其作用机制主要表现在以下三个方面：

首先，人力资本投资行为实质上是一种需求消费行为。对人力资本教育、医疗和迁移等方面的投资会刺激相应人力资本投资市场需求的增加，如教育行业、培训行业、医疗行业、保健行业、交通行业、通信行业等市场需求的增加。这种投资需求的增加会改变市场需求结构和产品供给结构，从而促进人力资本投资相关产业的发展。另外，随着人力资本投资增强，消费主体对商品的鉴别能力增强，消费决策能力也有所提升，这也在客观上促进了产品质量和产业结构的更新升级。

其次，人力资本投资是促进经济增长的核心要素。一方面，人力资本投资自身具有边际收益递增的产出效应，这种产出效应会带动人力资本要素贡献比重上升，从而改变产业产出中的要素贡献结构。另一方面，人力资本投资还具有外溢效应，会对其他资源要素配置产生影响，通过对产业资源的集聚和置换，从而影响资源配置结构，提高配置效率，直接推动产业结构升级和就业模式演变。

再次，产业结构的优化升级一般受到资源禀赋的约束，如自然资源禀赋、物质资源禀赋、金融资源禀赋、人力资源禀赋等。人力资本投资正好是对人力资源禀赋的一种突破。人力资本中的教育培训投资和迁移通信投资等会推动技术资源禀赋和人力资源禀赋的外生增长；人力资本中的教育培训投资和医疗保健投资等是对劳动力、智力和体力的发展修复过程，这种从劳动者内部进行的革新将会带动人力资源禀赋的内生增长。因此人力资本投资可以促使产业结构得到优化升级。基于产业结构视角的人力资本投资对劳动力转移的影响机理见图4-6。

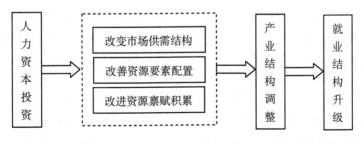

图4-6 基于产业结构视角的人力资本投资对劳动力转移的影响机理图

(二)基于成本收益视角探讨人力资本投资对农民就业创业的影响机理

农村劳动力非农就业和异地就业都属于劳动力转移范畴。舒尔茨曾经指出，劳动力是否发生转移主要取决于对迁移成本和迁移收益的比较。而人力资本投资便是在提高劳动力转移收益，降低劳动力转移成本。因此，我们说人力资本投资水平的高低是影响劳动力转移的重要因素。人力资本含量较高的劳动力相对来讲更容易发生转移，转移的成功率相对来讲也更高(张晓鹤，2017)。基于成本收益视角的人力资本投资对劳动力转移的影响机理见图4-7。

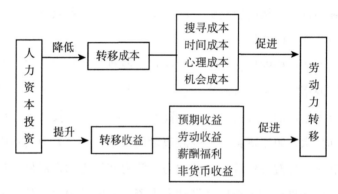

图 4-7　基于成本收益视角的人力资本投资对劳动力转移的影响机理图

1. 人力资本投资能够提高劳动力转移收益

首先，人力资本投资会影响对劳动力转移的后预期收益的判断。20世纪70年代，托达罗在提出人口流动模式时曾指出，劳动力是否发生转移，主要取决于对预期收益的判断和比较。这里的预期收益主要是指两地实际收入差异和转出地的就业成功率。许多研究表明，人力资本投资水平与收入水平存在正相关关系，无论是教育投资、医疗投资还是迁移投资，都能够对收入产生正向影响。同时，人力资本投资，特别是教育培训投资，能够扩大劳动者的职业选择范围，有效促使劳动者转移到非农产业或者转移到就业机会更多的非农地区。

其次，人力资本投资能够提高劳动者的信息获取能力和判断决策能力。相对来讲，人力资本投资更高的劳动者能够获取更多高质量的转移信息。这种转移信息的来源渠道可以突破"三缘"（血缘、人缘和地缘）关系，如通过互联网、新闻媒体等获取。同时，人力资本投资更高的劳动者对转移信息的甄别和判断更加科学，能作出更明智的转移决策。

再次，人力资本投资还能够使劳动力转移以后的就业更加稳定。这种稳定性体现在劳动力自身拥有较强的专业技能，更容易在新组织中拥有核心竞争力，被其他人代替的可能性更低。具备这种不可替代性之后，劳动力在就业市场上也拥有更多选择权，因此企业会通过提供更丰厚的报酬等方式，让其留下来。

最后，人力资本投资还能为转移以后的劳动力带来非货币收益。这种非货币收益主要包括更高的社会地位、更优的工作环境、更完善的社会保障和更和谐的生活氛围。

2. 人力资本投资有利于降低劳动力转移成本

从直接转移成本的角度来讲，人力资本投资较高的劳动者拥有更多高质量的就业信息，能够花费更少的时间和精力获得满意的职位，从而减少就业成本。

从间接成本的角度来讲，拥有更高人力资本的劳动者在知识、眼界和阅历方面更为开阔，对于转移过程中出现的人际交往障碍、语言障碍、文化障碍等都能很好地克服。因此，相对人力资本投资较低的劳动者而言，他们能够很快接受和适应转移以后的新生活和新工作，其心理成本会更低。

(三)基于预期收入视角探讨人力资本投资对农民就业创业的影响机理

本书所关注的农民就业创业行为主要指农民对自我职业的选择及履职状态。农民非农就业、异地就业和创业选择等行为，从本质上说属于劳动力转移行为，即人口迁移范畴。因此，在对其影响机理进行分析时可以借鉴最经典的托达罗人口迁移模型。该模型的基础假设为迁出地和迁入地的预期收入差异是农民是否发生迁移行为的动机，且预期收入差异越大，发生人口迁移行为的可能性也越大。在此基础上还存在两个默认假设：一是经济主体具有同质性，即所有人口所具有的劳动能力不存在差异；二是每位迁移者都能在迁入地获得正规工作机会，并达到相应的工资水平。其基本表达式为：

$$F = f(d), \ f'(d) > 0 \qquad (4\text{-}1)$$

$$d = ap - r \qquad (4\text{-}2)$$

F 表示人口迁移数量，d 表示迁出地和迁入地的预期收入差异，a 为迁入地实际工资率，p 为劳动者在迁入地找到工作的概率，r 为迁出地平均工资水平。$f'(d) > 0$ 表示迁出地和迁入地的预期收入差异与农民是否发生迁移行为呈正相关关系。其中不可能所有劳动者都能在迁入地找到正规工作，能找到正规工作的概率是由迁入地的失业状况和迁入地新创造的就业机会决定的，其表达式为：

$$p = \frac{\mu \cdot N}{S - N}, \ \mu = \lambda - \rho \qquad (4\text{-}3)$$

μ 代表迁入地工作机会概率，它是由 λ（工业产出增长率）和 ρ（劳动生产增长率）的差值决定的，N 是迁入地总就业人数，μ 与 N 的乘积代表迁入地的就业机会数。S 代表迁入地总劳动力规模，S 与 N 的差值代表未就业的那部分劳动力，即失业人数。如果迁入地的就业机会数与失业人数相等，那便意味着迁移人口在迁入地找到工作的概率是 100%，即 $p = 1$。将式 (4-3) 代入式 (4-2) 可以得到关于 d 的新表达式：

$$d = \frac{[(\lambda - \rho)a + r]N - rS}{S - N} \qquad (4\text{-}4)$$

在上述人口迁移模型中，托达罗有两点基本假设是与实际情况不相符的。一是与传统经济学在研究投入产出关系时一样，将各投入要素视为同质，将劳动力视为同质，不考虑其自身存在的质量差异，这是违背现实情况的。从本质上说，要素产出贡献能力才是影响产量的根本因素，这种产出贡献能力应该是要素边际产出能力和要素投入量的乘积，即既重视数量，也重视质量。本书着重于研究如何提高劳动力因素的质量。二是默认迁移者能适应迁入地的生活环境，获得工作机会，得到相应的劳动报酬，这也与现实情况相违背。就农民这个迁移群体来说，大部分农民迁移到城市能获得工作的概率并不高，特别是就职于城市正规部门对于普通农民来说就更难了，绝大多数迁移农民只能在城市谋得非正规部门的就业机会。

因此，我们借鉴部分学者做法，针对所研究的问题对托达罗人口迁移模型进行改进，将整个社会经济部门划分为农业部门、城市正规部门和城市非正规部门三大类。同时，将迁入地的实际工资率 a 定义为人力资本投资 i 的函数：

$$a = a(i), \ a' > 0 \tag{4-5}$$

$a' > 0$ 说明迁入地的实际工资率与人力资本投资呈正相关关系。城市正规部门工资水平可以用 $a_0(i)p_0$ 表示，城市非正规部门工资水平可以用 $a_1(i)p_1$ 表示，迁移劳动力的工资水平 r 可以重新定义为：

$$r = \frac{A + N_1 a_1(i) p_1}{L - L_m} \tag{4-6}$$

其中，A 表示农业收入，N_1 为迁移劳动力人数，L 为最初农业总人口，L_m 为转移到城市正规部门就业的劳动力数量。当农村劳动力迁移达到均衡状态时，迁入地的实际工资率与迁出地的实际工资率相等，即预期收入差异 $d = 0$，可以得到如下等式：

$$\frac{\partial N_1}{\partial i} = \frac{(L - L_m - N_1) a_0(i)}{a_0(i)} > 0 \tag{4-7}$$

对式(4-6)求关于人力资本投资 i 的偏微分可以得到：

$$a_1(i) p_1 = a_p(i) p_0 = \frac{A + N_1 a_1(i) p_1}{L - L_m} \tag{4-8}$$

由式(4-7)可以看出，人力资本投资增加能够促进农村劳动力转移，无论是转移到城市正规部门还是转移到城市非正规部门，都具有正向影响。

三、人力资本投资对农民生计结果的影响机理

研究人力资本投资对农民生计结果的影响机理，最直观的是，其与人力资本投资对农民生计策略的影响机理在逻辑上是一脉相承的，最为简单直观。同时，人力资本投资会从生产要素角度去改变要素投入的数量和结构，从而影响产出和经济发展。生计结果包含的内容比较宽泛，根据研究需要，本章将具体选择农民收入作为生计结果的主要内容，分别从能力论、要素论和经济增长这三个路径去分析人力资本投资对农民收入的影响机理。

(一)基于能力论角度探讨人力资本投资对农民收入的影响机理

能力是一个十分宽泛的概念，从哲学角度讲，能力是指一个人所具备的改造主观和客观世界的综合力量，即对一个人主观能动性的评判。在人力资源专业研究领域，能力观是十分重要的研究课题。人力资本投资是对农民教育培训、医疗保健、通信迁移等方面的投资，这种投资不仅能提高农民的知识文化素质、业务技能素质、道德品格素质和身体心理素质等，还能够增强农民的灵活应变能力、组织指挥能力和创新决策能力等。整体而言，人力资本投资会对农民自身素质和能力产生极大影响。经济学界将这种通过人力资本投资所获得的能力分为经济能力和非经济能力两大类。其中，重点关注的经济能力又可以被归纳为生产能力、配置能力、信息能力和流动能力四个方面。这几种经济能力能够使劳动者在就业、创业市场上获得更高收益和更好发展前途(陆慧，2018)。

能力素质的提升能够进一步影响农民对生计策略的选择，例如就业行业选择、工作地点选择等，农民采取不同的生计策略自然会导致不同的生计结果。人力资本投资与生计能力呈正相关关系，生计能力与生计策略、生计结果也呈正相关关系。因此，从能力角度来说，人力资本投资是能够正向影响生计结果的，即随着人力资本投资的提升，农民自身素质和能力

越来越强，收入水平也会越来越高。人力资本投资对农民收入影响的传导机制如图 4-8 所示。

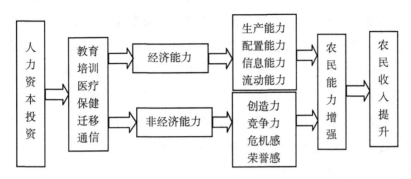

图 4-8 基于能力视角的人力资本投资对农民收入的影响机理图

(二)基于要素论视角探讨人力资本投资对农民收入的影响机理

收入是指一个人或一个家庭在一定时期内的所有进账(萨缪尔森，1999)。这种收入多来自人们拥有的土地、付出的劳动或进行的各项投资活动，也可以理解为人们在经济活动中提供各类生产要素所得到的现金回报。

在经济生产活动中，经济体能够产生多少价值、输出多少产量一般取决于物质资本和人力资本的投入情况。具体来说，生产要素主要包括资本、劳动力、土地和企业家投入四种要素，经济体能生产某种商品的最大数量与以上四种生产要素的投入量及投入利用情况息息相关。其表达式为：

$$Q = F(L, M, K, A) \tag{4-9}$$

L、M、K、A 分别表示劳动力、资本、土地和企业家。在实际生产活动中，K 一般属于一次性投资，在后期生产活动中很难发生变化；A，即企业家组织管理才能等，很难进行具体量化。随着社会的进步，技术因素也逐渐被纳入生产函数考察范围。因此，式 4-9 可以改写为：

$$Q = F(L、M、T) \tag{4-10}$$

T 代表技术因素，M 代表资本，既包括机器厂房等物质资本，也包括资金和财富等金融资本，还包括能力、智慧等人力资本。在经济发展过程中，资本是非常重要的，特别是在生产前期，资本的投入情况对经济增长贡献占主导地位，将直接决定产出成果，但物质资本的边际收益是逐渐递减的，在经济发展到一定程度以后其作用将不再明显。人力资本投资是提升劳动力素质和能力的有效途径。通过教育培训、医疗保健等形式，使凝结在劳动者身上的知识技能等水平不断提升。劳动力素质和能力的提升能够促进技术进步，迁移投资也能够促进技术交流与革新。因此，L 和 T 的升高自然会带动 Q 的提升。

考虑到人力资本投资对 Q 的影响，我们将资本 M 分解成物质资本 K 和人力资本 H，并借鉴 $C-D$ 生产函数，通过测算各类生产要素产出的弹性系数来确定要素收入份额。关于经济体在 T 时期的产出可以表示为：

$$Q_t = K_t^a H_t^\beta L_t^\gamma T, \ 0 < a < 1, \ 0 < \beta < 1, \ 0 < \gamma < 1, \ a + \beta + \gamma < 1 \tag{4-11}$$

α、β、γ 分别表示物质资本要素、人力资本要素和劳动力要素产出弹性系数。对式 4-11 两边取对数可得：

$$\ln Q_t = a\ln K_t + \beta \ln H_t + \gamma \ln L_t + \ln T \tag{4-12}$$

由式(4-12) 我们可以看出，经济体的产出情况与物质资本要素、人力资本要素、劳动力要素和技术要素息息相关，且呈正相关关系。人力资本投资通过改变人力资本要素和技术要素对经济产出产生影响，从而提升经济产量，促进经济发展，最终改善农民收入水平。

(三) 基于经济增长视角探讨人力资本投资对农民收入的影响机理

从要素论视角探讨人力资本投资对农民收入的影响，可以知道生产要素的改变能够影响经济体产量和发展情况。那么从更大范围来说，人力资本投资也会对整个社会经济产生影响。我们用 E 来表示经济增长，那么关于经济增长率的公式可以表示为：

$$\frac{dE}{E} = \left(\frac{rM}{pE}\right)\frac{dM}{M} + \left(\frac{wL}{pE}\right)\frac{dL}{LE} + \frac{dT}{T} \qquad (4\text{-}13)$$

在上式中，劳动力 L 单纯指劳动力数量，不考虑劳动力内部存在的素质与能力差异，即假定所有劳动力都是同质的。本书同时假定技术进步也是中性的，即技术进步不改变工资和利润在国民收入分配中的份额。$\frac{dE}{E}$、$\frac{dM}{M}$、$\frac{dL}{L}$、$\frac{dT}{T}$ 分别表示经济增长率、资本投入增长率、劳动力投入增长率和技术进步增长率。r 是利率水平，w 是工资率，$\frac{rM}{pE}$ 和 $\frac{wL}{pE}$ 分别代表劳动力要素收入份额和资本要素收入份额。

为了研究人力资本投资对经济增长的影响，我们将资本 M 分解成物质资本 K 和人力资本 H，$\frac{dK}{K}$ 和 $\frac{dH}{H}$ 分别表示物质资本投资增长率和人力资本投资增长率，$\frac{r_K K}{pE}$ 和 $\frac{r_H H}{pE}$ 分别表示物质资本要素收入份额和人力资本要素收入份额。式(4-13) 可以变形为：

$$\frac{dE}{E} = \left(\frac{r_H M}{pE}\right)\frac{dH}{H} + \left(\frac{r_K K}{pE}\right)\frac{dK}{LK} + \left(\frac{wL}{pE}\right)\frac{dL}{T} + \frac{dT}{T} \qquad (4\text{-}14)$$

由式(4-14) 可知，人力资本投资对经济增长的贡献可以表达为 $\frac{r_H H}{pE} \cdot \frac{dH/H}{dE/E}$。那么由以上表达式可以看出，想要知道人力资本对经济增长的贡献，除了要知道经济增长率，还需要知道物质资本、人力资本、劳动力和技术要素的投入增长率及要素收入份额。当市场处于完全竞争状态时，人力资本单位边际收益与其单位边际产品一致，记为 $F'(H)$，人力资本要素收入份额为 $\frac{HF'(H)}{F(H)}$，与人力资本产出弹性系数 $\frac{dF(H)}{F(H)} \cdot \frac{H}{dH}$ 相等，记为：

$$\frac{HF'(H)}{F(H)} = \frac{dF(H)}{F(H)} \cdot \frac{H}{dH} \qquad (4\text{-}15)$$

由式(4-15)可以推导出：

$$dH' \cdot F'(H) = dF(H) \tag{4-16}$$

由式(4-16)可以看出，人力资本要素投入对经济增长具有正向影响。

第三节　人力资本投资对农民生计影响的逻辑框架

本章第二节已经系统分析了人力资本投资对农民生计影响的内在机理和作用路径，并用文字定性分析、数学公式推导和简单图表呈现等方式分别阐述了人力资本投资对农民生计能力、农民生计策略和生计结果的影响。本节内容将在上一节的研究基础上，把相对分散零碎的逻辑思维通过图4-9的形式进行梳理和总结，使其在研究脉络上更加清晰，在研究逻辑上更加连贯。

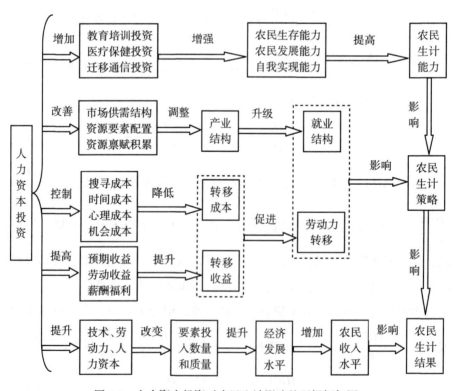

图4-9　人力资本投资对农民生计影响的逻辑框架图

第四节　本 章 小 结

　　本章主要从理论层面分析了人力资本投资对农民生计的影响机理和作用路径。在初步辨识人力资本投资与农民生计的关系的基础上，重点分析了人力资本投资对农民生计能力、生计策略及生计结果的影响机理，并得出结论：农村教育培训投资能够提升农民智力水平、生存技能和个人素养；农村医疗保健投资能够进一步提高农民身体素质、延长工作时间、改善人口结构，使农民具备更多发展进步的能力；农村迁移通信投资能够增加农民信息渠道，让农民感受更优质的生活条件，为其未来发展增加希望和信心，使其具备自我实现的可能性。在分析人力资本投资对农民生计策略的影响机理时，笔者主要选择了农民创业就业与农民由农村向城市转移两个指标来衡量农民生计策略选择，并从产业结构、成本收益和预期收入三种作用路径对其影响进行了深入分析。人力资本投资通过改善市场供需结构、资源要素配置和资源禀赋积累，从而使产业结构和就业结构得到调整和升级，农民的就业创业选择也会在此过程中受到潜移默化的影响。人力资本投资还通过降低转移成本和提高转移收益的方式，不断促使农村劳动力发生转移，使劳动力非农就业和异地就业人数增多，农民对生计策略选择拥有更多可能性。从宏观角度来看，人力资本投资其实是一种调整和改善经济生产要素的行为，其投资结果能够影响经济产出和经济发展，最终会影响农民收入和其他生计结果。在本章最后，通过绘制人力资本投资对农民生计影响的逻辑框架图，进一步明确了其影响的发生机理与作用路径，使全文在逻辑上更加顺畅。

第五章 人力资本投资对农民生计能力影响的案例分析

第一节 农民生计能力评价

一、农民生计能力评价方法

农民生计能力是指农民为维持生存和发展所用到的所有能力的总和。它是一个不断变化的指标且受到内外部多重因素影响,因此学术界对其进行评价和测度多以定性分析为主,定量研究因为在数据获取和指标权重方面存在一定难度,很多文献只通过农民收入情况这一固定标准来判断农民生计能力的高低。虽然收入能在一定程度上反映能力情况,但仅此一项指标是片面和有失客观的。在近几年有关农民生计能力的研究中,部分学者将农民生计能力评价与所拥有的生计资本紧密联系起来,并从构建评价指标体系入手,使用因子分析、因子综合得分等方法来衡量农民生计能力的高低。

丁士军等(2016)在因子分析法的基础上,通过考察被征地农民生计资本水平和结构变化来判断农民生计能力变化。刘彦麟等(2017)在测算新生代农民工生计能力时也是主要以生计资本指标和所占权重作为衡量依据。刘伟等(2019)在考察易地扶贫搬迁农户生计能力时同样以生计资本状况作为主要衡量指标。赵锋等(2014)在比较独生子女户和多子女户的生计能力时,不仅考虑到生计资本因素,同时还将制度因素、生计策略和生计结果纳入生计能力评价体系。他认为生计能力是动态的，是资源整合能力、风险控制能力、环境适应能力和生计创新能力的复合集，并且从整合观、生计资本观和管理观三个层面进行了具体分析。冯茹(2015)在其博士学位论文中重点从生计资源拥有量和社会收入公平性两个方面对农民生计能力进行评价，在生计资源拥有量层面的评价主要从自然资源、物质资源、金融资源、人力资源、社会资源等五大类生计资源中选取 17 个具体指标来考量农户生计可持续能力；在社会收入公平性层面的评价则主要从农户收入角度进行评价和预测。

二、农民生计能力评价指标

有关农户可持续生计问题一般涉及生态环境、人力资本投入、未知风险、政策导向等多方面因素，因此在构建农户生计能力评价体系的过程中，必须把握科学性、可比性、动态性等原则。同时，农民的生计能力不可能一成不变，随着环境改善、经济发展、社会进步等外在环境变化，也会持续发生改变，所以不能忽略评价指标的典型代表性和容易获得性。

从生计资本的角度来构建农民生计能力评价指标，一般是从自然资本、物质资本、人力资本、金融资本和社会资本这五个方面去选择合适指标。各项指标选择越全面越能反映资本拥有情况。这个拥有情况一方面指量的多少，量多意味着能力强；另一方面指五种资本的结构匹配度，不能特别偏重或偏轻，当然这通常由权重来决定。

在自然资本的指标选取中，耕地面积或耕地质量一般是最重要的指标之一，其次还包括农民所拥有的山林、水塘等其他自然资本情况。物质资本的衡量最重要的是宅基地，包括宅基地的面积、新旧程度、当前预估市价等都是可以反映宅基地这一重要物质资本实际情况的。除宅基地以外，家里的家用电器、农用机械等拥有情况也可以在一定程度上反映物质资本情况。随着道路和网络通信在农村的不断优化和普及，小轿车、手机、电脑拥有情况也开始作为物质资本衡量指标出现在最新的文献中。衡量人力资本最常见的指标是劳动力数量、健康水平、受教育年限等。在最新的文献中，也有将新兴职业农民纳入人力资本考察范围。金融资本一般使用收入、存款数额、金融产品等拥有情况来衡量。社会资本在社会学范畴研究较多，一般选取的指标有家里发生婚丧嫁娶等重大事件时的人情收入、全年人情开支、主要亲戚的职业状况、宗族势力等。

第二节　案例描述与对比分析

本节采用案例分析方法来探究农村人力资本投资对农民生计能力的影响，主要考虑有二：一是人力资本投资本身就是改变农民拥有的人力资本状况，显然会对农民生计能力产生影响，如果使用回归等量化研究方法估计会存在严重内生性；二是采用案例研究方法可使这一节内容更生动、更直观、更贴切。本节将会选取两户原本生计资本相当的家庭作为对比，通过分析两个家庭的人力资本投资和生计能力情况、投资中遇到的问题和对问题的解决方案来具体分析农村人力资本投资对农民生计能力的影响。

一、A、B 家庭概况

（一）A 家庭概况

1986 年，位于中国中部地区的 A 家庭刚刚组建完成，男主人 24 岁，女主人 21 岁，他们年富力强，对未来充满斗志和希望。家中父母均不到 50 岁，身体健康、勤劳能干。男主人上有一姐，已出嫁，下有三妹，尚处于小学和初中阶段。由于父母还有养育其他子女的任务在身，故男女主人与父母分开，独立生活。

分家初期，家庭无任何积蓄，分得水田六亩，旱地一亩，山地半亩，住房与父母妹妹们共住两层砖瓦结构楼房，卧室和厨房属于独立空间，餐厅、客厅、卫生间、附属屋都属于公共空间。男主人初中毕业，有两年志愿兵服役经历，在部队加入中国共产党，也利用空余时间学了糕点厨师手艺，但不算精通，转业以后学过一些农业推广技术，获得农业技术员证书。女主人父亲早逝，母亲年纪较大，只能操持家务，她上有两位哥哥，两位姐姐，下有一位妹妹，都已成婚。大哥大嫂在家务农；小哥接父亲班进入国企成为一名技术员，定居县城，脱离农村；大姐夫是乡政府公务员，大姐在家务农并在乡政府食堂兼职；二姐和二姐夫在同村务农，有意进城经商；妹夫家境较为殷实，妹妹和妹夫定居县城，妹夫是长途货车司机，妹妹在当地县城织布工厂做女工。女主人初中肄业后一直从事农业劳动和家庭劳动，从未出过当地县城。

A 家庭共养育两名子女，老大为女儿，间隔五年以后，按照当年国家计划生育政策生育老二儿子，一家四口，儿女双全。

(二) B 家庭概况

1985 年，与 A 家庭同村的 B 家庭也刚刚组建，男主人 24 岁，女主人 25 岁。由于男主人父亲早逝，母亲年岁已大，且仅有一子，故男女主人成家以后未与母亲分开居住，三人共同经营水田十余亩、旱地十余亩以及部分山林。家中宅基地为一层泥瓦结构平房，空间较为狭窄，基本没有家用电器，家具也较为老旧。男主人初中肄业，有缝纫和修理自行车的手艺。女主人小学肄业，识字不多，长期务农。男主上有三位姐姐，均嫁到本村或邻近村，经济条件一般。女主人下有两位弟弟，一位妹妹，弟弟均未娶亲，小妹尚处于小学年龄。

B 家庭共养育两名子女，老大为儿子，间隔三年以后生育一女，女儿的到来违反了当时的计划生育政策，罚款数千，一家五口，儿女双全。

二、A、B 家庭人力资本投资与生计能力现状

(一) A 家庭人力资本投资与生计能力现状

A 家庭的人力资本投资着重体现在对子女和男主人的投资方面。

男女主人在成家之初，一心务农，在没有农业机械的年代，全靠人力拼命劳作，特别是在二孩出生以后更是倍感压力。由于种水稻产生的收益

十分微薄，男主人开始外出学习养殖肉鸡技术，并在女主人大姐的支持下，开办养鸡场，退掉大部分土地，两人开始以养殖业为主，并几次到外地学习考察。90年代中后期，两人在娘家小哥和小妹的支持下转行餐饮行业并附带开办商店，后来又经营种子、化肥和农药，这两项经营都建立在男主人之前所学技术的基础上。男主人还学习了驾驶技术，购买农用三轮车，在农作物成熟季节走街串巷收购各类农产品。

大女儿学习成绩较好，在中考时离县重点高中录取线仅几分差距，在作为调节生有机会被重点高中录取时，男女主人一致同意缴纳近万元调节费送女儿读重点高中。后女儿顺利考入国内重点大学，本科毕业参加工作五年后自己有了积蓄继续深造研究生，并在省会城市安家定居，从此脱离农村。

小儿子学习成绩一般，在普通高中就读一年以后不愿继续上学，后到广州等地打工约一年，男女主人多次劝说后重返高中学习，后考入一所专科学校，学习工程管理专业技术，毕业以后到省会城市投靠姐姐，后进入一家大型公司从基层岗位做起，一边上班一边利用空余时间学习充电，并借出差机会增长见识和眼界，现已在公司担任重要职务，独立负责项目。同时小儿子也在省会城市定居，姐弟离得不远，奋斗一生的男女主人可以放心过自己的老年生活。

(二)B家庭人力资本投资与生计能力现状

B家庭的人力资本投资着重体现在对儿子的投资上。

在家庭成立之初，男女主人共同经营二十余亩水田和旱地，家中事务由老人打理，日子虽不富裕，但也能过。在男主人三十五岁壮年之际，一场交通事故险些要了他的性命，最后人命保住了，左腿却成了终身残疾，只能拄拐杖走路，丧失了大部分劳动能力。女主人一人劳动能力有限，只好将家中田地部分流转出去，只留下够一家人吃饭的口粮田由女主人打理。男主人突遭横祸，性格受到极大影响，逐渐染上嗜酒的恶习，在放纵几年以后开始在村口谋得一个摊位，依靠帮人缝补衣服皮鞋、修理自行车获得微薄收入。随着儿女陆续长大，家里房子太小不够住，于是他们拿出多年积蓄和交通事故赔偿金建了两层楼房，房子面积很大，也为未来儿子娶媳妇做打算，但由于手中拮据，房子并未装修，只简单走了水电便入住，老人独立住在原来的老房子。

大儿子被全家寄予深厚希望，无奈学习成绩一直在班中垫底，没有考上高中，初中毕业后一直无所事事。男女主人先托人让其拜师学习泥瓦匠手艺，但其因为过于辛苦而放弃。后其到相邻市的职业学校学习摩托车修理技术。两年多以后学成归来，男女主人租下门面为其开办摩托修理店。在摩托车逐渐普及的年代，修理店生意红火了几年，但由于其骑车总出事故，所赚之钱基本上用于赔偿他人。后打工潮来临，农村人口空心化，修理店生意渐渐凋敝，最终关门。眼看其已经过了娶亲的年纪还未娶亲，男女主人多方托人求亲却无果，也一直不放心其出门务工，故其一直无所事事，快四十岁还是单身一人。

家里兴建楼房以后，男女主人为减轻生活压力，便将小女儿放在老人身边寄养，他们负担学费，老人负责生活费和其他开销。小女儿从小懂事，成绩名列前茅，性格开朗，爱好唱歌跳舞，是学校的文艺积极分子。初中的最后一年，由于家里拖欠三年学杂费，学校多次上门无果，其只好辍学在家，未参加中考。因家中儿子读书、老人生病，负担太大，男女主人便托人将初中未毕业的小女儿带到广东等地打工，在餐饮、酒店、娱乐等底层行业摸爬滚打多年，女儿的积蓄被用来装修楼房、增添家用电器、供大儿子学手艺等。老人久病去世以后，小女儿基本断绝了与家里的来往，已经多年杳无音信。

三、A、B家庭人力资本投资过程分析及生计能力比较

（一）A、B家庭成立之初

为便于案例比较研究，因此在选择案例时，特意选择大环境基本一致且家庭原始积累，即家庭成立之初的生计资本相差不大的A、B两户家庭

作为典型案例。从生计资本拥有情况来看，B 家庭在自然资本方面要优于 A 家庭，但在社会资本方面要差一些，两者在物质资本、金融资本和人力资本方面基本相当。

（二）A、B 家庭成立十年

A 家庭在农业种植业辛苦若干年之后发现收益甚微，便开始考虑转行养殖业，先由男主人外出学习养殖技术，这是家庭对人力资本的一种投资。虽然在外出学习的过程中，家中事务由女主人一人承担，经济压力在变大，但在技术学成之后，全家的生计策略由农业种植业向农业养殖业＋种植业转变，家庭的生计能力在很大程度上得到提高。有技术含量的养殖业使 A 家庭赚取了第一桶金，且男主人在养殖肉鸡的过程中，需要外出进购鸡苗、饲料和为养成的肉鸡寻找销路，在这个过程中，不断地迁移使他与外界的交流增多，见识和眼界不断得到提高，为家庭的下一步腾飞奠定了一定基础。

B 家庭在家庭成立之初的十年，一直勤勤恳恳地在土地上劳作，在完全依靠人力和农业赋税较为沉重的八九十年代，仅仅依靠种地得来的收入是非常微薄的，尽管如此，B 家庭一直没有作任何改变，他们基本没有对自身人力资本进行投资，生计能力也没有任何改变。

（三）A、B 家庭成立二十年

A 家庭不吝惜对家庭主要劳动力的投资，在养殖业逐渐冷清以后，家庭开始考虑从事农村第三产业，这种大胆创新在当时来说是非常需要勇气的。在从事农村第三产业的过程中，男女主人都在不断学习新技能。借助三峡移民到本村安家的契机开办当时村里唯一的餐馆，从采购到烹饪、从服务到收银、从招待到卫生全部由男女主人自己完成。在这个过程中两人的社交能力、管理能力和服务能力都在不断提升。A 家庭在本村的口碑、人脉、资源等也在不断积累，这为后续再次转行农村超市奠定了良好基础。

　　A 家庭还特别重视对子女的教育投资，无论是女儿还是儿子，都会尽全力满足子女求学的愿望。所以在女儿中考那一年，他们在不能预测未来的前提下依然愿意为女儿能获得更好的教育环境而拿出几年的积蓄进行投资，在儿子辍学打工回来以后依然愿意托人再次送孩子到学校接受教育，学习知识和技能。在对子女的教育投资方面，A 家庭一直秉持不抛弃、不放弃的态度和精神。在儿女考上大学以后也愿意支持子女到离家更远的大城市去学习深造，拼搏事业。在这一阶段 A 家庭的人力资本投资力度是非常大的，对成人的投资收益较为明显，对子女的投资暂时未产生任何收益，家庭总体生计能力相较之前十年而言略有提升。

　　B 家庭在这个阶段遭受一次重大挫折，家庭主要劳动力由于交通意外失去左腿，身体的损伤大大降低了整个家庭的生计能力，男主人的意外残疾也让整个家庭失去了主心骨，经济压力过大使得他们只能不断缩减对家庭成员的人力资本投资，小女儿被迫辍学，老人生病无钱医治。他们将赔偿款(金融资本)和多年积蓄(金融资本)用来建设宅基地(物质资本)，从生计资本的角度来看，该家庭的生计能力并没有得到提升。

　　B 家庭一直没有放弃对儿子的投资，让其多次拜师学艺，进学校学技术，但这并没有产生多少经济收益。相反，由于儿子多次发生交通意外事故，使得整个家庭的经济压力雪上加霜，找不到出路。

(四)A、B 家庭成立至今

　　A 家庭在两名子女拥有独立生活能力之后便逐渐停止了家庭对人力资本的投资，转而变成子女个人对自己的人力资本投资。由于家庭对子女的人力资本投资在一定程度上有了从量变到质变的飞跃，所以子女自身及整个家庭的生计能力有很大提升。特别是在后期，虽然男女主人的身体健康状况变差，劳动体能也在下降，但子女都能很好地适应社会潮流发展，父子两代之间的延续交替过渡得十分自然，且整个家庭能够从农村走进城市、融入城市。这种质的飞跃是家庭对人力资本投资的结果。

　　B 家庭在后期由小女儿外出打工挣钱供养家庭大部分开销。男女主人年龄渐长，劳动能力愈发降低，只够勉强维持自身生活，在小女儿断掉与家庭的联系之后，无论从家庭收入还是从生计资本的角度来看，整个家庭的生计能力都一落千丈，缺乏自我追求的大儿子尽管占用了家庭最多的人力资本投资却并未对家庭生计能力产生任何正面影响。

第三节　主要结论与案例启示

一、主要结论

(一)短期来看，人力资本投资会削弱农民的生计能力

人力资本投资从本质上看是一种投资行为，对人力资本的教育、培训、医疗、健康、通信、迁移等投资行为都需要资金投入，因此，从短期来看，人力资本投资会削弱农民的金融资本。人力资本投资与其他投资一样具有风险性，且投资收益具有滞后性，因此在投资前期农民的自然资本、物质资本、人力资本和社会资本都不存在变化，金融资本的削弱会使农民整体生计能力变弱，抗风险能力降低。

在上述案例中，B家庭当年需要负担两个子女的教育投资费用，其家庭整体生计能力变弱，当家庭主要劳动力遭遇车祸时，其人力资本也快速被削弱，家庭生计能力加速弱化，只能通过停止对女儿的教育投资和对老人的健康投资，以及变卖田地(物质资本)为代价来换取家庭的基本生存。

(二)长期来看，人力资本投资会提高农民的生计能力

尽管从短期来看，人力资本投资会削弱农民的生计能力，但从总体来看，人力资本投资收益还是可观的。人力资本投资是一个不断积累的过程，从长期来看，它能够显著提高家庭的人力资本和社会资本，对人力资本的持续投入能够换来厚积薄发的效果。

A家庭相对农村地区而言是十分重视人力资本投资的，特别是其一

直坚持对子女的教育投资，尽管对子女的教育投资收益存在严重的滞后性和外溢性，但长期来看，这种投资收益最终还是会回报到子女和整个家庭，从而提高家庭生计能力。A 家庭的子女后来都在大城市安家，生活品质、所处阶层都有了极大跃升。这种飞跃式变化主要来自原生家庭的人力资本教育投资和迁移投资，当然也少不了对身体健康的医疗保健投资。

(三)人力资本教育投资和迁移投资对农民生计能力影响更大

人力资本投资按照投资类型大致可以分为教育投资、迁移投资和健康投资。相比较而言，人力资本教育投资和迁移投资对农民生计能力影响更大一些。一方面是因为农民本身金融资本有限，人力资本投资能力不足，因此他们会优先考虑教育投资和迁移投资，对健康投资的意识较为淡薄；另一方面，教育投资虽然有滞后性，但一般都会有较高收益，迁移投资成本低且见效快，能够增加社会资本，而健康投资的收益往往较低。因此，人力资本教育投资和迁移投资对农民生计能力影响更大。

在上述案例中，A、B 家庭都不太重视对家庭成员的健康投资，除非身体出现异样或已染上疾病，否则不会有相关投资，他们对身体健康的最大投资不是金钱而是时间，即通过日常劳动达到锻炼身体的目的。从 A 家庭可以明显看出，人力资本教育投资和迁移投资对其家庭生计能力具有积极正面影响，B 家庭虽然对其子女有一定的教育投资和迁移投资，但因其儿子缺乏自主性，导致家庭整体生计能力并没有多大改变。

二、案例启示

(一)人力资本投资过程是连续且动态的

人力资本投资是对人自身知识、能力的一项投资，这种投资与其他投资一样必须具有连续性、长期性和动态性，即不论处于生命历程的任何阶段都要坚持对人力资本的投资，对人力资本投资的中断会导致人力资本的贬值。正规教育只是人力资本投资的一种，且是最基本的一种，在进入社会从事生产劳动以后，还需要不断参加各项培训和继续教育，如职前培训、在职教育、跟师学艺等，以提高实际生产能力。处于各个阶段的人力资本投资可能在投资主体、投资形式、投资目的等方面具有差异性，但这也正好体现了人力资本投资的动态性。

在以上案例中，A 家庭一贯重视人力资本投资，这种家庭文化和氛围也被子女认可和接受，在其子女接受完学校正规教育以后，家庭对其投资中断，但子女进入社会以后坚持对自己进行人力资本投资，无论是姐姐进行学历深造还是弟弟进行在职培训，这种对人力资本投资的坚持使得子女们在其事业发展上取得长足进步。B 家庭只是勉强完成了最基本的学校教育，在家庭无力支撑人力资本投资以后，子女个人并没有转换投资主体对自己进行自我人力资本投资。这种人力资本投资被迫中断使得之前消费的生产资料和劳力都白白浪费，并未创造任何有效价值，这也说明人力资本投资只有持续且长期地坚持下去，才可能在量变积累到一定程度之后产生质变，没有坚持到质变产生的量变积累都是没有太多意义的。

（二）人力资本投资不能因性别因素而差异对待

农村家庭在对家庭成员进行人力资本投资的过程中，往往受重男轻女等落后观念的影响，因此性别因素成为家庭人力资本投资过程中特别看重的部分。农村家庭总是重视对男孩的人力资本投资，忽视对女孩的人力资本投资，这种投资差异性在经济条件和交通条件落后的山区尤为显著。在农村居民的传统认知中，男孩是家庭未来的核心力量，因为传统农业生产需要依靠力量更为出众的男性劳动力，而女孩是要出嫁到别家的，再多的人力资本投资都是为他人作嫁衣，对家庭而言并不会受益，所以较多农村家庭会减少甚至剥夺对女孩的投资，特别是减少对其教育和迁移方面的投资。

案例中 A、B 家庭均有一子一女，A 家庭对二代子女的人力资本投资是平等的，不存在性别歧视，甚至出于女儿本身爱学习的初衷，家庭还额外对女儿有更多教育方面的投资，在其初中升高中的过程中，愿意付出更多经济投资以换取更好的教育资源。在当时看来，这种对女孩的额外投资思想是超前的，但从未来结果看，A 家庭的做法无疑是明智的，这种人力资本投资不仅增强了女儿本身的生计能力，更是给整个家庭的未来提升带来希望和机会。而 B 家庭在对二代子女的人力资本投资过程中，一味重视男孩、忽视女孩，这种做法首先在子女自我成长方面就留下不良烙印，B 家庭女孩本身也是爱学习、积极追求进步之人，可 B 家庭却没有给她成长和进步的机会，在义务教育还未普及的 90 年代，使得其初中未毕业便辍学，在其年龄还未达到用工标准且身无一技之长时便被迫进入社会，仅能通过艰苦的体力劳动而获得微薄的经济报酬，这无疑是十分可悲的。

(三)缺乏自主性的人力资本投资收益将事倍功半

人力资本投资主体包括国家、企业、家庭、个人等方面，无论由谁投资，最终能产生较大收益的往往是具有自主性的那一类人。马克思基本哲学观指出，内因往往对事物发展起决定性作用，外因仅仅影响事物的发展。在人力资本投资的过程中，这一观念同样适用。自身愿意学习、主动改变、具有自主性的人往往能够抓住人力资本投资机会，且能够通过人力资本投资极大提升自身能力和价值。相反，不具有自主性，仅仅被动接受人力资本投资的人很难将这种投资转化为自身技能，投资收益也难以保证。

在上述两个案例中，B 家庭持续对儿子进行人力资本投资，以期能够通过他来改变家庭的经济状况，然而由于其自身并没有太强的进步意识，因此，再多针对他的投资也很难产生明显收益和效果。相反，A 家庭中因为男主人本身面临较大经济压力，具备强烈挣钱意识，因此，每一次外出学习他都非常重视，倍加珍惜学习和外出机会，才能在每次外出学习归来后切实提高自身生计能力，通过改变家庭生计策略，从而获得更好的生计结果。

(四)不仅要重视对子女的投资，也要重视对家庭主要劳动力的投资

受中国传统文化影响，中国农村居民普遍存在一种思想，即在拥有子女以后便失去自我，将所有希望寄托在子女身上，愿意为子女谋求好的前程而不断投资奉献，而对于自身的提高和进步却从此止步。对子女的人力资本投资是一件非常重要的事情，它对整个家庭的长远发展具有举足轻重的作用。但对子女的人力资本投资会存在投资收益周期长、见效慢、风险大的特点，因此对于整个家庭的当前发展而言不仅不会有帮助，反而还会增加家庭经济负担。

投资家庭主要劳动力具有几大优势。一方面，正值壮年的家庭主要劳动力在身体条件方面是最优的，其当前的学习能力和接受能力是最强的，对其进行教育、迁移等方面的人力资本投资能够很快被转化为实际生产力，这对于提高其生产能力和生产效率是能直接见效的；另一方面，由于对家庭子女的人力资本投资会不断增加家庭经济压力，对家庭而言此时是家庭经济最为紧张的时刻，需要源源不断的经济收入以维持整个家庭开销，所以寻找靠谱且见效快的投资便是家庭应该做的事情。

在以上案例中，A 家庭一直没有忽略对家庭男女主人的投资，在家庭经济并不十分宽裕的情况下几次外出学习新技术，包括饲养技术、收购技术、烹饪技术等，并不断外出见识更先进、更便捷的生产生活方式，这对于改善整个家庭经济环境是有很大帮助的，也助推了整个家庭经济进入良性循环。而 B 家庭一直没有对男女主人进行人力资本投资，特别是在男主人失去健康身体以后，更没有投资家庭主要劳动力的意识了，从而导致 B 家庭经济条件越发艰难。

第四节　本 章 小 结

　　本章根据研究内容特点选择了最适合的案例分析研究方法，通过对中部地区同一村庄的两户农村家庭进行深入细致的调查访谈，着重对两户家庭的人力资本状况、人力资本投资状况、生计能力及两户家庭的发展变迁进行描述刻画，并不断透过现象分析本质，以期找出人力资本投资影响生计能力的内在规律。通过对两户家庭人力资本投资的对比分析，我们认为，人力资本投资短期内会削弱农民的生计能力，但从长期看，人力资本投资会提高农民的生计能力。相比较而言，人力资本教育投资和迁移投资比健康投资对农民生计能力的影响更大。我们也从案例中得到一些启示：首先，人力资本投资是能够提高个人和家庭的生计能力的；其次，这种人力资本投资具有连续性、长期性和动态性，在人生的任何阶段都不能中断这种投资；再次，在人力资本投资过程中不仅要重视对子女的投资，还要重视对当前家庭主要劳动力的投资，且不能把性别因素作为人力资本投资与否的决定因素；最后，对具有自主性的人进行人力资本投资往往能起到事半功倍的作用。

第六章　人力资本投资对农民生计策略影响的实证分析——来自 CFPS 的经验证据

本书第四章从理论层面分析了人力资本投资对农民生计能力、生计策略和生计结果的影响。第五章采用案例研究方法对人力资本投资对农民生计能力影响进行深入细致的分析。第六章和第七章将借助中国家庭追踪调查(CFPS)相关数据，采用实证分析方法对人力资本投资对农民生计策略影响、人力资本投资对农民生计结果影响进行计量分析。本章将农民生计策略拆分为农民就业和农民创业两个方面，在分析人力资本投资对农民就业的影响时，以农村成人问卷为主要依托，并结合农村家庭问卷相关数据，主要分析人力资本投资对其非农就业和异地就业的影响；在分析人力资本投资对农民创业的影响时，以农村家庭问卷为主要依托，并结合农村成人问卷相关数据，主要分析人力资本投资对其创业意愿和创业能力的影响。

第一节　人力资本投资对农民就业的影响

一、农村居民人力资本投资对农民非农就业的影响

(一)变量选取与数据说明

1. 变量选取

针对农村居民人力资本投资对农民非农就业的影响分析，下面将通过构建与之相适应的实证模型来进行具体验证。模型中解释变量为农村居民

人力资本投资各要素，主要包括一年总阅读量、每周锻炼时长和每月手机话费这三个具体衡量指标。根据舒尔茨的人力资本投资理论，人力资本投资主要包括教育投资、健康投资和迁移投资，以上三项指标正好从教育、健康和迁移三方面代表了农村居民个人对其人力资本投资水平。被解释变量为农民非农就业，主要根据工作性质来判断农民是否从事非农就业。除了解释变量和被解释变量以外，还选取了最高学历、健康状况、家庭分得哪些集体土地、是否将土地出租给他人、是否经历土地征用、家庭土地资产和全年人情礼支出等七个指标作为控制变量。

（1）工作性质

工作性质是被解释变量，指农民所从事主要工作的性质，即属于农业就业还是非农就业，并以此判断农民对于生计策略的选择情况。若农民属于农业就业则说明农民在坚持传统生计策略选择，若农民属于非农就业则说明其生计策略选择发生了变化。这种变化受哪些因素的影响值得我们进一步探究。

（2）一年总阅读量

教育培训是人力资本投资中的重要部分。农村成年劳动力基本已经没有继续接受正规教育的机会，又因其大多就业于农村自家农业产业或城市非正规部门，能够接受相关职业培训的机会也不多，于是我们选择了问卷中一年总阅读量这个指标来衡量农村人力资本教育投资情况。对于成年人来说，阅读书籍能够增加知识储备，帮助其掌握相关技能。本部分研究预测一年总阅读量对农民非农就业具有正向影响。

（3）每周锻炼时长

医疗保健投资也是人力资本投资中的重要部分。成年人的身体相较于儿童和老年人会更加强壮，其生病住院的情况相对较少，但对身体健康的维护和保健却是不能少的。每周锻炼时长反映了农村成年居民对身体健康的投资情况。本部分研究预测每周锻炼时长对农民非农就业具有负向影响。

（4）每月手机话费

迁移通信投资也是人力资本投资中的重要部分，对于现在的农村成年人来说，手机几乎是每个人必不可少的通信工具，每月手机话费能够反映个人与外界联系的紧密程度。一般来说，每月手机话费越高的人可能人缘越好，性格越开朗，能获得的外界信息更多，在生计策略的选择上也具备更多可能性。本部分研究预测每月手机话费对农民非农就业具有正向影响。

（5）最高学历

最高学历实际是人力资本存量的一个代表指标，按照问卷可以分为文盲半文盲、小学、初中、高中、大专、大学本科、硕士及以上这七大类，它反映了一个人接受正规教育的年限，也从侧面反映了一个人拥有的知识储备和素质才干。本部分研究预测最高学历对农民非农就业具有正向影响。

（6）健康状况

健康状况实际也是人力资本存量的一个代表指标。问卷中的健康状况实际上是被调查者对自我身体健康状况的一个大概判断，问卷中把这种主观判断分成了不健康、一般、比较健康、很健康和非常健康这五种情况。健康状况能够反映一个人当前的身体素质，一般来说，身体越健康的人越具备较强的生计能力。本部分研究预测健康状况对农民非农就业具有正向影响。

（7）家庭分得哪些集体土地

家庭是否有耕地是农民是否选择非农就业的重要因素之一。按照中国传统，家里有耕地的农民多会从事与农业相关的工作，如在家务农。没有耕地或仅有较少耕地的农村居民，多会另想办法解决生计问题，比如选择外出务工或从事非农产业等。本部分研究预测是否有耕地对农民非农就业具有负向影响。

（8）是否将土地出租给他人

是否将土地出租给他人是指现在农村十分流行的土地流转行为，即很多自己有耕地的家庭并不从事农业生产，而是选择将土地出租给他人赚取租金，自己会选择外出务工或从事其他更合适的职业。本部分研究预测是否将土地出租给他人对农民非农就业具有正向影响。

（9）是否经历土地征用

是否经历土地征用这个指标与是否将土地出租给他人这个指标类似，征用是指原本属于自己承包的土地被不可控因素影响而不能继续耕种，也是土地资源减少或完全被剥夺的一种情况。土地是否被征用会在一定程度上对农民生计产生影响。本部分研究预测是否经历土地征用对农民非农就业具有正向影响。

（10）家庭土地资产

家庭土地资产指标与前面三个指标类似，都是从耕地资源的角度出发去判断家庭的土地资源拥有情况。自古以来，农民靠地吃饭，土地资源是其赖以生存的根本，对其生计影响非常大。现如今，随着社会经济的不断发展，农民的生计方式发生了一些变化，但一个家庭的土地资产情况依然是影响农民生计选择的重要指标之一。本部分研究预测家庭土地资产对农民非农就业具有负向影响。

（11）全年人情礼支出

家庭全年人情礼支出情况反映了一个家庭的社会关系网络和社会资本情况。农民生活在农村，在遇到别人家红白喜事的时候都要随份子，也就是人情礼开支。本书采用家庭全年人情礼支出情况来衡量家庭社会资本。本部分研究预测全年人情礼支出对农民非农就业具有正向影响。

2. 数据说明

本次实证研究所涉及的解释变量和被解释变量数据全部来源于中国家庭追踪调查（CFPS）2016 年调查数据。CFPS 2016 年全国追踪调查是以2010 年、2012 年、2014 年全国追踪调查家庭为投放对象，具体涉及家庭成员问卷、家庭经济问卷、成人问卷和少儿问卷这四类，由这四套问卷生成了相应的四个数据库。本部分研究主要用到家庭经济问卷和成人问卷，较少涉及家庭成员问卷和少儿问卷。CFPS 2016 年全国追踪调查成人数据库共采集 36 892 例有效样本，涉及变量 1 096 个；家庭经济数据库共采集

14 019 例有效样本，涉及变量 329 个。

因为本部分研究的是农业农村农民问题，故在数据处理时首先剔除了调查中城镇人口的相关数据。本次实证以农村居民为分析单元，在数据使用上以 2016 年成人数据库为主，部分控制变量涉及家庭经济数据库，在前期数据整理时已作了匹配和合并处理。在根据所选变量去掉缺失值以后共有 1 582 例有效样本，样本量满足回归分析需要。

(二)模型构建与描述性统计

1. 模型构建

农民是否非农就业属于二分变量，因此选择运用 Logistic 回归方法对其影响因素进行相关性分析，并选择 Logistic 分析模型，其计量方程表达式为：

$$logit(p) = \ln\left(\frac{p}{1-p}\right) = \alpha + \beta_1 PQ1102 + \beta_2 QP702 + \beta_3 KU102 + \beta_4 edu +$$

$$\beta_5 bqp201 + \beta_6 fs1 + \beta_7 fs2 + \beta_8 fs3 + \beta_9 lasset + \beta_{10} fu201 \quad (6\text{-}1)$$

式(6-1)中，α 为截距，β_1、$\beta_2 \cdots \beta_{10}$ 为待回归系数。p 为非农就业概率，PQ1102 为农村居民一年总阅读量，QP702 为每周锻炼时长，KU102 为每月手机话费，edu 为农村居民最高学历，bqp201 为农村居民健康状况，fs1 为家庭是否有耕地，fs2 为是否将土地出租给他人，fs3 为是否经历土地征用，lasset 为家庭土地资产，fu201 为家庭全年人情礼开支。

2. 描述性统计

以上 10 个变量中有 6 个变量属于分类变量，我们对其出现频次进行描述性统计，在数据整理时对其进行内部赋值。例如，因变量工作性质属于二分变量，在 1 582 例有效样本中，从事农业工作(农、林、牧、副、渔)的共计 485 例，从事非农工作的共计 1 097 例。为了便于分析，我们在数据处理时将从事农业工作(农、林、牧、副、渔)记为 0，从事非农工作记为 1。表 6-1 显示了所有分类变量的频率和内部赋值情况。

表 6-1　分类变量描述性统计

		参数编码						
		频率	−1	−2	−3	−4	−5	−6
最近一次调查最高学历	文盲/半文盲	75	1	0	0	0	0	0
	小学	253	0	1	0	0	0	0
	初中	627	0	0	1	0	0	0
	高中	350	0	0	0	1	0	0
	大专	193	0	0	0	0	1	0
	大学本科	78	0	0	0	0	0	1
	硕士	6	0	0	0	0	0	0
健康状况	不健康	109	1	0	0	0		
	一般	162	0	1	0	0		
	比较健康	696	0	0	1	0		
	很健康	332	0	0	0	1		
	非常健康	283	0	0	0	0		
您家分得哪些集体土地	耕地	1548	1	0	0			
	林地	28	0	1	0			
	牧场	1	0	0	1			
	水塘	5	0	0	0			
是否将土地出租	否	1266	1					
	是	316	0					
是否经历土地征用	否	1463	1					
	是	119	0					
是否从事非农工作	是	1097	1					
	否	485	0					

表 6-2 列出了数值变量的描述性统计，数值变量包括一年总阅读量、每周锻炼时长、每月手机话费、家庭土地资产和家庭全年人情礼开支五

项，主要对各数值变量样本单位、最小值、最大值、均值和标准偏差进行了统计。

表 6-2　变量描述性统计

变量	单位	最小值	最大值	均值	标准偏差
一年总阅读量	本	1	365	6.3287	16.50724
每周锻炼时长	小时	0.1	28	7.0329	9.15808
每月手机费	元	0	500	84.4583	67.81457
土地资产	元	0	2506250	37019.309	98080.1317
人情礼支出	元	0	100000	5044.6271	7172.08362

(三)估计结果

本部分研究采用 Logistic 回归分析法，运用 SPSS 软件估计模型各参数(见表 6-3)，发现解释变量每周锻炼时长和每月手机话费在 1% 水平上显著，一年总阅读量指标在 10% 水平上显著，说明人力资本投资对农民非农就业具有显著影响。根据被解释变量内部赋值情况，并结合回归结果可以看出，农村居民一年总阅读量和每月手机话费对非农就业具有显著正向影响，这与之前预测基本无误。在学术文献中，也有多位研究学者指出，人力资本教育培训投资和迁移通信投资是对农民非农就业具有正向影响的(柳建平、王旖旎、刘咪咪，2019；熊黎雅，2018；楚圆圆，2015)。每周锻炼时长体现的是农村居民对健康和身体的投资，其对农民非农就业具有显著负向影响，即农民在身体健康层面的投资时间越多，其越可能从事农业就业。每周锻炼时长这一指标采集并未明确锻炼强度和锻炼地点，如果农村居民将从事体力劳动看作锻炼的一种，那么每周锻炼时长与非农就业呈负相关关系，从这一角度解释，这种情况与实际情况是相符的。

表 6-3　人力资本投资对非农就业影响的 Logistic 回归结果

变量	B	标准误差	瓦尔德	自由度	显著性	Exp(B)
一年总阅读量	−0.014	0.008	3.495	1	0.062*	0.986
每周锻炼时长	0.019	0.007	7.685	1	0.006**	1.019
每月手机费	−0.012	0.001	66.607	1	0.000***	0.988
最高学历			78.562	6	0.000***	
最高学历(1)	1.299	1.167	1.241	1	0.265	3.667
最高学历(2)	0.897	1.146	0.613	1	0.434	2.453
最高学历(3)	0.493	1.141	0.187	1	0.665	1.638
最高学历(4)	0.160	1.145	0.020	1	0.889	1.174
最高学历(5)	−1.750	1.194	2.147	1	0.143	0.174
最高学历(6)	−2.007	1.285	2.439	1	0.118	0.134
健康状况			36.284	4	0.000***	
健康状况(1)	1.398	0.269	26.984	1	0.000	4.049
健康状况(2)	0.778	0.238	10.698	1	0.001	2.177
健康状况(3)	0.491	0.181	7.362	1	0.007	1.634
健康状况(4)	0.098	0.212	0.214	1	0.644	1.103
哪些集体土地			1.840	3	0.606	
哪些集体土地(1)	−1.214	1.045	1.351	1	0.245	0.297
哪些集体土地(2)	−1.590	1.175	1.832	1	0.176	0.204
哪些集体土地(3)	−19.391	40192.970	0.000	1	1.000	0.000
是否将土地出租给他人(1)	0.714	0.176	16.358	1	0.000***	2.042
是否经历土地征用(1)	−0.073	0.238	0.094	1	0.759	0.930
土地资产	0.000	0.000	25.429	1	0.000***	1.000
人情礼支出	0.000	0.000	0.048	1	0.827	1.000
常量	−0.221	1.582	0.020	1	0.889	0.802

注:***、**、*分别表示1%、5%和10%水平上的统计显著性。

　　由表 6-3 可以看出，除了解释变量以外，其他控制变量如最高学历、健康状况、是否将土地出租给他人以及家庭土地资产情况等都对农民非农就业有显著影响，且显著水平都在 1% 水平之上。学历、健康实际也是人力资本存量指标，这也从另一方面说明了人力资本投资对农民非农就业具有显著影响。家庭是否将土地出租给他人反映了家庭土地资本状况，回归结果显示家庭土地拥有情况对农村居民是否从事非农就业具有显著影响，这一结果与之前预测一致。人情礼支出本是用来衡量家庭社会资本的，该指标对农民是否非农就业没有显著影响，与之前预测有出入，这说明农民拥有多少社会资本与农民是否选择非农就业关系不大。家庭分得哪些集体土地对农民是否非农就业影响不显著。实际情况是每个农村家庭都能从集体分得土地，且以耕地为主，所以是否拥有耕地及拥有的耕地类型在农民之间无法拉开差距，所以这一指标对农民就业选择影响不大也在情理之中。

二、农村居民人力资本投资对农民异地就业的影响

（一）变量选取与数据说明

1. 变量选取

　　针对农村居民人力资本投资对农民异地就业的影响分析，下面将通过构建与之相适应的实证模型来进行具体验证。模型中解释变量为农村居民人力资本投资各要素，主要包括一年总阅读量、每周锻炼时长和每月手机话费这三个具体衡量指标。根据舒尔茨的人力资本投资理论，人力资本投资主要包括教育投资、健康投资和迁移投资，以上三项指标正好从教育、健康和迁移三方面代表了农村居民的个人人力资本投资水平。被解释变量为农民异地就业，主要根据工作地点来判断是否为异地就业，问卷中对工作地点设置了当前居住的村居、当前居住乡镇的其他村居、当前居住区县的其他乡镇、当前居住省份的其他县区、其他省份网店和工作地点不固定等选项。我们在数据处理时参照陈国生（2015）、吴振华（2015）、雍会

（2018）、杨丹（2018）等人的做法，将工作地点在本县市的定义为本地就业，即将前面三个选项归为一类，命名为"本地就业"，后几项归为一类，命名为"异地就业"，以此来区分农民异地就业与否。除了解释变量和被解释变量以外，还选取了当前婚姻状态、年龄、性别、最高学历、家庭人数、健康状况、对本县市政府评价、小区邻里关系、土地资产、人情礼支出和交通通信费用等十一个指标作为控制变量。

（1）工作地点

工作地点是被解释变量，指农民所从事主要工作的地点，即是在本地还是在外地（也称异地），以此判断农民对于生计策略的选择情况。自古以来农民靠土地吃饭，传统农业思维是安土重迁，他们一般不愿意远离自己熟悉的生活圈子。但随着社会经济的发展，交通变得便利，很多农民开始选择外出就业，其生计策略选择相比原来发生变化。这种变化受哪些因素影响值得我们进一步探究。

（2）一年总阅读量

教育培训是人力资本投资中的重要部分。农村成年劳动力基本已经没有继续接受正规教育的机会，又因其大多就业于农村自家农业产业或城市非正规部门，能够接受相关职业培训的机会也不多，于是我们选择了问卷中一年总阅读量这个指标来衡量农村人力资本教育投资情况。对于成年人来说，阅读书籍能够增加知识储备，帮助其掌握相关技能。本部分研究预测一年总阅读量对农民异地就业具有正向影响。

（3）每周锻炼时长

医疗保健投资也是人力资本投资中的重要部分。成年人的身体相比于儿童和老年人会更加健康，其生病住院的情况相对较少，但对身体健康的维护和保健却是不能少的。每周锻炼时长反映了农村成年居民对身体健康的投资情况。本部分研究预测每周锻炼时长对农民异地就业具有负向影响。

（4）每月手机话费

迁移通信投资也是人力资本投资中的重要部分，对于现在的农村成年人来说，手机几乎是每个人必不可少的通信工具，每月手机话费能够反映个人与外界的联系紧密程度。一般来说，每月手机话费越高的人可能人缘越好，性格越开朗，能获得的外界信息越多，在生计策略选择上也具备更多可能性。本部分研究预测每月手机话费对农民异地就业具有正向影响。

（5）婚姻状态

在调查问卷中，针对当前婚姻状态有五种选项，一是单身；二是有配偶（再婚）；三是同居；四是离婚；五是丧偶。其中，有配偶（再婚）既包括法律婚姻又包括事实婚姻，同居是指男女住在一起，没有领结婚证也没有事实婚姻的情况。为了弄清楚有无配偶是否会成为影响农民异地就业选择的因素之一，在数据处理时我们将第二选项归为一类，命名为"有配偶"，将其他四类选项归为一类，命名为"无配偶"。本部分研究预测有无配偶对农民异地就业具有负向影响。

（6）年龄

本次实证回归以成人问卷为主，因此所调查人群首先是成人。成人的生计策略选择与年龄相关。一般来说，农村青壮年劳动力选择外出就业多，对外面的世界充满好奇和探索精神，留守农村的多是年龄较大的老人。一方面老人安土重迁，另一方面老人身体素质下降，不适合长途奔波。本部分研究预测年龄对农民异地就业具有负向影响。

（7）性别

性别分男女，在农村居民选择是否异地就业的时候，性别也是重要的影响因素之一。女性天生具有生育孩子的职责，一般在家庭分工中，女性也更加偏重家庭，养育小孩、照顾老人多由女性承担。男主外女主内的传统思想在一定程度上限制了女性外出就业。相对来说，男性在家庭方面的顾虑会少一些，他们选择外出就业的机会会大一些。

（8）最高学历

最高学历实际是人力资本存量的一个代表指标，按照问卷可以分为文盲半文盲、小学、初中、高中、大专、大学本科、硕士及以上这七大类。

最高学历反映了一个人接受正规教育的年限，也从侧面反映了一个人拥有的知识储备和素质才干。本部分研究预测最高学历对农民异地就业具有正向影响。

（9）家庭人数

家庭人数是指一个家庭中正式成员的人员数量。一般来说，家庭赖以生存的土地资源是比较固定的，因此一个家庭有多少人口，有多少劳动力就决定了这户家庭是否会有剩余劳动力。当家庭人口较多，现有土地带来的收益与人口不成正比时，家庭里会有人考虑其他的生计策略，如外出就业等。本部分研究预测家庭成员人数对农民异地就业具有正向影响。

（10）健康状况

健康状况实际也是人力资本存量的一个代表指标。问卷中的健康状况实际上是被调查者对自我身体健康状况的一个大概判断。问卷中把这种主观判断分成了不健康、一般、比较健康、很健康和非常健康这五种情况。健康状况能够反映一个人当前的身体素质，一般来说，身体越健康的人越具备较强的生计能力。本部分研究预测健康状况对农民异地就业具有正向影响。

（11）对政府评价

对本县市政府评价是一项主观调查，主要评判农村居民对县市政府的主观印象和态度，共有五个选项，分别是有很大成绩、有一定成绩、没有多大成绩、没有成绩和比之前更糟了。选项之间的关系是逐步递进的，由此来判断农村居民对自身所处政治环境的满意度。本部分研究预测对本县市政府评价这一指标对农民异地就业具有负向影响。

（12）邻里关系

小区邻里关系与上一指标一样，是一项主观调查，主要考察农村居民对周边邻里关系的印象和态度。选项采用五分法，有很好、好、一般、较差和很差五类可供选择。一般来说，邻里关系不好可能会促使农民作出异地就业的选择。本部分研究预测小区邻里关系对农民异地就业具有负向影响。

（13）家庭土地资产

家庭土地资产指标是从耕地资源的角度出发去判断家庭的土地资源拥有情况。自古以来，农民就靠地吃饭，土地资源是其赖以生存的根本，对其生计影响非常大。现如今，随着社会经济的不断发展，农民的生计方式发生了一些变化，但一个家庭的土地资产情况依然是影响农民生计选择的重要指标之一。本部分研究预测家庭土地资产对农民异地就业具有正向影响。

（14）全年人情礼支出

家庭全年人情礼支出情况反映了一个家庭的社会关系网络和社会资本情况。农民生活在农村，在遇到别人家红白喜事的时候都要随份子，也就是人情礼开支。本书研究采用家庭全年人情礼支出情况来衡量家庭社会资本。本部分研究预测全年人情礼支出对农民异地就业具有正向影响。

（15）交通通信工具费

交通通信工具费是指一个家庭一年时间内除了汽车外，购买、维修其他各种交通工具(如自行车、电动自行车)、通信工具(如手机)及其配件的费用总和。这项指标是从迁移通信的角度考虑的。异地就业本就是一种迁移行为，迁移也就意味着交通通信工具的使用。我们将在本县市就业定义为本地就业，在本县市以外的就业定义异地就业，那么家庭在交通通信工具上花费越多则说明异地就业的可能性越大，本地就业因为距离较近而不会产生过多交通费用。本部分研究预测交通通信工具费对农民异地就业具有正向影响。

2. 数据说明

本次实证研究所涉及的解释变量和被解释变量数据全部来源于中国家庭追踪调查(CFPS)2016 年调查数据。CFPS 2016 年全国追踪调查是以2010 年、2012 年、2014 年全国追踪调查家庭为投放对象，具体涉及家庭成员问卷、家庭经济问卷、成人问卷和少儿问卷这四类，由这四套问卷生成了相应的四个数据库。本部分研究主要用到家庭经济问卷和成人问卷，较少涉及家庭成员问卷和少儿问卷。CFPS 2016 年全国追踪调查成人数据

库共采集 36 892 例有效样本，涉及变量 1 096 个；家庭经济数据库共采集
14 019 例有效样本，涉及变量 329 个。

因为本部分研究的是"三农"问题，故在数据处理时首先剔除了与城镇
人口有关的数据。本次实证以农村居民为分析单元，在数据使用上以 2016
年成人数据库为主，部分控制变量涉及 2016 年家庭经济数据库，在前期数
据整理时已作了匹配和合并处理。根据所选变量去掉缺失值以后共有 4 181
例有效样本，样本量能够满足回归分析需要。

(二)模型构建与描述性统计

1. 模型构建

农民是否选择异地就业属于二分变量，因此选择运用 Logistic 回归方
法对其影响因素进行相关性分析，并选择 Logistic 分析模型，其计量方程
表达式为：

$$\text{logit}(p) = \ln\left(\frac{p}{1-p}\right) = \alpha + \beta_1 PQ1102 + \beta_2 QP702 + \beta_3 KU102 + \beta_4 qea0 +$$

$$\beta_5 age + \beta_6 gender + \beta_7 edu + \beta_8 count + \beta_9 qp201 + \beta_{10} qn1101 +$$

$$\beta_{11} ce4 + \beta_{12} lasset + \beta_{13} fu201 + \beta_{14} fp508 \qquad (6\text{-}2)$$

式(6-2)中，α 为截距，β_1、$\beta_2 \cdots \beta_{14}$ 为待回归系数。p 为异地就业概
率，$PQ1102$ 为农村居民一年总阅读量，$QP702$ 为每周锻炼时长，$KU102$ 为
每月手机话费，$qea0$ 为当前婚姻状态，age 为年龄，$gender$ 为性别，edu 为
最高学历，$count$ 为家庭人数，$qp201$ 为健康状况，$qn1101$ 为对政府评价，
$ce4$ 表示邻里关系，$lasset$ 表示家庭土地资产，$fu201$ 表示全年人情礼支出，
$fp508$ 指交通通信工具费。

2. 描述性统计

本部分研究的是人力资本投资对农民异地就业的影响，用工作地点来
判断农村居民是否存在异地就业行为。为了便于数据整理和分析，本部分
研究在数据处理阶段将工作地点在本县市以内的记为 0，即本地工作赋值
为 0，将工作地点在本县市以外的记为 1，即异地工作为 1。在 4 181 例有效

样本中，共有2 172例选择异地就业，剩下2 009例选择本地就业。表6-4 为对各分类变量进行的描述性统计。

表6-4　分类变量描述性统计

变量	选项	频次	有效百分比(%)
就业地点	异地就业	2172	51.9
	本地就业	2009	48.1
婚姻状态	无配偶	1644	39.3
	有配偶	2537	60.7
性别	男	2446	58.5
	女	1735	41.5
最高学历	文盲/半文盲	308	7.4
	小学	560	13.4
	初中	1344	32.1
	高中	874	20.9
	大专	648	15.5
	大学本科	411	9.8
	硕士	36	0.9
家庭人数	1	386	9.2
	2	508	12.2
	3	1159	27.7
	4	814	19.5
	5	658	15.7
	6	366	8.8
	7	143	3.4
	8	64	1.5
	9	37	0.9
	10	22	0.5

变量	选项	频次	有效百分比(%)
家庭人数	11	11	0.3
	12	10	0.2
	13	3	0.1
健康状况	不健康	249	6
	一般	465	11.1
	比较健康	1931	46.2
	很健康	893	21.4
	非常健康	643	15.4
对政府评价	比之前更糟了	67	1.6
	没有成绩	285	6.8
	没有多大成绩	1181	28.2
	有一定成绩	2375	56.8
	有很大成绩	273	6.5
邻里关系	很差	17	0.4
	较差	48	1.1
	一般	1457	34.8
	好	1671	40
	很好	988	23.6

表 6-5 中列出了数值变量的描述性统计，数值变量包括一年总阅读量、每周锻炼时长、每月手机话费、年龄、家庭土地资产、家庭全年人情礼支出和家庭全年交通通信工具费共七项，主要对各数值变量样本单位、最小

值、最大值、均值和标准偏差进行了统计。

表 6-5　数值变量描述性统计

变量	单位	最小值	最大值	均值	标准偏差
一年总阅读量	本	1	500	7.5066	19.53927
每周锻炼时长	小时	0.17	33	6.6996	7.9856
每月手机费	元	0	600	79.8603	66.96594
年龄	岁	16	70	36.8127	15.85495
土地资产	元	0	2506250	19581.3614	78368.75809
人情礼支出	元	0	250000	5434.158	9048.8166
交通通信工具费	元	0	160000	1590.9682	4105.96132

(三)估计结果

本部分研究采用 Logistic 回归分析法，运用 SPSS 软件估计模型各参数（见表 6-6），发现解释变量每周锻炼时长和每月手机话费均在 1% 水平上显著，一年总阅读量指标在统计学意义上不显著，这说明农村居民在医疗保健和交通通信方面的人力资本投资对农民异地就业具有显著影响。每周锻炼时长这一指标采集并未明确锻炼强度和锻炼地点，如果农村居民将从事体力劳动看作锻炼的一种，那么每周锻炼时长越长的人越有可能是在本地就业，因为在本县市从事体力劳动的可能性会大一些。而到异地就业多不会从事重体力劳动，因为城市生活节奏相对较快，并没有很多时间用于身体锻炼。因此，这一指标对农民异地就业具有负向影响，与之前预测一致。农村居民每月手机话费支出情况反映了其与外界联系的紧密程度，而农村居民异地就业本就是一种劳动力迁移行为，与外界联系越紧密越有可能发生迁移行为。因此，每月手机话费对异地就业具有正向影响，与之前预测一致。

表 6-6 人力资本投资对其异地就业影响的 Logistic 回归结果

变量	B	标准误差	瓦尔德	自由度	显著性	Exp(B)
一年总阅读量	0.001	0.002	0.332	1	0.565	1.001
每周锻炼时长	-0.013	0.005	7.420	1	0.006**	0.987
每月手机费	0.005	0.001	60.910	1	0.000***	1.005
婚姻状态	-1.698	0.102	277.218	1	0.000***	0.183
年龄	-0.024	0.003	51.017	1	0.000***	0.977
性别	0.008	0.074	0.011	1	0.918	1.008
最高学历			217.561	6	0.000***	
最高学历(1)	-1.546	0.416	13.811	1	0.000	0.213
最高学历(2)	-0.700	0.386	3.298	1	0.069	0.496
最高学历(3)	-0.247	0.376	0.431	1	0.512	0.781
最高学历(4)	0.336	0.378	0.790	1	0.374	1.399
最高学历(5)	0.551	0.380	2.098	1	0.147	1.735
最高学历(6)	0.729	0.388	3.533	1	0.060	2.072
家庭人数			101.909	12	0.000***	
家庭人数(1)	21.851	21398.163	0.000	1	0.999	3089707864.282
家庭人数(2)	20.830	21398.163	0.000	1	0.999	1112359922.381
家庭人数(3)	20.944	21398.163	0.000	1	0.999	1246847967.500
家庭人数(4)	20.820	21398.163	0.000	1	0.999	1102075851.888
家庭人数(5)	20.543	21398.163	0.000	1	0.999	834669867.419
家庭人数(6)	20.440	21398.163	0.000	1	0.999	753576094.540
家庭人数(7)	20.374	21398.163	0.000	1	0.999	705131497.069
家庭人数(8)	20.784	21398.163	0.000	1	0.999	1062878032.331
家庭人数(9)	20.816	21398.163	0.000	1	0.999	1097595179.201
家庭人数(10)	21.809	21398.163	0.000	1	0.999	2961101994.624
家庭人数(11)	18.257	21398.163	0.000	1	0.999	84875472.187
家庭人数(12)	21.696	21398.163	0.000	1	0.999	2644821064.957

续表

变量	B	标准误差	瓦尔德	自由度	显著性	Exp(B)
健康状况			11.563	4	0.021**	
健康状况(1)	−0.531	0.177	9.030	1	0.003	0.588
健康状况(2)	−0.012	0.145	0.006	1	0.937	0.989
健康状况(3)	−0.183	0.107	2.898	1	0.089	0.833
健康状况(4)	−0.172	0.120	2.056	1	0.152	0.842
对政府评价			3.055	4	0.549	
对政府评价(1)	−0.074	0.311	0.057	1	0.811	0.928
对政府评价(2)	−0.026	0.196	0.017	1	0.896	0.975
对政府评价(3)	0.064	0.157	0.164	1	0.686	1.066
对政府评价(4)	−0.079	0.148	0.284	1	0.594	0.924
邻里关系			5.018	4	0.285	
邻里关系(1)	0.330	0.612	0.291	1	0.590	1.391
邻里关系(2)	−0.297	0.338	0.771	1	0.380	0.743
邻里关系(3)	0.157	0.097	2.655	1	0.103	1.171
邻里关系(4)	0.022	0.093	0.056	1	0.813	1.022
土地资产	0.000	0.000	17.143	1	0.000***	1.000
人情礼支出	0.000	0.000	0.148	1	0.700	1.000
交通通信工具费	0.000	0.000	0.008	1	0.930	1.000
常量	−19.522	21398.163	0.000	1	0.999	0.000

注：***、**、*分别表示1%、5%和10%水平上的统计显著性。

  由表6-6可以看出，除了主要解释变量以外，其他控制变量如当前婚姻状态、年龄、最高学历、家庭成员人数、健康状况和家庭土地资产等都对农民异地就业有显著影响，且显著水平除了健康状况变量在5%水平上以外，其他变量都在1%水平上显著。而这几项变量中的婚姻状态、年龄、最高学历、家庭成员人数和健康状况实际上是人力资本存量指标，都代表了一个家庭或居民个人的人力资本水平，这几项指标都对农民异地就业有显著影响。这也说明了人力资本投资对农民异地就业具有显著影响。根据因变量、自变量和控制变量的赋值情况，结合回归结果，我们可以得出以下结论：当前婚姻状态和年龄对农民异地就业有负向影响，即农民无配偶和年龄越大，越不会选择异地就业；而最高学历、家庭成员人数、健康状况和家庭土地资产这几项变量却会对农民异地就业产生正向影响，即学历越高越可能异地就业、家庭成员人数越多越可能异地就业、身体越健康越可能异地就业、家庭土地资产越丰富越可能异地就业。

第二节　人力资本投资对农民创业的影响

一、农村家庭人力资本投资对农民创业行为的影响

（一）变量选取与数据说明

1. 变量选取

针对农村家庭人力资本投资对农民创业行为影响的分析，下面将通过构建与之相适应的实证模型来进行具体验证。实证模型解释变量为农村家庭人力资本投资各要素，主要包括家庭全年文教娱乐支出、家庭全年医疗保健支出和家庭全年交通通信支出这三项具体衡量指标。根据舒尔茨的人力资本投资理论，人力资本投资主要有教育投资、健康投资和迁移投资，以上三项指标从教育、健康和迁移三方面代表了农村家庭的人力资本投资水平。被解释变量为农民创业行为，主要根据家庭是否有人从事个体私营来判断是否有创业行为。除解释变量和被解释变量以外，本来还选取了家庭净资产、家庭总房产、家庭人情礼支出、年龄、性别、最高学历、是否为党员、健康状况等指标作为控制变量，但所使用的 CFPS 数据库是将家庭经济数据和成人数据分开统计的，成人编码唯一，而婚姻变动等因素导致成人所对应的家庭编码并不唯一，所以此部分以农村家庭为主要分析对象，没办法匹配到相对应的成人数据库，在实际回归过程中剔除了年龄、

性别、最高学历、是否为党员、健康状况这五个个人指标，只选择了家庭
净资产、家庭总房产、家庭人情礼支出这三项指标作为控制变量。

（1）农民创业行为

农民创业行为是本部分研究的被解释变量，它是指对自己拥有的或能
争取到的各种资源进行重新整合及优化，使其能发挥更大经济价值和社会
价值的过程。农民创业是近年来逐渐流行的新农民的生计策略选择，也是
中国农业农村改革发展的产物，这种新的劳动方式不仅能改善农民生计，
还能带动整个农业农村的经济发展。本部分研究借鉴蒋剑勇（2014）、彭艳
玲（2016）、赵冰（2017）等的做法，依据家庭中是否有人从事个体私营来判
断家庭是否存在创业行为。当有人从事个体私营便意味着有创业行为，那
么人力资本投资会不会影响农民创业行为？还有哪些因素会影响农民创业
行为？这些是值得我们进一步探究的。

（2）文教娱乐支出

教育培训是人力资本投资中的重要部分，选择家庭文教娱乐支出作为
农村教育人力资本投资的衡量指标是学术界比较通用的做法（杨钧等，
2019；杜西西，2019；高强等，2018；张一飞，2018）。家庭在文化、教
育、娱乐方面的支出代表了家庭对文化教育的重视程度。尽管农村家庭中
的教育费用多是投入在子女身上的，但这一指标还包括文化和娱乐方面的
费用，这部分费用多是成年人消费的，且这一指标能够代表家庭对人力资
本投资的重视程度。本部分研究预测文教娱乐支出对农民创业行为具有正
向影响。

（3）医疗保健支出

医疗保健投资也是人力资本投资中的重要部分，健康的体魄对于劳动
力而言特别珍贵。农村家庭对于医疗保健的支出是相对保守的，大多数农
民没有花钱保健的概念，对于医疗支出一般也是在不得已的情况下才会发
生。因此，农村家庭在医疗保健上的支出可以在一定程度上反映家庭成员
的健康状况，家庭在医疗保健上的支出越多说明家庭成员的身体越弱，且
过多的医疗保健支出会增加家庭负担。本部分研究预测医疗保健支出对农

民创业行为具有负向影响。

（4）交通通信支出

迁移通信投资也是人力资本投资中的重要部分，对于现在的农村成年人来说，手机几乎是每个人必不可少的通信工具，网络和电脑也逐渐在农村家庭中普及，因此家庭全年交通通信支出能够反映农村家庭与外界联系的紧密程度，也在一定程度上反映了家庭的社会资本情况。一般来说，交通通信支出越高的家庭社会资本越丰厚，家庭成员性格越开朗，能获得的外界信息越多，在生计策略选择上也具备更多可能性。本部分研究预测交通通信支出对农民创业行为具有正向影响。

（5）家庭净资产

家庭净资产是指家庭中所有有形资产和无形资产的价值总和减去家庭所有的负债所剩下的资产。它能衡量一个家庭的物质资本和金融资本情况。农民创业行为是需要大量资本做后盾的，在贷款融资并不发达的农村，一个家庭如果没有一定的物质资本和金融资本是根本不敢开展创业行为的。只有家庭净资产比较丰厚的家庭才可能有创业的想法和打算。本部分研究预测家庭净资产对农民创业行为具有正向影响。

（6）家庭总房产

家庭总房产是指农村家庭所拥有的全部房产折合成货币价值后的总和。目前，房产是价值比较高的资产之一，且随着农民进城务工，很多农村家庭在城镇购置房屋。家庭总房产能够在一定程度上衡量家庭的经济实力，也能为农民创业行为落地提供一定保障。本部分研究预测家庭总房产对农民创业行为具有正向影响。

（7）人情礼支出

家庭全年人情礼支出情况反映了一个家庭的社会关系网络和社会资本情况。农民生活在农村，其熟人网络一般都比较发达，在遇到别人家红白喜事的时候都要随份子，也就是人情礼开支。本书采用家庭全年人情礼支出情况来衡量家庭社会资本。本部分研究预测全年人情礼支出对农民创业行为具有正向影响。

2. 数据说明

本次实证研究所涉及的解释变量和被解释变量数据全部来源于中国家庭追踪调查 (CFPS) 2016 年调查数据。CFPS 2016 年全国追踪调查是以 2010 年、2012 年、2014 年全国追踪调查家庭为投放对象，具体涉及家庭成员问卷、家庭经济问卷、成人问卷和少儿问卷这四类，由这四套问卷生成了相应的四个数据库。本部分研究主要用到家庭经济问卷和成人问卷，较少涉及家庭成员问卷和少儿问卷。CFPS 2016 年全国追踪调查成人数据库共采集 36892 例有效样本，涉及变量 1096 个；家庭经济数据库共采集 14019 例有效样本，涉及变量 329 个。

因为本部分研究的是"三农"问题，故在数据处理时首先剔除了与城镇人口相关的数据。本次实证以农村家庭为分析单元，在数据使用上以 2014 年和 2016 年家庭经济数据库为主，考虑到变量之间可能存在内生性，因此解释变量和控制变量用的是 2014 年家庭经济数据，被解释变量用的是 2016 年家庭经济数据，所考察的是上期人力资本投资数据对本期创业能力的影响。根据所选变量去掉缺失值、无效值以后共有 13337 例有效样本，样本量满足回归分析需要。

(二)模型构建与描述性统计

1. 模型构建

农民是否选择创业属于二分变量，因此选择运用 Logistic 回归方法对其影响因素进行相关性分析，并选择 Logistic 分析模型，其计量方程表达式为：

$$\text{logit}(p) = \ln\left(\frac{p}{1-p}\right) = \alpha + \beta_1 EEC + \beta_2 MED + \beta_3 TRCO + \beta_4 tasset +$$

$$\beta_5 hgross + \beta_6 fu201 \qquad (6\text{-}3)$$

式 (6-3) 中，α 为截距，β_1、$\beta_2 \cdots \beta_6$ 为待回归系数。p 为农村家庭创业行为概率，EEC 为农村家庭一年文教娱乐支出，MED 为农村家庭一年医疗保健支出，$TRCO$ 为农村家庭一年交通通信支出，$tasset$ 为家庭净资产，

hgross 为家庭总房产，*fu*201 表示家庭全年人情礼支出。

2. 描述性统计

本部分研究根据是否有家庭成员从事个体私人经营来判断农村家庭是否存在创业行为。为便于数据整理和分析，本部分研究在数据处理阶段将有家庭成员从事个体私人经营的记为 1，即有创业行为的赋值为 1，将没有家庭成员从事个体私人经营的记为 0，即没有创业行为的赋值为 0，使被解释变量成为二分变量。在 13337 例有效样本中，共有 1339 例家庭有创业行为，剩下 11998 例家庭没有创业行为。除被解释变量以外，其他六个变量都属于数值变量，表 6-7 对家庭一年文教娱乐支出、家庭一年医疗保健支出、家庭一年交通通信支出、家庭净资产、家庭总房产和家庭全年人情礼支出这六个变量的样本单位、最小值、最大值、均值和标准偏差进行了统计。

表 6-7 数值变量描述性统计

变量	单位	最小值	最大值	均值	标准偏差
全年文教娱乐支出	元	0	503000	5375. 1919	11928. 18533
全年医疗保健支出	元	0	1200000	6037. 5409	22559. 11412
全年交通通信支出	元	0	138000	4742. 334	6176. 09791
家庭净资产	元	−79900000	80100000	548064. 9897	1766150. 514
家庭总房产	元	0	80000000	445379. 3882	1417977. 535
人情礼支出	元	0	350000	4212. 1842	7521. 18085

(三)估计结果

本部分研究采用 Logistic 回归分析法，运用 SPSS 软件估计模型各参数（见表 6-8），发现解释变量家庭交通通信支出在 1% 水平上显著，家庭文教娱乐支出和家庭健康保健支出两项指标在统计学意义上并不显著。这说明农村家庭在迁移通信方面的投资对创业行为具有显著影响。农村家庭交通通信支出情况反映了其与外界联系的紧密程度以及对外界信息的获取程度。农民创业行为是一项新兴事物,外界新鲜事物和最新信息能够为创业行为的开展提供更多选择机会。本部分研究重点关注的另外两个变量,即家庭文教娱乐支出和家庭健康保健支出。这两项指标分别代表了农村家庭人力资本教育投资和健康投资。实证结果显示这两项投资并没有对农民创业行为选择产生显著影响,这说明农民是否选择创业行为与家庭的教育投资和健康投资关系不大。

表 6-8　人力资本投资对其创业行为影响的 Logistic 回归结果

	B	标准误差	瓦尔德	自由度	显著性	Exp(B)	95%置信区间下限	95%置信区间上限
全年文教娱乐支出	0.000	0.000	0.620	1.000	0.431	1.000	1.000	1.000
全年医疗保健支出	0.000	0.000	1.619	1.000	0.203	1.000	1.000	1.000
全年交通通信支出	0.000	0.000	185.809	1.000	0.000***	1.000	1.000	1.000
家庭净资产	0.000	0.000	128.402	1.000	0.000***	1.000	1.000	1.000
家庭总房产	0.000	0.000	125.988	1.000	0.000***	1.000	1.000	1.000
人情礼支出	0.000	0.000	11.335	1.000	0.001***	1.000	1.000	1.000
常量	-2.672	0.041	4151.529	1.000	0.000	0.069		

注:***、**、*分别表示1%、5%和10%水平上的统计显著性。

由表 6-8 可以看出,除了解释变量以外,其他控制变量如家庭净资产、家庭总房产和家庭全年人情礼支出都对农民创业行为有显著影响,且显著水平都在 1% 水平之上。家庭净资产反映了家庭金融资本情况,家庭总房产反映了家庭物质资本情况,家庭人情礼支出反映了家庭社会资本情况,它们都属于农民生计资本范畴。此结果说明农民创业行为受家庭生计资本影响，其中受金融资本、物质资本和社会资本影响较大，受人力资本影响较小。在统计学意义上显著的四项指标都与被解释变量呈正相关关系，这与之前预测结果一致。

二、农村家庭人力资本投资对农民创业能力的影响

(一)变量选取与数据说明

1. 变量选取

针对农村家庭人力资本投资对农民创业能力的影响分析，下面将通过构建与之相适应的实证模型来进行具体验证。模型中解释变量为农村家庭人力资本投资各要素，主要包括家庭全年文教娱乐支出、家庭全年医疗保健支出和家庭全年交通通信支出这三项具体衡量指标。根据舒尔茨的人力资本投资理论，人力资本投资主要有教育投资、健康投资和迁移投资，以上三项指标从教育、健康和迁移三方面代表了农村家庭的人力资本投资水平。被解释变量为创业能力，主要根据家庭从事个体私人经营的年净利润来判断创业能力。除了解释变量和被解释变量以外，本书还选取了家庭人情礼支出作为控制变量。本来家庭创业能力与创业者个人能力也是相关的，但由于数据限制，CFPS数据库成人对应的家庭编码不唯一，家庭数据库不能与成人数据库完全匹配，所以控制变量选择没有考虑个人因素，单从家庭层面考虑，这是本书研究的不足。

(1)农民创业能力

农民创业能力是本部分研究的被解释变量，它是对农民创业效益和综合能力的衡量。企业做得好不好，产生多大的经济社会价值，我们用该项经营产生的年净利润来衡量。创业能力是一个综合概念，既包括素养、才干、能力等软性实力，也包括人力、物力、财力等硬性实力。本部分研究用从事个体私营的年净利润来衡量家庭创业能力。能力的习得一方面是先天具备，但更重要的是后天培养，人力资本在创业能力方面的投资程度值得我们进一步研究。

（2）文教娱乐支出

教育培训是人力资本投资中的重要部分。选择家庭文教娱乐支出作为农村教育人力资本投资的衡量指标是学术界比较通用的做法（杨钧等，2019；杜西西，2019；高强等，2018；张一飞，2018）。家庭在文化、教育、娱乐方面的支出代表了家庭对教育文化的重视程度，尽管农村家庭中的教育费用多是投入在子女身上的，但这一指标中的文化和娱乐费用多是成年人消费的，且这一指标能够代表家庭对人力资本投资的重视程度。本部分研究预测文教娱乐支出对农民创业能力具有正向影响。

（3）医疗保健支出

医疗保健投资也是人力资本投资中的重要部分，健康的体魄对于劳动力而言特别珍贵。农村家庭对于医疗保健的支出是相对保守的，大多数农民没有花钱保健的概念，对于医疗支出一般也是在不得已的情况下才会发生。因此，农村家庭在医疗保健上的支出可以在一定程度上反映家庭成员的健康状况，家庭在医疗保健上的支出越多说明家庭成员的身体越弱，且过多的医疗保健支出会增加家庭负担。本部分研究预测医疗保健支出对农民创业能力具有负向影响。

（4）交通通信支出

迁移通信支出也是人力资本投资中的重要部分。对于现在的农村成年人来说，手机几乎是每个人必不可少的通信工具，且网络和电脑也逐渐在农村家庭中普及，因此家庭全年交通通信支出能够反映农村家庭与外界联系的紧密程度，也能在一定程度上反映家庭的社会资本情况。一般来说，交通通信支出越高的家庭社会资本越丰厚，家庭成员性格越开朗，能获得的外界信息越多，在生计策略的选择上也具备更多可能性。本部分研究预测交通通信支出对农民创业能力具有正向影响。

（5）全年人情礼支出

过去一年家庭人情礼支出情况反映了一个家庭的社会关系网络和社会资本情况。农民生活在农村，其熟人网络一般都比较发达，在遇到别人家红白喜事的时候都要随份子，也就是人情礼开支。一个家庭人情礼开支越多，说明其在当地的人缘关系越好，所拥有的社会资本越丰富，所掌握的社会关系网络也越发达。本部分研究预测全年人情礼支出对农民创业行为具有正向影响。

2. 数据说明

本次实证研究所涉及的解释变量和被解释变量数据全部来源于中国家庭追踪调查（CFPS）2016 年调查数据。CFPS 2016 年全国追踪调查是以 2010 年、2012 年、2014 年全国追踪调查家庭为投放对象，具体涉及家庭成员问卷、家庭经济问卷、成人问卷和少儿问卷这四类，由这四套问卷生成了相应的四个数据库。本部分研究主要用到家庭经济问卷和成人问卷，较少涉及家庭成员问卷和少儿问卷。CFPS 2016 年全国追踪调查成人数据库共采集 36892 例有效样本，涉及变量 1096 个；家庭经济数据库共采集 14019 例有效样本，涉及变量 329 个。

因为本部分研究的是"三农"问题，故在数据处理时首先剔除了与城镇人口相关的数据。本次实证以农村家庭为分析单元，在数据使用上以 2014 年和 2016 年家庭经济数据库为主，考虑到变量之间可能存在内生性，因此解释变量和控制变量用的是 2014 年家庭经济数据，被解释变量用的是 2016 年家庭经济数据，所考察的是上期人力资本投资数据对本期创业能力的影响。前文提到农村家庭有创业行为的共计 1339 例，但被解释变量涉及家庭财务问题，能获得有效数据的情况并不理想，在去掉缺失值以后约有 632 例有效样本，样本量基本满足回归分析需要。

（二）模型构建与描述性统计

1. 模型构建

本部分所考察的是人力资本投资对农民创业能力的影响，被解释变量创业能力由农村家庭从事个体私营的年净利润来衡量，其属于数值型变量，受多种因素影响，因此此处选用最小二乘法（OLS）做回归分析，计量方程表达式为：

$$FM4 = \beta_0 + \beta_1 EEC + \beta_2 MED + \beta_3 TRCO + \beta_4 fu201 + \mu \qquad (6\text{-}4)$$

式(6-4)中，β_0 为截距，β_1、$\beta_2\cdots\beta_4$ 为待回归系数，μ 为残差项。FM4 为农村家庭从事个体私营净利润，EEC 为农村家庭一年文教娱乐支出，MED 为农村家庭一年医疗保健支出，TRCO 为农村家庭一年交通通信支出，fu201 为上年人情礼支出。

2. 描述性统计

表6-9　分类变量描述性统计

变量	单位	最小值	最大值	均值	标准偏差
该经营的净利润	元	-400000	600000	38839.3853	59052.01647
全年文教娱乐支出	元	0	85500	6398.3853	9603.49192
全年医疗保健支出	元	0	90000	4444.4954	9000.68254
全年交通通信支出	元	0	66000	8101.1303	8469.67068
全年人情礼支出	元	100	50000	5730.2752	7038.25295

表 6-9 中列出了数值变量的描述性统计，数值变量包括该经营的净利润、全年文教娱乐支出、全年医疗保健支出、全年交通通信支出和全年人情礼支出共五项，主要对各数值变量单位、最小值、最大值、均值和标准差进行了统计。

(三)数据检验和估计结果

1. 数据检验

主体间效应指的是"被试间效应"。本次考察的自变量有家庭文教娱乐支出、医疗保健支出、交通通信支出和人情礼开支这四项。在开展回归分析之前先进行主体间效应检验，其结果如表 6-10 所示。修正模型显著性小于 1%，主要解释变量 EEC(家庭文教娱乐支出)在 10%水平上显著，TRCO(家庭交通通信支出)在 5%水平上显著，MED(家庭医疗保健支出)在统计学上不显著，控制变量 fu201(家庭年人情礼开支)在 1%水平上显著，基本通过主体间效应检验。

表 6-10 主体间效应检验

源	III 类平方和	自由度	均方	F	显著性	偏 Eta 平方
修正模型	86209191951. 926ᵃ	4	21552297987. 981	6. 427	0. 000	0. 045
截距	106633240839. 084	1	106633240839. 084	31. 799	0. 000	0. 056
EEC	11436907475. 074	1	11436907475. 074	3. 411	0. 065 *	0. 006
MED	25984021. 600	1	25984021. 600	0. 008	0. 930	0. 000
TRCO	19062605190. 891	1	19062605190. 891	5. 685	0. 017 **	0. 010
fu201	35355492194. 237	1	35355492194. 237	10. 543	0. 001 ***	0. 019
误差	1810795321295. 150	540	3353324669. 065			
总计	2719135842653. 000	545				
修正后总计	1897004513247. 080	544				

注：a. R^2 = 0. 045(调整后 R^2 = 0. 038)。

*** 、 ** 、 * 分别表示 1%、5% 和 10% 水平上的统计显著性。

2. 估计结果

本部分研究采用 OLS 回归分析法，运用 SPSS 软件估计模型各参数(见表 6-11)

表 6-11 人力资本投资对其创业能力影响的回归结果

参数	B	标准误差	t	显著性	95%置信区间下限	95%置信区间上限	偏 Eta 平方
截距	23336. 884	4138. 418	5. 639	0. 000	15207. 513	31466. 255	0. 056
EEC	0. 487	0. 263	1. 847	0. 065 *	-0. 031	1. 004	0. 006
MED	-0. 024	0. 276	-0. 088	0. 93	-0. 567	0. 519	0. 000
TRCO	0. 721	0. 302	2. 384	0. 017 **	0. 127	1. 315	0. 010
fu201	1. 162	0. 358	3. 247	0. 001 ***	0. 459	1. 865	0. 019

注：*** 、 ** 、 * 分别表示 1%、5% 和 10% 水平上的统计显著性。

表 6-11 是人力资本投资对其创业能力影响的回归结果，其结果与上一步主体间效应检验结果基本一致，主要解释变量 EEC（家庭文教娱乐支出）在 10% 水平上显著，且与创业能力呈正相关关系，即家庭在文教娱乐方面的支出越多，家庭的创业能力越强。TRCO（家庭交通通信支出）在 5% 水平上显著，也与创业能力呈正相关关系，即家庭在交通通信方面的支出越多，家庭的创业能力越强。MED（家庭医疗保健支出）在统计学上不显著。控制变量 fu201（家庭年人情礼开支）在 1% 水平上显著。家庭人情礼开支反映了一个家庭的社会资本情况，这说明家庭创业能力受家庭社会资本影响显著。总体来看，实证结果能够反映出人力资本投资对农民创业能力的影响，这与之前的理论分析和预测基本一致。

第三节　本　章　小　结

本章借助中国家庭追踪调查（CFPS）相关数据，采用实证分析方法对人力资本投资对农民生计策略的影响进行计量分析。具体来讲，本部分研究将农民生计策略拆分为农民就业和农民创业两个方面，分别分析了人力资本投资对农民就业的影响和人力资本投资对农民创业的影响。

关于就业，我们着重探讨了就业性质和就业地点，即人力资本投资对农民非农就业和异地就业的影响，回归分析以农村居民为主要分析对象，并考虑部分家庭因素，结果显示农村居民人力资本教育投资、健康投资和迁移投资都对农民非农就业有影响，其中迁移投资影响最显著，健康投资其次，教育投资最弱。而农村居民人力资本健康投资和迁移投资对农民异地就业有影响，迁移投资影响最显著，教育投资对农民异地就业影响不显著。

关于创业，我们着重探讨了创业行为和创业能力，即人力资本投资对农民创业行为和创业能力的影响，回归分析以农村家庭为主要分析对象，结果显示农村居民人力资本迁移投资对农民家庭是否创业有显著影响，而教育投资和健康投资对农民家庭创业行为影响不显著。农民家庭人力资本教育投资和迁移投资对农民创业能力有影响，健康投资对农民创业能力影响不显著。

总体而言，人力资本投资对农民就业和创业是有显著影响的（如表6-12所示），即人力资本投资对农民生计策略有显著影响，因此要重视人力资本投资的积极作用。对农民就业选择影响最大的是迁移投资和健康投资，迁移投资对农民非农就业和异地就业影响都很大，因此要不断加大人力资本迁移投资力度，如修建和拓宽农村道路、开设高铁动车站点、建立农村通信网络等。对于开展创业的农村家庭要注重人力资本教育投资和迁移投资，例如加强技能培训、不断提高学习能力、以开放的心态学习新鲜事物、建立与外界的紧密联系等。

表 6-12　人力资本投资对农民生计策略的影响结果

			人力资本投资人力资本投资					
			教育投资	健康投资	迁移投资	教育投资	健康投资	迁移投资
生计策略	就业	非农就业				✓	✓	✓
		异地就业				✕	✓	✓
	创业	创业行为	✕	✕	✓			
		创业能力	✓	✕	✓			

注：✓代表统计回归结果在10%及以上水平显著，✕代表回归结果不显著。

177

第七章 人力资本投资对农民生计 结果影响的实证分析 ——来自 CFPS 的经验证据

本章将继续沿用第六章的研究思路和研究方法,通过运用中国家庭追踪调查(CFPS)相关数据,使用计量分析方法研究人力资本投资对农民生计结果的影响。本章将农民生计结果拆分为农民收入和农民精神状态两个方面,在分析人力资本投资对农民收入的影响时,以农村家庭数据库为依托,主要分析人力资本投资对农民收入水平和收入结构的影响。在分析人力资本投资对农民精神状态的影响时,以农村成人数据库为依托,并结合农村家庭数据库相关数据,探析人力资本投资对农民生活满意度和未来信心度的影响。

第一节 人力资本投资对农民收入的影响

一、农村家庭人力资本投资对农民收入水平的影响

(一)变量选取与数据说明

1. 变量选取

针对农村家庭人力资本投资对农民收入水平的影响分析,下面将通过构建与之相适应的实证模型来进行具体验证。模型中解释变量为农村家庭人力资本投资各要素,主要包括家庭全年文教娱乐支出、医疗保健支出和

交通通信支出这三项具体衡量指标。根据舒尔茨的人力资本投资理论，人力资本投资主要包括教育投资、健康投资和迁移投资，以上三项指标从教育、健康和迁移三方面代表了农村家庭的人力资本投资水平。被解释变量为农民收入水平，主要根据全年家庭纯收入来判断家庭收入水平。

（1）全年家庭纯收入

全年家庭纯收入是指农村家庭在一年时间内的总收入扣除生产经营费用支出、应缴税款和集资摊派资金等以后可以直接用于生产生活消费、投资和储蓄的那一部分收入，它是衡量家庭实际收入水平的重要指标之一。影响收入的指标有很多，综合起来包括宏观因素也包括微观因素。人力资本投资是影响农民收入的重要因素之一，下面将通过调研数据进一步验证。

（2）家庭文教娱乐支出

教育培训是人力资本投资中的重要部分，选择家庭文教娱乐支出作为农村教育人力资本投资的衡量指标是学术界比较通用的做法。家庭在文化、教育、培训、娱乐方面的支出代表了家庭对文化教育的重视程度，对家庭成员的文化教育投资能够提高家庭整体的人力资本水平。本部分研究预测文教娱乐支出对农村家庭收入水平具有正向影响。

（3）家庭医疗保健支出

医疗保健投资也是人力资本投资中的重要部分，健康的体魄对于劳动力而言特别珍贵。农村家庭对于医疗保健的支出是相对保守的，大多数农民没有花钱保健的概念，对于医疗支出一般也是在不得已的情况下才会发生。因此，农村家庭在医疗保健上的支出可以在一定程度上反映家庭成员的健康状况，家庭在医疗保健上的支出越多说明家庭成员的身体越弱，且过多的医疗保健支出会增加家庭负担。本部分研究预测医疗保健支出对农村家庭收入水平具有负向影响。

（4）家庭交通通信支出

迁移通信投资也是人力资本投资中的重要部分。对于现在的农村成年人来说，手机几乎是每个人必不可少的通信工具，且网络和电脑也逐渐在农村家庭中普及，因此家庭全年交通通信支出能够反映出农村家庭与外界联系的紧密程度，也能在一定程度上反映家庭社会资本情况。一般来说，交通通信支出越高的家庭社会资本越丰厚，家庭成员性格越开朗，他能获得的外界信息越多，在生计策略的选择上也具备更多可能性。当家庭成员具有更好的生计策略选择时，其也会获得更好的生计结果。本部分研究预测交通通信支出对农民创业行为具有正向影响。

2. 数据说明

本次实证研究所涉及的解释变量和被解释变量数据全部来源于中国家庭追踪调查(CFPS)调查数据，包括初始年份 2010 年和后续追踪年份 2012 年、2014 年和 2016 年，关于所用到变量的统计口径官方已作统一处理。中国家庭追踪调查以中国家庭为主要投放对象，包括城镇家庭和农村家庭两类，具体涉及家庭成员问卷、家庭经济问卷、成人问卷和少儿问卷这四类，由这四套问卷生成了相应的四个数据库。本书主要用到家庭经济问卷和成人问卷，较少涉及家庭成员问卷和少儿问卷。CFPS 2016 年全国追踪调查成人数据库共采集 36892 例有效样本，涉及变量 1096 个；家庭经济数据库共采集 14019 例有效样本，涉及变量 329 个。

因为本书研究的是"三农"问题，故在数据处理时首先剔除了与城镇家庭和人口相关的数据。本次实证以农村家庭为分析单元，在数据使用上涉及 2010 年、2012 年、2014 年和 2016 年的家庭经济数据库，在前期数据整理时已作好匹配和合并处理。考虑到变量之间可能存在内生性，因此解释变量和控制变量用的是上一年家庭经济数据，被解释变量用的是当年家庭经济数据，所考察的是上期人力资本投资数据对本期收入水平的影响。根据所选变量去掉缺失值以后共有 11961 例有效样本，样本量满足回归分析需要。

(二)模型构建与描述性统计

1. 模型构建

本部分所考察的是人力资本投资对农民收入水平的影响，被解释变量收入水平属于数值型变量，其受多种因素影响，因此选用最小二乘法

(OLS)回归分析,其计量方程表达式为:

$$FINCOME2 = \beta_0 + \beta_1 EEC + \beta_2 MED + \beta_3 TRCO + \mu \qquad (7\text{-}1)$$

式(7-1)中,β_0 为截距,β_1、$\beta_2 \cdots \beta_3$ 为待回归系数,μ 为残差项。FINCONE2 为家庭一年全部纯收入,EEC 为农村家庭一年文教娱乐支出,MED 为农村家庭一年医疗保健支出,TRCO 为农村家庭一年交通通信支出。

2. 描述性统计

表 7-1 中列出了数值变量的描述性统计,数值变量包括家庭全年纯收入、全年文教娱乐支出、全年医疗保健支出和全年交通通信支出共四项,主要对各数值变量样本数量、均值、标准差、最小值和最大值进行了统计。

表 7-1　变量描述性统计表

变量	变量代码	个案数	平均值	标准偏差
家庭全年纯收入	FINCOME2	11960	51939.0531	57908.91571
家庭全年医疗保健支出	MED	11961	5015.2601	14288.59438
家庭全年文教娱乐支出	EEC	11961	4406.5811	9364.18475
家庭全年交通通信支出	TRCO	11961	4041.5526	5064.50671

(三)数据检验与估计结果

1. 数据检验

在开展回归分析之前,先对数据进行相关性检验和主体间效应检验,得到的结果如表 7-2 和 7-3 所示。

相关性检验主要是为了考察被解释变量 FINCOME2(家庭年纯收入)和解释变量 EEC(家庭年文教娱乐支出)、MED(家庭年医疗保健支出)及 TRCO(家庭年交通通信支出)之间的相关程度。由表 7-2 可以看出,FINCOME2 与 MED 之间的 P 值为 0.002,FINCOME2 与 EEC、FINCOME2 与 TRCO 之间的 P 值为 0.000,P 值均小于 0.05,说明两者相关性在统计学意义上显著,通过检验。

表 7-2　变量相关性检验

		FINCOME2	MED	EEC	TRCO
FINCOME2	皮尔逊相关性	1.000	0.029**	0.226**	0.306**
	Sig.（双尾）		0.002	0.000	0.000
	个案数	11960	11960	11960	11960
MED	皮尔逊相关性	0.029**	1.000	0.014	0.036**
	Sig.（双尾）	0.002		0.133	0.000
	个案数	11960	11961	11961	11961
EEC	皮尔逊相关性	0.226**	0.014	1.000	0.270**
	Sig.（双尾）	0.000	0.133		0.000
	个案数	11960	11961	11961	11961
TRCO	皮尔逊相关性	0.306**	0.036**	0.270**	1.000
	Sig.（双尾）	0.000	0.000	0.000	
	个案数	11960	11961	11961	11961

注：** 表示在 0.01 级别（双尾）相关性显著。

表 7-3　主体间效应检验

源	III 类平方和	自由度	F	显著性	偏 Eta 平方
修正模型	4647104234591.211[a]	3.000	522.334	0.000	0.116
截距	8185747388678.420	1.000	2760.233	0.000	0.188
EEC	884351789195.188	1.000	298.203	0.000***	0.024
MED	12085499378.479	1.000	4.075	0.044***	0.000
TRCO	2580743391687.550	1.000	870.226	0.000***	0.068
误差	35456714852935.900	11956.000			
总计	72367895313251.000	11960.000			
修正后总计	40103819087527.100	11959.000			

注：① a 表示 $R^2 = 0.116$（调整后 $R^2 = 0.116$）。

② ***、**、* 分别表示 1%、5% 和 10% 水平上的统计显著性。

主体间效应指的是"被试间效应"，本次考察的解释变量有家庭全年文教娱乐支出、医疗保健支出和交通通信支出三项，在开展回归分析之前先进行主体间效应检验，其结果如表 7-3 所示。修正模型显著性小于 0.01，主要解释变量 EEC（家庭文教娱乐支出）和 TRCO（家庭交通通信支出）均在 1%水平上显著，MED（家庭医疗保健支出）在 5%水平上显著，整体通过主体间效应检验。

2. 估计结果

本部分研究采用 OLS 回归分析法，运用 SPSS 软件估计模型各参数（见表7-4）。

表 7-4　人力资本投资对其收入水平影响的回归结果

参数	B	标准误差	t	显著性	95%置信区间下限	95%置信区间上限	偏 Eta 平方
截距	35203.225	670.054	52.538	0.000	33889.811	36516.639	0.188
EEC	0.954	0.055	17.269	0.000***	0.845	1.062	0.024
MED	0.070	0.035	2.019	0.044**	0.002	0.139	0.000
TRCO	3.014	0.102	29.500	0.000***	2.813	3.214	0.068

注：***、**、*分别表示1%、5%和10%水平上的统计显著性。

表 7-4 是人力资本投资对其收入水平影响的回归结果，与上一步主体间效应检验情况基本一致，主要解释变量 EEC（家庭文教娱乐支出）和 TRCO（家庭交通通信支出）均在 1%水平上显著，MED（家庭医疗保健支出）在 5%水平上显著，且三项解释变量都与被解释变量呈正相关关系，这说明家庭在文教娱乐、医疗保健和交通通信方面的支出越多，则家庭人力资本投资水平越高，农村家庭的收入水平也就相应越高。这一研究结论与王红钰（2018）、李静（2018）、吴振华（2015）、陈伟（2017）、侯向娟（2016）、刘魏（2016）等人的研究结论基本一致。总体来看，实证结果能够反映出人力资本投资对农民收入水平的影响，这与之前的理论分析和预测一致。

二、农村家庭人力资本投资对农民收入结构的影响

(一)变量选取与数据说明

1. 变量选取

针对农村家庭人力资本投资对农民收入结构的影响分析,下面将通过构建与之相适应的实证模型来进行具体验证。模型中解释变量为农村家庭人力资本投资各要素,主要包括家庭全年文教娱乐支出、医疗保健支出和交通通信支出这三项具体衡量指标。根据舒尔茨的人力资本投资理论,人力资本投资主要包括教育投资、健康投资和迁移投资,以上三项指标正好从教育、健康和迁移三方面代表了农民居民个人的人力资本投资水平。被解释变量为农民收入结构,农村家庭收入可以分为工资性收入、经营性收入、财产性收入、转移性收入和其他收入。一般来说,工资性收入和经营性收入是家庭总收入的主要来源,财产性收入、转移性收入和其他收入占家庭总收入的比率较小,同时农业收入一般是指经营性收入,其他四类收入可以归为非农收入。因此,为考察家庭收入结构变化情况,本书使用工资性收入、经营性收入和非农收入三个指标用作后文的进一步考察。

(1)经营性收入

此处的经营性收入特指农村家庭在从事农业生产过程中所获得的收入,包括农林牧副渔等各行业种植、养殖等通过付出农业劳动所获得的报酬。经营性收入一直占农民收入的绝大部分,因为自古以来农民都是靠从事农业劳动获得收入,在过去可以说是唯一收入来源,后随着农村经济改革和农村劳动力转移,农民的收入来源不断增多,经营性收入在总收入中的占比有逐年下降趋势。

(2)非农收入

非农收入是相对农业收入而言的,如上文所说,过去农民收入基本来自农业生产,收入来源单一,后来农村开始出现第二产业和第三产业,同时部分农民开始外出务工,到城市从事第二产业和第三产业等,农民就业

形式多样，收入来源开始变得广泛，很多农民开始拥有非农收入。本部分研究所定义的非农收入是除经营性收入以外的工资性收入、财产性收入、转移性收入和其他收入的总和。

（3）工资性收入

工资性收入是指就业人员通过付出智慧和劳动所获得的报酬，包括全职工作、兼职工作、零散工作等所有工作收入的总和。随着农村劳动力外出务工机会增多，整体来看，农村家庭的工资性收入是不断增加的，且在农村家庭总收入中的占比不断扩大。

（4）家庭文教娱乐支出

教育培训是人力资本投资中的重要部分，选择家庭文教娱乐支出作为农村教育人力资本投资的衡量指标是学术界比较通用的做法。家庭在文化、教育、培训、娱乐方面的支出代表了家庭对文化教育的重视程度，对家庭成员的教育文化投资能够提高家庭整体的人力资本水平。

（5）家庭医疗保健支出

医疗保健投资也是人力资本投资中的重要部分，健康的体魄对于劳动力而言特别珍贵。农村家庭对于医疗保健的支出是相对保守的，大多数农民没有花钱保健的概念，对于医疗支出一般也是在不得已的情况下才会发生。因此，农村家庭在医疗保健上的支出可以在一定程度上反映家庭成员的健康状况，家庭在医疗保健上的支出越多说明家庭成员的身体越弱，且过多的医疗保健支出会增加家庭负担。

（6）家庭交通通信支出

迁移通信投资也是人力资本投资中的重要部分。对于现在的农村成年人来说，手机几乎是每个人必不可少的通信工具，且网络和电脑也逐渐在农村家庭中普及，因此家庭全年交通通信支出能够反映出农村家庭与外界联系的紧密程度，也能在一定程度上反映家庭社会资本情况。一般来说，交通通信支出越高的家庭社会资本越丰厚，家庭成员性格越开朗，能获得的外界信息更多，在生计策略选择上也具备更多可能性。当具有更好的生计策略选择时，家庭也会获得更好的生计结果。

2. 数据说明

本次实证研究所涉及的解释变量和被解释变量数据全部来源于中国家庭追踪调查(CFPS)调查数据,包括初始年份 2010 年和后续追踪年份 2012 年、2014 年和 2016 年,关于所用到变量的统计口径官方已作统一处理。中国家庭追踪调查以中国家庭为主要投放对象,包括城镇家庭和农村家庭两类,具体涉及家庭成员问卷、家庭经济问卷、成人问卷和少儿问卷这四类,由这四套问卷生成了相应的四个数据库。本书主要用到家庭经济问卷和成人问卷,较少涉及家庭成员问卷和少儿问卷。CFPS2016 年全国追踪调查成人数据库共采集 36892 例有效样本,涉及变量 1096 个;家庭经济数据库共采集 14019 例有效样本,涉及变量 329 个。

因为本部分研究的是"三农"问题,故在数据处理时首先剔除了与城镇家庭和人口相关的数据。本次实证以农村家庭为分析单元,在数据使用上涉及 2010 年、2012 年、2014 年和 2016 年四年的家庭经济数据库,在前期数据整理时已作好匹配和合并处理。考虑到变量之间可能存在内生性,因此解释变量和控制变量用的是上一年家庭经济数据,被解释变量用的是当年家庭经济数据,所考察的是上期人力资本投资数据对本期收入结构的影响。根据所选变量去掉缺失值以后共有 12590 例有效样本,样本量满足回归分析需要。

(二)模型构建与描述性统计

1. 模型构建

本部分所考察的是人力资本投资对农民收入结构的影响,被解释变量收入结构属于数值型变量,其受多种因素影响,因此选用 OLS 回归分析,其计量方程表达式为:

$$Y1 = a_0 + a_1 EEC + a_2 MED + a_3 TRCO + \mu_1 \tag{7-2}$$

$$Y2 = \beta_0 + \beta_1 EEC + \beta_2 MED + \beta_3 TRCO + \mu_2 \tag{7-3}$$

$$Y3 = \gamma_0 + \gamma_1 EEC + \gamma_2 MED + \gamma_3 TRCO + \mu_3 \tag{7-4}$$

在式(7-2)、式(7-3)、式(7-4)中,Y1、Y2、Y3 分别为经营性收入、

非农收入和工资性收入，α_0、β_0、γ_0 为截距，α_1、α_2、α_3、β_1、β_2、β_3、γ_1、γ_2、γ_3 为待回归系数，μ_1、μ_2、μ_3 为残差项，EEC 为农村家庭一年文教娱乐支出，MED 为农村家庭一年医疗保健支出，TRCO 为农村家庭一年交通通信支出。

2. 描述性统计

考虑到变量之间可能存在的内生性问题，我们使用上一年度的家庭文教娱乐支出、医疗保健支出和交通通信支出和本年度的家庭全部纯收入作为一次考察对象。关于变量的描述性统计见表 7-5，包括变量代码、个案数、平均值和标准偏差。

表 7-5 变量描述性统计

变量	变量代码	个案数	平均值	标准偏差
经营性收入	Y1	13043	3604.8596	16226.73508
非农收入	Y2	12678	49914.5324	110488.0533
工资性收入	Y3	13043	37627.3801	105203.8735
家庭全年文教娱乐支出	EEC	12590	4384.5994	9266.39215
家庭全年医疗保健支出	MED	12913	4977.1638	14081.93395
家庭全年交通通信支出	TRCO	12486	4094.804	5143.1988

（三）数据检验与估计结果

1. 数据检验

首先对数据进行相关性检验，结果如表 7-6 所示。相关性检验主要是为了考察被解释变量 Y1（经营性收入）、Y2（非农收入）、Y3（工资性收入）和解释变量 EEC（家庭年文教娱乐支出），MED（家庭年医疗保健支出），TRCO（家庭年交通通信支出）之间的相关程度。由表 7-6 可以看出，Y1 与 MED 之间的 P 值为 0.062；Y2 与 EEC 之间的 P 值为 0.000，与 MED 之间的 P 值为 0.052，与 TRCO 之间的 P 值为 0.000；Y3 与 EEC 之间的 P 值为

0.000，与 TRCO 之间的 P 值为 0.000，说明因变量与自变量之间相关性在统计学意义上显著，通过检验。

表 7-6　变量相关性检验

		EEC	MED	TRCO	Y1	Y2	Y3
EEC	皮尔逊相关性	1.000	0.012	0.266 **	−0.012	0.123 **	0.105 **
	Sig.（双尾）		0.170	0.000	0.184	0.000	0.000
	个案数	12590	12485	12392	12590	12241	12590
MED	皮尔逊相关性	0.012	1.000	0.034 **	−0.016	0.017	0.007
	Sig.（双尾）	0.170		0.000	0.062	0.052	0.455
	个案数	12485	12913	12382	12913	12551	12913
TRCO	皮尔逊相关性	0.266 **	0.034 **	1.000	0.014	0.156 **	0.128 **
	Sig.（双尾）	0.000	0.000		0.105	0.000	0.000
	个案数	12392	12382	12486	12486	12138	12486
Y1	皮尔逊相关性	−0.012	−0.016	0.014	1.000	−0.038 **	−0.023 **
	Sig.（双尾）	0.184	0.062	0.105		0.000	0.008
	个案数	12590	12913	12486	13043	12678	13043
Y2	皮尔逊相关性	0.123 **	0.017	0.156 **	−0.038 **	1.000	0.972 **
	Sig.（双尾）	0.000	0.052	0.000	0.000		0.000
	个案数	12241	12551	12138	12678	12678	12678
Y3	皮尔逊相关性	0.105 **	0.007	0.128 **	−0.023 **	0.972 **	1.000
	Sig.（双尾）	0.000	0.455	0.000	0.008	0.000	
	个案数	12590	12913	12486	13043	12678	13043

注：**表示在 0.01 级别（双尾）相关性显著。

　　主体间效应指的是"被试间效应"，本次考察的被解释变量有经营性收入、非农收入和工资性收入三项，解释变量有家庭全年文教娱乐支出、医疗保健支出和交通通信支出三项，在开展回归分析之前先分别针对 Y1、Y2、Y3 进行主体间效应检验，其结果如表 7-7、表 7-8 和表 7-9 所示。

表 7-7 主体间效应检验(因变量：Y1)

源	III 类平方和	自由度	均方	F	显著性	偏 Eta 平方
修正模型	1933693836. 115ᵃ	3. 000	644564612. 038	3. 251	0. 021	0. 001
截距	88979461633. 894	1. 000	88979461633. 894	448. 731	0. 000	0. 035
EEC	675929558. 107	1. 000	675929558. 107	3. 409	0. 065 *	0. 000
MED	841732689. 032	1. 000	841732689. 032	4. 245	0. 039 **	0. 000
TRCO	751898861. 039	1. 000	751898861. 039	3. 792	0. 052 *	0. 000
误差	2438786987104. 990	12299. 000	198291486. 064			
总计	2601539239967. 000	12303. 000				
修正后总计	2440720680941. 110	12302. 000				

注：a. $R^2 = 0.001$(调整后 $R^2 = 0.001$)。

b. ***、**、*分别表示1%、5%和10%水平上的统计显著性。

由表 7-7 可以看出，主要解释变量 EEC(家庭文教娱乐支出)和 TRCO(家庭交通通信支出)均在 10% 水平上显著，MED(家庭医疗保健支出)在 5% 水平上显著，整体通过主体间效应检验。

表 7-8 主体间效应检验(因变量：Y2)

源	III 类平方和	自由度	均方	F	显著性	偏 Eta 平方
修正模型	4509138856902. 313ᵃ	3. 000	1503046285634. 100	126. 703	0. 000	0. 031
截距	7028875448867. 140	1. 000	7028875448867. 140	592. 516	0. 000	0. 047
EEC	994570408178. 418	1. 000	994570408178. 418	83. 840	0. 000 ***	0. 007
MED	18967716114. 672	1. 000	18967716114. 672	1. 599	0. 206	0. 000
TRCO	2327521740969. 750	1. 000	2327521740969. 750	196. 204	0. 000 ***	0. 016
误差	141842947322561. 000	11957. 000	11862753811. 371			
总计	175170609218162. 000	11961. 000				
修正后总计	146352086179464. 000	11960. 000				

注：a. $R^2 = 0.031$(调整后 $R^2 = 0.031$)。

b. ***、**、*分别表示1%、5%和10%水平上的统计显著性。

由表7-8可以看出，主要解释变量 EEC(家庭文教娱乐支出)和 TRCO (家庭交通通信支出)均在1%水平上显著，MED(家庭医疗保健支出)不显著，整体来看，通过主体间效应检验。

表 7-9　主体间效应检验(因变量：Y3)

源	III 类平方和	自由度	均方	F	显著性	偏 Eta 平方
修正模型	2917535389015.266ᵃ	3.000	972511796338.422	88.730	0.000	0.021
截距	3950746445151.480	1.000	3950746445151.480	360.459	0.000	0.028
EEC	709643318622.154	1.000	709643318622.154	64.747	0.000***	0.005
MED	253218687.811	1.000	253218687.811	0.023	0.879	0.000
TRCO	1455492058369.370	1.000	1455492058369.370	132.796	0.000***	0.011
误差	134801098558898.000	12299.000	10960329990.967			
总计	154431755984226.000	12303.000				
修正后总计	137718633947913.000	12302.000				

注：a. $R^2 = 0.021$(调整后 $R^2 = 0.021$)。

b. ***、**、*分别表示1%、5%和10%水平上的统计显著性。

由表7-9可以看出，主要解释变量 EEC(家庭文教娱乐支出)和 TRCO (家庭交通通信支出)均在1%水平上显著，MED(家庭医疗保健支出)不显著，整体来看，通过主体间效应检验。

2. 估计结果

本书采用 OLS 回归分析法，运用 SPSS 软件估计模型各参数，因为被解释变量有三个，所以共有三个回归结果，具体见表7-10、表7-11 和表7-12。

表 7-10　人力资本投资对其经营性收入影响的回归结果

参数	B	标准误差	t	显著性	95%置信区间下限	95%置信区间上限	偏 Eta 平方
截距	3618.204	170.805	21.183	0.000	3283.400	3953.009	0.035

参数	B	标准误差	t	显著性	95%置信区间下限	95%置信区间上限	偏 Eta 平方
EEC	−0.026	0.014	−1.846	0.065*	−0.054	0.002	0.000
MED	−0.018	0.009	−2.060	0.039**	−0.036	−0.001	0.000
TRCO	0.050	0.026	1.947	0.052*	0.000	0.100	0.000

注：***、**、*分别表示 1%、5% 和 10%水平上的统计显著性。

表 7-10 是人力资本投资对其经营性收入影响的回归结果，与上一步主体间效应检验情况基本一致，主要解释变量 EEC（家庭文教娱乐支出）和 TRCO（家庭交通通信支出）均在 10%水平上显著，MED（家庭医疗保健支出）在 5%水平上显著。EEC（家庭文教娱乐支出）和 MED（家庭医疗保健支出）与经营性收入之间呈负相关关系，说明家庭在文教娱乐和医疗保健方面的支出越多，家庭人力资本投资水平越高，则农村家庭的经营性收入越低；TRCO（家庭交通通信支出）与经营性收入之间呈正相关关系，说明家庭在交通通信方面的支出越多，家庭人力资本投资水平越高，则农村家庭的经营性收入越高。

表 7-11 是人力资本投资对其非农收入影响的回归结果，与上一步主体间效应检验情况基本一致，主要解释变量 EEC（家庭文教娱乐支出）和 TRCO（家庭交通通信支出）均在 1%水平上显著，MED（家庭医疗保健支出）在统计学意义上不显著，EEC（家庭文教娱乐支出）和 TRCO（家庭交通通信支出）都与被解释变量呈正相关关系，说明家庭在文教娱乐和交通通信方面的支出越多，家庭人力资本投资水平越高，则农村家庭的工资性收入越高。

表 7-11　人力资本投资对其非农收入影响的回归结果

参数	B	标准误差	t	显著性	95%置信区间下限	95%置信区间上限	偏 Eta 平方
截距	32619.685	1340.077	24.342	0.000	29992.917	35246.453	0.047
EEC	1.011	0.110	9.156	0.000***	0.795	1.228	0.007
MED	0.088	0.070	1.264	0.206	−0.049	0.225	0.000
TRCO	2.862	0.204	14.007	0.000***	2.462	3.263	0.016

注：＊＊＊、＊＊、＊分别表示 1%、5%和 10%水平上的统计显著性。

表 7-12　人力资本投资对其工资性收入影响的回归结果

参数	B	标准误差	t	显著性	95%置信区间下限	95%置信区间上限	偏 Eta 平方
截距	24109.476	1269.872	18.986	0.000	21620.327	26598.624	0.028
EEC	0.847	0.105	8.047	0.000***	0.641	1.053	0.005
MED	0.010	0.067	0.152	0.879	−0.120	0.140	0.000
TRCO	2.193	0.190	11.524	0.000***	1.820	2.566	0.011

注：＊＊＊、＊＊、＊分别表示 1%、5%和 10%水平上的统计显著性。

　　表 7-12 是人力资本投资对其工资性收入影响的回归结果，与上一步主体间效应检验情况基本一致，主要解释变量 EEC（家庭文教娱乐支出）和 TRCO（家庭交通通信支出）均在 1%水平上显著，MED（家庭医疗保健支出）在统计学意义上不显著，EEC（家庭文教娱乐支出）和 TRCO（家庭交通通信支出）都与被解释变量呈正相关关系，这说明家庭在文教娱乐和交通通信方面的支出越多，家庭人力资本投资水平越高，则农村家庭的工资性收入越高，这一研究结论与王红钰（2018）使用 1997 年至 2015 年省际面板数据进行实证分析所得到的结果基本一致。

　　总体来看，人力资本投资对农村家庭经营性收入、非农收入和工资性收入都是有显著影响的，这说明人力资本投资对农村家庭收入结构有显著影响，这一研究结论与贺文华（2014）、胡阿丽（2012）、郭磊磊（2017）、吕连菊（2018）、张茗朝（2016）等人的研究结论基本一致。具体来看，农村家庭教育投资和迁移投资对其非农收入和工资性收入影响最大，对经营性收入影响较小；而农村家庭健康投资对经营性收入影响较大，对其非农收入和工资性收入在统计学意义上没有影响。

第二节　人力资本投资对农民精神状态的影响

民生是人民幸福的基础，是社会和谐的根本。习近平总书记在党的十九届四中全会《决定》中指出："要让全体人民有更多、更直接、更实在的获得感、幸福感、安全感。"因此，关注农民精神状态，对其生活满意度和未来信心度进行研究是具有现实意义的。

一、农村居民人力资本投资对农民生活满意度的影响

（一）变量选取与数据说明

1. 变量选取

针对农村居民人力资本投资对农民生活满意度的影响分析，下面将通过构建与之相适应的实证模型来进行具体验证。模型中解释变量为农村居民人力资本投资各要素，主要包括一年总阅读量、每周锻炼时长和每月手机话费这三个具体衡量指标。根据舒尔茨的人力资本投资理论，人力资本投资主要包括教育投资、健康投资和迁移投资，以上三项指标正好从教育、健康和迁移三方面代表了农民居民个人的人力资本投资水平。被解释变量为农民生活满意度，主要根据被调查者的主观意愿来判断，共分为非常不满意、比较不满意、一般、比较满意和非常满意这五种情况。除解释变量和被解释变量以外，本书还选取了年龄、工作整体满意度、健康状

况、婚姻状态、做饭燃料和家庭净资产六个指标作为控制变量。

（1）生活满意度

生活满意度是一种个人感受，具有较强的主观性，它是指被调查者对自己当前生活情况的总体评价。问卷中将这种感受分为五类，非常不满意、比较满意、一般、比较满意和非常满意，由被调查者自主选择。这种选择结果可能受多种因素影响，既有客观因素，也有主观因素。本部分研究主要考察的是人力资本投资是否会对农民生活满意度产生影响。

（2）一年总阅读量

教育培训是人力资本投资中的重要部分。农村成年劳动力基本没有继续接受正规教育的机会，又因其大多就业于农村自家农业产业或城市非正规部门，能够接受相关职业培训的机会也不多，于是我们选择了问卷中一年总阅读量这个指标来衡量农村人力资本教育投资情况。对于成年人来说，阅读书籍能够增加知识储备，并帮助其掌握相关技能。本部分研究预测一年总阅读量对农民生活满意度具有正向影响。

（3）每周锻炼时长

医疗保健投资也是人力资本投资中的重要部分。对于成年人来说，其身体相比于儿童和老年人会更加健康，生病住院的情况相对较少，但对身体健康的维护和保健却是不能少的。每周锻炼时长反映了农村成年居民对身体健康的投资情况。本书预测每周锻炼时长对农民生活满意度具有正向影响。

（4）每月手机话费

迁移通信投资也是人力资本投资中的重要部分。对于现在的农村成年人来说，手机几乎是每个人必不可少的通信工具，每月手机话费这个变量能够反映出个人与外界的联系紧密程度。一般来说，每月手机话费越高的人人缘越好，性格越开朗，他能获得的外界信息越多，在生计策略选择上也具备更多可能性。本部分研究预测每月手机话费对农民生活满意度具有正向影响。

（5）年龄

本次实证回归以成人问卷为主，因此所调查人群首先是成人。成人的生计策略选择与年龄相关。一般来说，农村青壮年劳动力选择外出就业多，对外面的世界充满好奇和探索精神，留守农村的多是年龄较大的老人，一方面老人安土重迁，另一方面老人身体素质下降不适合长途奔波。本部分研究预测年龄对农民生活满意度具有负向影响。

（6）工作整体满意度

工作整体满意度是被调查者对自我工作的总体评价，问卷设计中同样采用五分法设置了非常满意、满意、一般、不满意和非常不满意五个选项，由被调查者自主选择。被调查者可能会从工作收入、工作环境、工作安全、工作时间、工作晋升等多个方面进行评价以后再作出选择。工作与生活息息相关，被调查对象对工作的满意度会影响其对生活的满意度。本部分研究预测工作整体满意度对农民生活满意度具有正向影响。

（7）健康状况

健康状况实际也是人力资本存量的一个代表指标。问卷中的健康状况实际上是被调查者对自我身体健康情况的一个大概判断，问卷中把这种主观判断分成了不健康、一般、比较健康、很健康和非常健康这五种情况。健康状况能够反映一个人当前的身体素质。一般来说，身体越健康的人越具备较强的生计能力。本部分研究预测健康状况对农民生活满意度具有正向影响。

（8）婚姻状态

在调查问卷中，针对当前婚姻状态有五个选项：一是单身；二是有配偶（再婚）；三是同居；四是离婚；五是丧偶，并指出有配偶（再婚）既包括法律婚姻又包括事实婚姻，同居是指男女住在一起，没有结婚证也没有事实婚姻的情况。本部分研究研究主要是想判断有无配偶是否会成为影响农民异地就业选择的因素之一。因此，在数据处理时提前将第二选项归为一类，命名为"有配偶"，将其他四类选项归为一类，命名为"无配偶"。本部分研究预测有无配偶对农民生活满意度具有正向影响。

195

（9）做饭燃料

调查问卷中针对农村家庭炒菜做饭所使用的燃料进行了调查。问卷中共有柴草、煤炭、灌装煤气或液化气、天然气或管道煤气、太阳能或沼气、电和其他共计七个选项。为了便于后期数据分析，本部分研究将做饭燃料分为现代商业燃料和非商业燃料两类，其中现代商业燃料包括灌装煤气或液化气、天然气或管道煤气、电；非商业燃料包括柴草、煤炭、太阳能或沼气和其他。本部分研究预测使用商业燃料对农民生活满意度具有正向影响。

（10）家庭净资产

家庭净资产实际是家庭金融资本的衡量指标之一，它是指家庭所有财产减去家庭所有负债以后的资产。经济基础决定上层建筑，农民对自己生活状态是否满意是受自己家庭拥有的资产影响的。一般来说，家庭净资产越多，农民对自己的生活状态会越满意。本部分研究预测家庭净资产对农民生活满意度具有正向影响。

2. 数据说明

本次实证研究所涉及的解释变量和被解释变量数据全部来源于中国家庭追踪调查（CFPS）2016 年调查数据。CFPS 2016 年全国追踪调查是以2010 年、2012 年、2014 年全国追踪调查家庭为投放对象，具体涉及家庭成员问卷、家庭经济问卷、成人问卷和少儿问卷这四类，由这四套问卷生成了相应的四个数据库。本部分研究主要用到家庭经济问卷和成人问卷，较少涉及家庭成员问卷和少儿问卷。CFPS 2016 年全国追踪调查成人数据库共采集 36892 例有效样本，涉及变量 1096 个；家庭经济数据库共采集14019 例有效样本，涉及变量 329 个。

因为本部分研究主要探讨的是"三农"问题，故在数据处理时首先剔除了与城镇人口相关的数据。本次实证以农村居民为分析单元，在数据使用上以 2016 年成人数据库为主，部分控制变量涉及家庭经济数据库，在前期数据整理时已作了匹配和合并处理。根据所选变量去掉缺失值以后共有3153 例有效样本，样本量满足回归分析需要。

（二）模型构建与描述性统计

1. 模型构建

起初本部分研究将农民生活满意度作为有序多分类变量处理，选择运用有序多元 Logistic 回归方法对其影响因素进行相关性分析，但在平行线检验时 P 值小于 0.05，没有通过检验。故本部分研究最终选择无序多分类 Logistic 回归方法进行实证研究，将因变量最后一个类别作为对照类别，其计量方程表达式为：

$$logitP_e = \ln\left[\frac{P_e}{P_e}\right] = \ln 1 = 0 \tag{7-3}$$

$$logitP_a = \ln\left[\frac{P(Y=a/X)}{P(Y=e/X)}\right] = \alpha_a + \beta_{11}PQ1102 + \beta_{12}QP702 + \beta_{13}KU102 +$$
$$\beta_{14}age + \beta_{15}qg406 + \beta_{16}qp201 + \beta_{17}qea0 + \beta_{18}fa4 + \beta_{19}totalas \tag{7-4}$$

$$logitP_b = \ln\left[\frac{P(Y=b/X)}{P(Y=e/X)}\right] = \alpha_b + \beta_{21}PQ1102 + \beta_{22}QP702 + \beta_{23}KU102 +$$
$$\beta_{24}age + \beta_{25}qg406 + \beta_{26}qp201 + \beta_{27}qea0 + \beta_{28}fa4 + \beta_{29}totalas \tag{7-5}$$

$$logitP_c = \ln\left[\frac{P(Y=c/X)}{P(Y=e/X)}\right] = \alpha_c + \beta_{31}PQ1102 + \beta_{32}QP702 + \beta_{33}KU102 +$$
$$\beta_{34}age + \beta_{35}qg406 + \beta_{36}qp201 + \beta_{37}qea0 + \beta_{28}fa4 + \beta_{39}totalas \tag{7-6}$$

$$logitP_d = \ln\left[\frac{P(Y=d/X)}{P(Y=e/X)}\right] = \alpha_d + \beta_{41}PQ1102 + \beta_{42}QP702 + \beta_{43}KU102 +$$
$$\beta_{44}age + \beta_{45}qg406 + \beta_{46}qp201 + \beta_{47}qea0 + \beta_{48}fa4 + \beta_{49}totalas \tag{7-7}$$

式（7-3）—式（7-7）中，α_a、α_b、α_c、α_d 为截距，β_{11}、$\beta_{12}\cdots\beta_{19}$、$\beta_{21}$、$\beta_{22}\cdots\beta_{29}$、$\beta_{31}$、$\beta_{32}\cdots\beta_{39}$、$\beta_{41}$、$\beta_{42}\cdots\beta_{49}$ 为待回归系数。P_a、P_b、P_c、P_d、P_e 为因变量各种情况概率，PQ1102 为农村居民一年总阅读量，QP702 为

每周锻炼时长，KU102 为每月手机话费，age 为年龄，qg406 为工作整体满意度，qp201 为健康状况，qea0 为婚姻状态，fa4 为做饭燃料，totalas 为家庭净资产。

2. 描述性统计

在以上十个变量中有五个变量属于分类变量，我们对其出现频次进行描述性统计，见表 7-13。例如，因变量生活满意度属于五分变量，在 3153 例有效样本中，对生活非常不满意的有 97 例，比较不满意的有 271 例，一般的有 1074 例，比较满意的有 1085 例，非常满意的有 626 例。

表 7-13　分类变量描述性统计

变量	变量代码	选项	个案数	边际百分比
对自己生活满意度	qn12012	非常不满意	97	3.10%
		比较不满意	271	8.60%
		一般	1074	34.10%
		比较满意	1085	34.40%
		非常满意	626	19.90%
工作整体满意度	qg406	非常不满意	45	1.40%
		不太满意	198	6.30%
		一般	1313	41.60%
		比较满意	1309	41.50%
		非常满意	288	9.10%
健康状况	qp201	不健康	182	5.80%
		一般	354	11.20%
		比较健康	1503	47.70%
		很健康	624	19.80%
		非常健康	490	15.50%
当前婚姻状态	qea0	其他	796	25.20%
		在婚(有配偶)	2357	74.80%

变量	变量代码	选项	个案数	边际百分比
做饭燃料	fa4	现代商业燃料	2516	79.80%
		非商业燃料	637	20.20%
有效	3153	100.00%		

表7-14中列出了数值变量的描述性统计,数值变量包括一年总阅读量、每周锻炼时长、每月手机费、年龄和家庭净资产共五项,主要对各数值变量单位、数量、最小值、最大值、均值和标准偏差进行了统计。

表7-14 变量描述性统计

变量名称	单位	数量	最小值	最大值	均值	标准偏差
一年总阅读量	本	3153	1	400	7.1922	18.36471
每周锻炼时长	小时	3153	0.1	34	6.4923	8.01232
每月手机话费	元	3153	0	600	92.6794	73.52899
年龄	岁	3153	16	82	38.0964	12.64618
家庭净资产	元	3153	−1095000	55300000	919143.7226	2250285.817

(三)数据检验和估计结果

1. 数据检验

本节内容主要考察人力资本投资对农民生活满意度的影响,其内容具有一定创新性,可以参考的研究文献较少。因因变量为无序多分类变量,因此本部分研究首先采用无序多元Logistic回归方法对变量之间的相关性进行研究。在回归之前先进行模型拟合和似然比检验,结果如表7-15、表7-16和表7-17所示。

表 7-15　模型拟合信息

模型	模型拟合条件	似然比检验		
	−2 对数似然	卡方	自由度	显著性
截距	8657.857			
最终	7969.723	688.134	60	0.000

表 7-16　伪 R 方

考克斯–斯奈尔	0.196
内戈尔科	0.21
麦克法登	0.079

表 7-15 和表 7-16 显示了模型拟合信息，显著性 P = 0.000，说明模型整体有意义，伪 R 方值越大，模型拟合得越好。由表 7-16 可以看出，模型拟合情况较好。

表 7-17　似然比检验

效应	模型拟合条件	似然比检验		
	简化模型的 −2 对数似然	卡方	自由度	显著性
截距	7969.723[a]	0.000	0	
一年总阅读量	7973.814	4.091	4	0.394
每周锻炼时长	7986.170	16.447	4	0.002***
每月手机话费	7977.025	7.302	4	0.121
年龄	7997.738	28.015	4	0.000***
家庭净资产	7998.140	28.417	4	0.000***
工作整体满意度	8280.180	310.457	16	0.000***
健康状况	8124.990	155.267	16	0.000***

效应	模型拟合条件	似然比检验		
	简化模型的 -2 对数似然	卡方	自由度	显著性
当前婚姻状态	8004.212	34.488	4	0.000***
做饭燃料	7977.981	8.258	4	0.083*

注：①卡方统计是最终模型与简化模型之间的 -2 对数似然之差。

②简化模型是在最终模型的基础上省略某个效应而形成。原假设是该效应的所有参数均为 0，因为省略此效应并不会增加自由度，所以此简化模型相当于最终模型。

③***、**、* 分别表示 1%、5% 和 10% 水平上的统计显著性。

似然比是指有约束条件下的似然函数最大值与无约束条件下的似然函数最大值之比。似然比检验是反映真实性的，主要为了检验模型是否恰当，它最初的假设是所有纳入自变量的系数为 0。表 7-17 显示了似然比检验结果，从显著性一项可以看出，本部分研究最关注的解释变量每周锻炼时长在 1% 水平上显著。似然比检验结果可以作为参考之一，主要还是需要对模型各参数进行估计，模型参数估计值更具参考意义。

2. 估计结果

接下来依次对模型各参数进行估计，无序多分类 Logistic 回归相当于多个二元 Logistic 回归。其结果如表 7-18 所示。

回归分析是以被解释变量的最后一个类别（非常满意）作为参照类别的，然后将被解释变量的前四个类别（非常不满意、比较不满意、一般、比较满意）分别与最后一个类别进行二元 Logistic 回归，所得到的结果见表 7-18。表中 PQ1102、QP702 和 KU102 对应的参数估计值为自变量的估计值，totalas、age、fa4x、qg406、qp201 和 qea0x 对应的参数估计值为控制变量的估计值。其中 qn12012、qg406 和 qp201 为五分类变量，在分析中被拆分成了四个哑变量（即取值 1、2、3、4），分别与该变量的最后一组进行对比。

表 7-18　人力资本投资对其生活满意度影响的回归结果

对自己生活满意度[a]	变量	B	标准误	瓦尔德	自由度	显著性	Exp(B)	95%置信区间下限	95%置信区间上限
非常不满意	截距	-5.893	1.184	24.770	1	0.000			
	一年总阅读量	-0.003	0.007	0.169	1	0.681	0.997	0.984	1.010
	每周锻炼时长	0.012	0.010	1.489	1	0.222	1.012	0.993	1.031
	每月手机话费	0.003	0.002	2.406	1	0.121	1.003	0.999	1.006
	年龄	-0.006	0.010	0.306	1	0.580	0.994	0.975	1.015
	家庭净资产	0	0.000	5.050	1	0.025**	1.000	1.000	1.000
	[工作满意度=1.00]	5.381	1.139	22.338	1	0.000***	217.272	23.328	2023.641
	[工作满意度=2.00]	5.009	1.061	22.272	1	0.000***	149.811	18.708	1199.653
	[工作满意度=3.00]	3.562	1.024	12.088	1	0.001***	35.225	4.730	262.336
	[工作满意度=4.00]	2.319	1.038	4.992	1	0.025**	10.166	1.329	77.731
	[工作满意度=5.00]	0[b]			0				
	[健康状况=1.00]	2.599	0.486	28.618	1	0.000***	13.455	5.191	34.872
	[健康状况=2.00]	1.802	0.459	15.385	1	0.000***	6.062	2.463	14.916
	[健康状况=3.00]	1.311	0.390	11.325	1	0.001***	3.711	1.729	7.966
	[健康状况=4.00]	0.591	0.451	1.715	1	0.190	1.805	0.746	4.372

续表

对自己生活满意度a	变量	B	标准误	瓦尔德	自由度	显著性	Exp(B)	95%置信区间下限	95%置信区间上限
	[健康状况=5.00]	0^b			0				
	[当前婚姻状态=0]	1.437	0.278	26.720	1	0.000***	4.207	2.440	7.254
	[当前婚姻状态=1]	0^b			0				
	[做饭燃料=1.00]	-0.638	0.259	6.067	1	0.014**	0.528	0.318	0.878
	[做饭燃料=2.00]	0^b			0				
非常不满意	截距	-2.204	0.509	18.744	1	0.000			
	一年总阅读量	0.001	0.003	0.176	1	0.675	1.001	0.995	1.008
	每周锻炼时长	-0.011	0.009	1.511	1	0.219	0.989	0.971	1.007
	每月手机话费	0.002	0.001	4.107	1	0.043**	1.002	1.000	1.004
比较不满意	年龄	-0.028	0.007	15.263	1	0.000***	0.972	0.958	0.986
	家庭净资产c	0	0.000	4.669	1	0.031**	1.000	1.000	1.000
	[工作满意度=1.00]	2.737	0.617	19.647	1	0.000***	15.437	4.603	51.774
	[工作满意度=2.00]	3.002	0.432	48.313	1	0.000***	20.124	8.632	46.917
	[工作满意度=3.00]	2.063	0.340	36.896	1	0.000***	7.872	4.045	15.318
	[工作满意度=4.00]	1.108	0.345	10.307	1	0.001***	3.027	1.539	5.952

续表

对自己生活满意度ª		变量	B	标准误	瓦尔德	自由度	显著性	Exp(B)	95%置信区间下限	95%置信区间上限
	比较不满意	[工作满意度=5.00]	0ᵇ			0				
		[健康状况=1.00]	2.1	0.348	36.340	1	0.000***	8.167	4.126	16.167
		[健康状况=2.00]	1.467	0.302	23.539	1	0.000***	4.334	2.397	7.838
		[健康状况=3.00]	1.247	0.238	27.413	1	0.000***	3.480	2.182	5.550
		[健康状况=4.00]	0.615	0.271	5.149	1	0.023**	1.849	1.087	3.145
		[健康状况=5.00]	0ᵇ			0				
		[当前婚姻状态=0]	0.69	0.198	12.113	1	0.001***	1.995	1.352	2.943
		[当前婚姻状态=1]	0ᵇ			0				
		[做饭燃料=1.00]	-0.341	0.186	3.357	1	0.067*	0.711	0.494	1.024
		[做饭燃料=2.00]	0ᵇ			0				
	一般	截距	-0.948	0.323	8.618	1	0.003			
		一年总阅读量	-0.005	0.003	2.111	1	0.146	0.995	0.989	1.002
		每周锻炼时长	-0.013	0.006	4.070	1	0.044**	0.987	0.975	1.000
		每月手机话费	0.002	0.001	5.820	1	0.016**	1.002	1.000	1.004
		年龄	-0.023	0.005	21.944	1	0.000***	0.977	0.968	0.987

续表

对自己生活满意度[a]	变量	B	标准误	瓦尔德	自由度	显著性	Exp(B)	95%置信区间下限	95%置信区间上限
一般	家庭净资产	0	0.000	0.016	1	0.900	1.000	1.000	1.000
	[工作满意度=1.00]	1.568	0.521	9.046	1	0.003***	4.795	1.726	13.319
	[工作满意度=2.00]	2.378	0.312	57.915	1	0.000***	10.780	5.844	19.888
	[工作满意度=3.00]	1.968	0.193	103.896	1	0.000***	7.154	4.900	10.444
	[工作满意度=4.00]	1.206	0.190	40.207	1	0.000***	3.339	2.300	4.848
	[工作满意度=5.00]	0[b]			0				
	[健康状况=1.00]	1.287	0.271	22.636	1	0.000***	3.624	2.132	6.158
	[健康状况=2.00]	1.311	0.205	41.037	1	0.000***	3.709	2.484	5.539
	[健康状况=3.00]	1.137	0.153	55.369	1	0.000***	3.119	2.311	4.209
	[健康状况=4.00]	0.545	0.173	9.897	1	0.002***	1.725	1.228	2.422
	[健康状况=5.00]	0[b]			0				
	[当前婚姻状态=0]	0.627	0.149	17.791	1	0.000***	1.871	1.399	2.504
	[当前婚姻状态=1]	0[b]			0				
	[做饭燃料=1.00]	-0.121	0.138	0.768	1	0.381	0.886	0.676	1.162
	[做饭燃料=2.00]	0[b]			0				

205

续表

	变量	B	标准误	瓦尔德	自由度	显著性	Exp(B)	95%置信区间下限	95%置信区间上限
对自己生活满意度[a] 比较满意	截距	-0.538	0.303	3.158	1	0.076			
	一年总阅读量	-0.001	0.003	0.062	1	0.803	0.999	0.994	1.004
	每周锻炼时长	-0.021	0.007	10.130	1	0.001***	0.979	0.966	0.992
	每月手机话费	0.001	0.001	2.892	1	0.089*	1.001	1.000	1.003
	年龄	-0.016	0.005	10.978	1	0.001***	0.985	0.975	0.994
	家庭净资产	0	0.000	3.682	1	0.055*	1.000	1.000	1.000
	[工作满意度=1.00]	1.058	0.520	4.139	1	0.042**	2.881	1.040	7.982
	[工作满意度=2.00]	1.236	0.317	15.221	1	0.000***	3.441	1.849	6.401
	[工作满意度=3.00]	1.122	0.172	42.775	1	0.000***	3.072	2.195	4.301
	[工作满意度=4.00]	1.147	0.163	49.631	1	0.000***	3.148	2.288	4.331
	[工作满意度=5.00]	0[b]			0				
	[健康状况=1.00]	0.601	0.279	4.641	1	0.031**	1.825	1.056	3.153
	[健康状况=2.00]	0.394	0.213	3.426	1	0.064*	1.483	0.977	2.251
	[健康状况=3.00]	0.993	0.145	46.749	1	0.000***	2.700	2.031	3.590
	[健康状况=4.00]	0.692	0.162	18.200	1	0.000***	1.998	1.454	2.746

续表

	变量	B	标准误	瓦尔德	自由度	显著性	Exp(B)	95%置信区间下限	95%置信区间上限
对自己生活满意度a	[健康状况=5.00]	0^b			0				
	[当前婚姻状态=0]	0.408	0.148	7.596	1	0.006***	1.503	1.125	2.009
	[当前婚姻状态=1]	0^b			0				
比较满意	[做饭燃料=1.00]	-0.055	0.137	0.161	1	0.688	0.947	0.724	1.238
	[做饭燃料=2.00]	0^b			0				

注：①a 表示参考类别为：'1。

②b 表示此参数冗余，因此设置为零。

③***、**、*分别表示1%、5%和10%水平上的统计显著性。

表 7-18 是人力资本投资对其生活满意度影响的回归结果，本部分研究最关注的解释变量 QP702（每周锻炼时长）和 KU102（每月手机话费）在统计学意义上是显著的，PQ1102（一年总阅读量）不显著。这说明农村居民对生活的满意度受其人力资本投资影响，且受健康投资和迁移投资影响大，在统计学意义上，人力资本教育投资对其生活满意度没有影响。这一研究结论与雷竞（2018）研究农民工人力资本投资对主观幸福感影响的结论基本一致。除了主要解释变量以外，其他控制变量，如年龄、工作满意度、健康状况、婚姻状况和做饭燃料等都对农民生活满意度有明显影响，家庭净资产对农民生活满意度有一定影响，影响程度不太显著。

二、农村居民人力资本投资对农民未来信心度的影响

（一）变量选取与数据说明

1. 变量选取

针对农村居民人力资本投资对农民未来信心度的影响分析，下面将通过构建与之相适应的实证模型来进行具体验证。模型中解释变量为农村居民人力资本投资各要素，主要包括一年总阅读量、每周锻炼时长和每月手机话费这三个具体衡量指标。根据舒尔茨的人力资本投资理论，人力资本投资主要包括教育投资、健康投资和迁移投资，以上三项指标正好从教育、健康和迁移三方面代表了农民居民个人对其人力资本投资水平。被解释变量为农民未来信心度，主要根据被调查者的主观意愿来判断，共分为非常没信心、比较没信心、一般、比较有信心和非常有信心这五种情况。除解释变量和被解释变量以外，还选取了受访者子女数、年龄、健康状况、当前最高学历、工作性质、工作整体满意度、家庭净资产和家庭总房产等八个指标作为控制变量。

（1）未来信心度

未来信心度是一种个人感受，具有较强的主观性，它是指被调查者对自己未来生活、工作等各方面情况的总体预判。问卷中将这种感受分为五

类，即非常没信心、比较没信心、一般、比较有信心和非常有信心，由被调查者自主选择。这种选择结果可能受多种因素影响，既有客观因素也有主观因素。本部分研究主要考察的是人力资本投资是否会对农民未来信心度产生影响。

（2）一年总阅读量

教育培训是人力资本投资中的重要部分，农村成年劳动力基本没有继续接受正规教育的机会，又由于其大多就业于农村自家农业产业或城市非正规部门，能够接受相关职业培训的机会也不多，于是我们选择了问卷中一年总阅读量这个指标来衡量农村人力资本教育投资情况。对于成年人来说，阅读书籍能够增加知识储备，并帮助其掌握相关技能。本部分研究预测一年总阅读量对农民未来信心度具有正向影响。

（3）每周锻炼时长

医疗保健投资也是人力资本投资中的重要部分。对于成年人来说，其身体相比于儿童和老年人会更加康健，生病住院的情况相对较少，但其对身体健康的维护和保健却是必不可少的。每周锻炼时长反映了农村成年居民对身体健康的投资情况。本部分研究预测每周锻炼时长对农民未来信心度具有正向影响。

（4）每月手机话费

迁移通信投资也是人力资本投资中的重要部分。对于现在的农村成年人来说，手机几乎是每个人必不可少的通信工具，每月手机话费这个变量能够反映出个人与外界联系的紧密程度。一般来说每月手机话费越高的人可能人缘越好，性格越开朗，他能获得的外界信息也更多，其在生计策略选择上也具备更多可能性。本部分研究预测每月手机话费对农民未来信心度具有正向影响。

（5）受访者子女数

受访者子女数是被调查者所拥有的子女数量。下一代是一个家庭未来的希望，对于农村家庭来说更是如此。农村居民重视子女，辛苦劳作往往是为了养育子女，子女数量在一定程度上能够影响农民对未来的信心。本部分研究预测受访者子女数对农民未来信心度具有正向影响。

（6）年龄

本次实证回归以成人问卷为主，因此所调查人群首先是成人。成人的生计策略选择应该与年龄相关。一般来说，农村青壮年劳动力选择外出就业多，对外面的世界充满好奇和探索精神，留守农村的多是年龄较大的老人。一方面老人安土重迁，另一方面老人身体素质下降不适合长途奔波。本部分研究预测年龄对农民未来信心度具有负向影响。

（7）健康状况

健康状况实际也是人力资本存量的一个代表指标。问卷中的健康状况实际上是被调查者对自我身体健康状况的一个大概判断。问卷中把这种主观判断分成了不健康、一般、比较健康、很健康和非常健康这五种情况。健康状况能够反映一个人当前的身体素质。一般来说，身体越健康的人越具备较强的生计能力。本部分研究预测健康状况对农民未来信心度具有正向影响。

（8）最高学历

最高学历实际是人力资本存量的一个代表指标，按照问卷可以分为文盲半文盲、小学、初中、高中、大专、大学本科、硕士及以上这七大类。最高学历反映了一个人接受正规教育的年限，也从侧面反映了一个人拥有的知识储备和素质才干。这项指标能够对农民心理和行为产生影响。本部分研究预测最高学历对农民未来信心度具有正向影响。

（9）工作性质

工作性质是指农民所从事主要工作的性质，即是属于农业就业还是非农就业，并以此判断农民对于生计策略的选择情况。若农民属于农业就业，则说明农民所从事的工作以农业劳动为主，且主要生活地点在农村地区；若农民属于非农就业，则说明其大概率选择了进城务工，其所处的社会环境发生了变化。农民从事何种性质的工作会对农民收入等产生直接影响，进而会影响农民对未来生活的信心。本部分研究预测最高学历对农民未来信心度具有正向影响。

(10)工作整体满意度

工作整体满意度是被调查者对自我工作的总体评价,问卷设计中同样采用五分法设置了非常不满意、比较不满意、一般、比较满意和非常满意五个选项,由被调查者自主选择。被调查者从工作收入、工作环境、工作安全性、工作时间、工作晋升等多个方面进行评价后再作出选择。本部分研究预测工作整体满意度对农民未来信心度具有正向影响。

(11)家庭净资产

家庭净资产实际是家庭金融资本的衡量指标之一,指家庭所有财产减去家庭所有负债以后的资产。经济基础决定上层建筑。农民对自己生活状态是否满意受自己家庭所拥有的资产的影响。一般来说,家庭净资产越多,农民对自己的生活状态越满意。本部分研究预测家庭净资产对农民未来信心度具有正向影响。

(12)家庭总房产

家庭总房产是指农村家庭所拥有全部房产折合成货币价值的总和。目前,房产是价值比较高的资产之一,且随着农民进城务工,很多农村家庭在城镇购置房屋或用于居住或用于投资。家庭总房产能够在一定程度上衡量家庭的经济实力,也能为个人和家庭的未来提供一定的物质保障。本部分研究预测家庭总房产对农民未来信心度具有正向影响。

2. 数据说明

本次实证研究所涉及的解释变量和被解释变量数据全部来源中国家庭追踪调查(CFPS)2016年调查数据。CFPS 2016年全国追踪调查是以2010年、2012年、2014年全国追踪调查家庭为投放对象,具体涉及家庭成员问卷、家庭经济问卷、成人问卷和少儿问卷这四类,由这四套问卷生成了相应的四个数据库。本部分研究主要用到家庭经济问卷和成人问卷,较少涉及家庭成员问卷和少儿问卷。CFPS 2016年全国追踪调查成人数据库共采集36892例有效样本,涉及变量1096个;家庭经济数据库共采集14019例有效样本,涉及变量329个。

因为本部分研究的是"三农"问题,故在数据处理时首先剔除了与城镇人口相关的数据。本次实证以农村居民为分析单元,在数据使用上以2016

年成人数据库为主，部分控制变量涉及家庭经济数据库，在前期数据整理时已作了匹配和合并处理。根据所选变量去掉缺失值以后共有 2936 例有效样本，样本量满足回归分析需要。

(二)模型构建与描述性统计

1. 模型构建

与上一部分内容一样，本研究起初也是将农民未来信心度作为有序多分类变量处理，选择运用有序多元 Logistic 回归方法对其影响因素进行相关性分析，但在平行线检验时 P 值同样小于 0.05，没有通过检验。故本研究最终选择无序多分类 Logistic 回归方法进行实证研究，将因变量最后一个类别作为对照类别，其计量方程表达式为：

$$logit P_e = \ln\left[\frac{P_e}{P_e}\right] = \ln 1 = 0 \tag{7-8}$$

$$logit P_a = \ln\left[\frac{P(Y = a/X)}{P(Y = e/X)}\right] = \alpha_a + \beta_{a1}PQ1102 + \beta_{a2}QP702 + \beta_{a3}KU102 +$$
$$\beta_{a4}childn + \beta_{a5}age + \beta_{a6}qp201 + \beta_{a7}edu + \beta_{a8}qg101 + \beta_{a9}qg406$$
$$+ \beta_{a10}tasset + \beta_{a11}hgross \tag{7-9}$$

$$logit P_b = \ln\left[\frac{P(Y = b/X)}{P(Y = e/X)}\right] = \alpha_b + \beta_{b1}PQ1102 + \beta_{b2}QP702 + \beta_{b3}KU102 +$$
$$\beta_{b4}childn + \beta_{b5}age + \beta_{b6}qp201 + \beta_{b7}edu + \beta_{b8}qg101 + \beta_{b9}qg406$$
$$+ \beta_{b10}tasset + \beta_{b11}hgross \tag{7-10}$$

$$logit P_c = \ln\left[\frac{P(Y = c/X)}{P(Y = e/X)}\right] = \alpha_c + \beta_{c1}PQ1102 + \beta_{c2}QP702 + \beta_{c3}KU102 +$$
$$\beta_{c4}childn + \beta_{c5}age + \beta_{c6}qp201 + \beta_{c7}edu + \beta_{c8}qg101 + \beta_{c9}qg406$$
$$+ \beta_{c10}tasset + \beta_{c11}hgross \tag{7-11}$$

$$logit P_d = \ln\left[\frac{P(Y = d/X)}{P(Y = e/X)}\right] = \alpha_d + \beta_{d1}PQ1102 + \beta_{d2}QP702 + \beta_{d3}KU102 +$$
$$\beta_{d4}childn + \beta_{d5}age + \beta_{d6}qp201 + \beta_{d7}edu + \beta_{d8}qg101 + \beta_{d9}qg406$$
$$+ \beta_{d10}tasset + \beta_{d11}hgross \tag{7-12}$$

式(7-8)—式(7-12)中，α_a、α_b、α_c、α_d 为截距，β_{a1}、$\beta_{a2}\cdots\beta_{a11}$、$\beta_{b1}$、$\beta_{b2}\cdots\beta_{b11}$、$\beta_{c1}$、$\beta_{c2}\cdots\beta_{c11}$、$\beta_{d1}$、$\beta_{d2}\cdots\beta_{d11}$ 为待回归系数。P_a、P_b、P_c、P_d、P_e 为因变量各种情况概率，PQ1102 为农村居民一年总阅读量，QP702 为每周锻炼时长，KU102 为每月手机话费，childn 为受访者子女数，age 为年龄，qp201 为健康状况，edu 为最高学历，qg101 为工作性质，qg406 为工作整体满意度，tasset 为家庭净资产，hgross 为家庭总房产。

2. 描述性统计

在以上十二个变量中有六个变量属于分类变量，我们对其出现频次进行了描述性统计，见表7-19。例如，因变量对自己未来信心度属于五分变量，在2936例有效样本中，对生活非常不满意的有38例，比较不满意的有86例，一般的有568例，比较满意的有1054例，非常满意的有1190例。

表 7-19　分类变量描述性统计

变量	选项	个案数	边际百分比
对自己未来信心度	非常没信心	38	1.30%
	比较没信心	86	2.90%
	一般	568	19.30%
	比较有信心	1054	35.90%
	非常有信心	1190	40.50%
受访者子女数	0	956	32.60%
	1	1208	41.10%
	2	596	20.30%
	3	131	4.50%
	4	33	1.10%
	5	9	0.30%
	6	3	0.10%

续表

变量	选项	个案数	边际百分比
健康状况	不健康	172	5.90%
	一般	337	11.50%
	比较健康	1415	48.20%
	很健康	567	19.30%
	非常健康	445	15.20%
最近一次调查最高学历	文盲/半文盲	93	3.20%
	小学	309	10.50%
	初中	887	30.20%
	高中	707	24.10%
	大专	532	18.10%
	大学本科	377	12.80%
	硕士	31	1.10%
工作性质	非农工作	2416	82.30%
	农业工作	520	17.70%
工作整体满意度	非常不满意	44	1.50%
	不太满意	181	6.20%
	一般	1209	41.20%
	比较满意	1228	41.80%
	非常满意	274	9.30%
有效	2936	100.00%	

表 7-20 列出了数值变量的描述性统计。数值变量包括一年总阅读量、每周锻炼时长、每月手机话费、年龄、家庭净资产和家庭总房产共五项，主要对各数值变量单位、数量、最小值、最大值、均值和标准偏差进行了统计。

表7-20 变量描述性统计

变量名称	单位	数量	最小值	最大值	均值	标准偏差
一年总阅读量	本	2936	1	400	7.1972	18.63395
每周锻炼时长	小时	2927	0.1	34	6.5423	8.06022
每月手机话费	元	2936	0	500	90.7459	71.4673
年龄	岁	2927	16	70	38.579	12.74421
家庭净资产	元	2936	-1095000	55300000	892741.576	2026552.935
家庭总房产	元	2936	0	32500000	694691.6213	1536021.792

(三)数据检验和估计结果

1. 数据检验

本部分内容主要考察人力资本投资对农民未来信心度的影响,内容具有一定创新性,可以参考的研究文献较少。由于因变量为无序多分类变量,因此本部分首先采用无序多元 Logistic 回归方法对变量之间的相关性进行研究。在回归之前先进行模型拟合和似然比检验,结果如表7-21、表7-22 和表7-23 所示。

表7-21 模型拟合信息

模型	模型拟合条件	似然比检验		
	-2 对数似然	卡方	自由度	显著性
仅截距	7112.632			
最终	6484.153	628.479	108	0.000

表7-22 伪 R 方

考克斯-斯奈尔	0.193
内戈尔科	0.211
麦克法登	0.088

表 7-20 和表 7-21 显示了模型拟合信息，显著性 P = 0.000，说明模型整体有意义，伪 R 方值越大，模型拟合得越好。由表 7-22 可以看出，模型拟合情况较好。

表 7-23　似然比检验

效应	模型拟合条件 简化模型的 −2 对数似然	似然比检验		
		卡方	自由度	显著性
截距	6484.153ª	0	0	
一年总阅读量	6486.638	2.485	4	0.647
每周锻炼时长	6493.275	9.122	4	0.058*
每月手机话费	6506.71	22.556	4	0.000***
年龄	6502.79	18.637	4	0.001***
家庭净资产	6490.336	6.182	4	0.186
家庭总房产	6490.932	6.779	4	0.148
受访者子女数	6517.248	33.094	24	0.102
健康状况	6668.636	184.482	16	0.000***
最高学历	6563.442	79.289	24	0.000***
工作性质	6493.125	8.972	4	0.062*
工作满意度	6629.426	145.273	16	0.000***

注：①卡方统计是最终模型与简化模型之间的 −2 对数似然之差。简化模型是在最终模型的基础上省略某个效应而形成的。原假设是该效应的所有参数均为 0。
②因为省略此效应并不会增加自由度，所以此简化模型相当于最终模型。
③＊＊＊、＊＊、＊分别表示 1%、5% 和 10% 水平上的统计显著性。

似然比是指有约束条件下的似然函数最大值与无约束条件下的似然函数最大值之比。似然比检验是反映真实性的，主要为了检验模型是否恰当，它最初假设所有纳入自变量的系数为0。表7-23显示了似然比检验结果，从显著性一项可以看出，本部分研究最关注的解释变量每周锻炼时长在10%水平上显著，每月手机话费在1%水平上显著。似然比检验结果可以作为参考之一，主要还是需要对模型各参数进行估计，模型参数估计值更具参考意义。

2. 估计结果

接下来依次对模型各参数进行估计，无序多分类 Logistic 回归相当于多个二元 Logistic 回归。其结果如表7-24所示。

回归分析是以被解释变量的最后一个类别（非常有信心）作为参照类别的，然后将被解释变量的前四个类别（非常没信心、比较没信心、一般、比较有信心）分别与最后一个类别进行二元 Logistic 回归，所得到的结果分别展示在表7-24中。表中一年总阅读量、每周锻炼时长和每月手机话费对应的参数估计值为自变量的估计值，子女数、年龄、健康状况、最高学历、工作性质、工作满意度、家庭净资产和家庭总房产对应的参数估计值为控制变量的估计值。其中未来信心度、子女数、年龄、健康状况、最高学历和工作满意度为多分类变量，在分析中被拆分成了多个哑变量（即取值1、2、3…），分别与该变量的最后一组进行对比。

表7-24是人力资本投资对未来信心度影响的回归结果。总体来看，本部分研究最关注的解释变量每周锻炼时长和每月手机话费在统计学意义上是显著的。尤其是每月手机话费，其对农民未来信心度影响最大。一年总阅读量变量不显著。这说明农村居民对生活的满意度受其人力资本投资影响，且受迁移投资影响较大，受健康投资影响其次。在统计学意义上，人力资本教育投资对农民生活满意度没有影响。除了主要解释变量以外，其他控制变量，如年龄、子女数、健康状况、学历和对工作的满意度都对农民未来信心度有明显影响，农民工作性质对其未来信心度有一定影响。年龄、子女数、健康状况和学历这几项变量都属于人力资本存量指标，这也在一定程度上说明了人力资本投资会对农民未来信心度产生影响。

表 7-24 人力资本投资对未来信心度影响的回归结果

	变量	B	标准错误	瓦尔德	自由度	显著性	Exp(B)
非常没信心	截距	-39.482	1.903	430.528	1	0.000	
	一年总阅读量	0.006	0.005	1.579	1	0.209	1.006
	每周锻炼时长	0.007	0.015	0.236	1	0.627	1.008
	每月手机话费	-0.008	0.004	3.372	1	0.066*	0.992
	年龄	0.029	0.017	2.762	1	0.097*	1.029
	家庭净资产	0.000	0.000	2.290	1	0.130	1.000
	家庭总房产	0.000	0.000	1.502	1	0.220	1.000
	[子女数=.00]	18.878	1.094	297.823	1	0.000***	158027504.521
	[子女数=1.00]	18.014	0.993	329.084	1	0.000***	66554434.941
	[子女数=2.00]	17.950	0.962	347.892	1	0.000***	62449722.553
	[子女数=3.00]	18.774	1.043	324.066	1	0.000***	142368708.681
	[子女数=4.00]	19.143	0.000		1		205867703.163
	[子女数=5.00]	1.028	9023.713	0.000	1	1.000	2.794
	[子女数=6.00]	0c			0		
	[健康状况=1.00]	2.244	0.600	13.969	1	0.000***	9.428

续表

变量		B	标准错误	瓦尔德	自由度	显著性	Exp（B）
	[健康状况=2.00]	1.164	0.633	3.388	1	0.066*	3.204
	[健康状况=3.00]	0.284	0.549	0.267	1	0.605	1.328
	[健康状况=4.00]	−1.553	1.106	1.973	1	0.160	0.212
	[健康状况=5.00]	0c			0		
	[最高学历=1.00]	15.024	0.952	249.194	1	0.000***	3349731.126
	[最高学历=2.00]	14.703	0.791	345.200	1	0.000***	2429736.278
	[最高学历=3.00]	14.952	0.684	478.098	1	0.000***	3114830.193
	[最高学历=4.00]	13.639	0.860	251.381	1	0.000***	838275.578
	[最高学历=5.00]	14.123	0.846	278.492	1	0.000***	1360440.368
	[最高学历=6.00]	14.846	0.000		1		2801593.244
	[最高学历=7.00]	0c			0		
	[工作性质=.00]	0.486	0.446	1.187	1	0.276	1.625
	[工作性质=1.00]	0c			0		
	[工作满意度=1.00]	2.270	1.465	2.401	1	0.121	9.681
非常没	[工作满意度=2.00]	3.221	1.082	8.862	1	0.003***	25.056
信心	[工作满意度=3.00]	1.928	1.061	3.302	1	0.069*	6.878

续表

	变量	B	标准错误	瓦尔德	自由度	显著性	Exp(B)
非常没信心	[工作满意度=4.00]	1.330	1.068	1.552	1	0.213	3.782
	[工作满意度=5.00]	0^c			0		
	截距	−42.150	1.698	616.240	1	0.000	
	一年总阅读量	−0.011	0.013	0.835	1	0.361	0.989
	每周锻炼时长	0.008	0.013	0.386	1	0.534	1.008
	每月手机话费	−0.001	0.002	0.423	1	0.515	0.999
	年龄	0.046	0.012	15.639	1	0.000***	1.047
	家庭净资产	0.000	0.000	1.258	1	0.262	1.000
	家庭总房产	0.000	0.000	1.508	1	0.219	1.000
比较没信心	[子女数=.00]	18.547	1.345	190.195	1	0.000***	113506253.044
	[子女数=1.00]	18.333	1.286	203.353	1	0.000***	91637541.355
	[子女数=2.00]	17.269	1.294	178.080	1	0.000***	31611154.328
	[子女数=3.00]	18.104	1.326	186.430	1	0.000***	72879761.762
	[子女数=4.00]	−0.100	5984.887	0.000	1	1.000	0.905
	[子女数=5.00]	18.277	0.000		1		86651469.647
	[子女数=6.00]	0^c			0		

220

续表

变量		B	标准错误	瓦尔德	自由度	显著性	Exp(B)
	[健康状况=1.00]	2.064	0.682	9.158	1	0.002***	7.875
	[健康状况=2.00]	2.565	0.567	20.478	1	0.000***	13.004
	[健康状况=3.00]	1.489	0.541	7.576	1	0.006***	4.431
	[健康状况=4.00]	1.384	0.575	5.788	1	0.016**	3.991
	[健康状况=5.00]	0c			0		
	[最高学历=1.00]	16.294	0.684	566.708	1	0.000***	11918201.344
	[最高学历=2.00]	15.975	0.512	974.564	1	0.000***	8667776.337
	[最高学历=3.00]	15.772	0.430	1346.472	1	0.000***	7071499.587
	[最高学历=4.00]	15.891	0.434	1343.065	1	0.000***	7967616.454
	[最高学历=5.00]	15.622	0.467	1121.354	1	0.000***	6086490.520
	[最高学历=6.00]	15.989	0.000		1		8790969.226
	[最高学历=7.00]	0c			0		
比较没信心	[工作性质=.00]	0.938	0.373	6.341	1	0.012**	2.555
	[工作性质=1.00]	0c			0		
	[工作满意度=1.00]	2.444	0.841	8.441	1	0.004***	11.517
	[工作满意度=2.00]	2.758	0.676	16.622	1	0.000***	15.761

续表

	变量	B	标准错误	瓦尔德	自由度	显著性	Exp（B）
比较没信心	[工作满意度＝3.00]	1.802	0.620	8.456	1	0.004***	6.060
	[工作满意度＝4.00]	1.110	0.627	3.138	1	0.076*	3.035
	[工作满意度＝5.00]	0ᶜ			0		
	截距	-19.155	7196.088	0.000	1	0.998	
	一年总阅读量	0.000	0.003	0.003	1	0.957	1.000
	每周锻炼时长	-0.011	0.007	2.498	1	0.114	0.989
	每月手机话费	-0.002	0.001	7.832	1	0.005***	0.998
	年龄	0.011	0.006	3.528	1	0.060*	1.011
	家庭净资产	0.000	0.000	1.728	1	0.189	1.000
	家庭总房产	0.000	0.000	2.468	1	0.116	1.000
一般	[子女数＝.00]	17.452	7196.088	0.000	1	0.998	37941425.825
	[子女数＝1.00]	17.567	7196.088	0.000	1	0.998	42585734.333
	[子女数＝2.00]	17.112	7196.088	0.000	1	0.998	27012194.254
	[子女数＝3.00]	17.720	7196.088	0.000	1	0.998	49615843.650
	[子女数＝4.00]	17.502	7196.088	0.000	1	0.998	39884854.978
	[子女数＝5.00]	17.413	7196.088	0.000	1	0.998	36504919.144

续表

	变量	B	标准错误	瓦尔德	自由度	显著性	Exp(B)
一般	[子女数=6.00]	0^c			0		
	[健康状况=1.00]	2.132	0.279	58.567	1	0.000***	8.433
	[健康状况=2.00]	1.899	0.234	65.805	1	0.000***	6.682
	[健康状况=3.00]	1.379	0.195	49.793	1	0.000***	3.971
	[健康状况=4.00]	0.686	0.223	9.432	1	0.002***	1.985
	[健康状况=5.00]	0^c			0		
	[最高学历=1.00]	-1.712	0.685	6.247	1	0.012**	0.180
	[最高学历=2.00]	-1.869	0.640	8.534	1	0.003	0.154
	[最高学历=3.00]	-2.059	0.626	10.835	1	0.001***	0.128
	[最高学历=4.00]	-1.632	0.624	6.837	1	0.009***	0.195
	[最高学历=5.00]	-1.382	0.627	8.520	1	0.004***	0.161
	[最高学历=6.00]	-1.569	0.634	6.121	1	0.013**	0.208
	[最高学历=7.00]	0^c			0		
	[工作性质=.00]	0.256	0.160	2.559	1	0.110	1.292
	[工作性质=1.00]	0^c			0		
	[工作满意度=1.00]	1.457	0.475	9.406	1	0.002***	4.292

223

续表

	变量	B	标准错误	瓦尔德	自由度	显著性	Exp(B)
一般	[工作满意度=2.00]	1.774	0.306	33.626	1	0.000***	5.894
	[工作满意度=3.00]	1.685	0.241	49.059	1	0.000***	5.391
	[工作满意度=4.00]	0.905	0.242	13.943	1	0.000***	2.472
	[工作满意度=5.00]	0ᶜ			0		
	截距	-0.229	1.440	0.025	1	0.874	
	一年总阅读量	0.000	0.002	0.021	1	0.886	1.000
	每周锻炼时长	-0.015	0.006	6.113	1	0.013**	0.985
	每月手机话费	-0.003	0.001	17.709	1	0.000***	0.997
	年龄	0.003	0.005	0.285	1	0.594	1.003
	家庭净资产	0.000	0.000	0.952	1	0.329	1.000
比较有信心	家庭总房产	0.000	0.000	1.863	1	0.172	1.000
	[子女数=.00]	0.077	1.273	0.004	1	0.952	1.080
	[子女数=1.00]	0.056	1.262	0.002	1	0.965	1.058
	[子女数=2.00]	-0.213	1.261	0.028	1	0.866	0.808
	[子女数=3.00]	0.086	1.273	0.005	1	0.946	1.089
	[子女数=4.00]	0.343	1.321	0.067	1	0.795	1.409

续表

	变量	B	标准错误	瓦尔德	自由度	显著性	Exp（B）
	[子女数=5.00]	-0.846	1.684	0.252	1	0.616	0.429
	[子女数=6.00]	0ᶜ			0		
	[健康状况=1.00]	1.205	0.242	24.862	1	0.000***	3.336
	[健康状况=2.00]	1.013	0.190	28.456	1	0.000***	2.753
	[健康状况=3.00]	1.012	0.135	55.897	1	0.000***	2.751
	[健康状况=4.00]	0.710	0.151	22.026	1	0.000***	2.034
	[健康状况=5.00]	0ᶜ			0		
	[最高学历=1.00]	-1.990	0.639	9.702	1	0.002***	0.137
比较有	[最高学历=2.00]	-1.975	0.593	11.087	1	0.001***	0.139
信心	[最高学历=3.00]	-1.731	0.578	8.958	1	0.003***	0.177
	[最高学历=4.00]	-1.398	0.578	5.852	1	0.016**	0.247
	[最高学历=5.00]	-1.382	0.578	5.714	1	0.017**	0.251
	[最高学历=6.00]	-0.803	0.582	1.900	1	0.168	0.448
	[最高学历=7.00]	0ᶜ			0		
	[工作性质=.00]	0.115	0.136	0.720	1	0.396	1.122
	[工作性质=1.00]	0ᶜ			0		

续表

变量		B	标准错误	瓦尔德	自由度	显著性	Exp(B)
比较有信心	[工作满意度=1.00]	0.838	0.426	3.877	1	0.049**	2.311
	[工作满意度=2.00]	1.002	0.254	15.597	1	0.000***	2.723
	[工作满意度=3.00]	1.140	0.175	42.233	1	0.000***	3.127
	[工作满意度=4.00]	0.934	0.172	29.455	1	0.000***	2.545
	[工作满意度=5.00]	0^c			0		

注：①a 表示参考类别为：^1。

②b 表示计算此统计时发生了浮点溢出，因此它的值设置为系统缺失值。

③c 表示此参数冗余，因此设置为零。

④***、**、* 分别表示 1%、5% 和 10% 水平上的统计显著性。

第三节　本　章　小　结

本章延续第五章的分析方法，借助中国家庭追踪调查（CFPS）相关数据，采用实证分析方法对人力资本投资对农民生计结果的影响进行计量分析。具体来讲，本章主要考察了农民生计结果，即农民收入和农民精神状态两个方面，分别分析了人力资本投资对农民收入的影响和人力资本投资对农民精神状态的影响。

关于农民收入，我们着重探讨了收入水平和收入结构，即人力资本投资对农民收入水平和收入结构的影响。回归分析以农村家庭为主要分析对象，结果显示农村家庭人力资本教育投资、健康投资和迁移投资都对农民收入水平有影响，其中教育投资和迁移投资影响最显著，健康投资其次。农村家庭人力资本健康投资对农村家庭经营性收入影响最显著，教育投资和迁移投资次之。教育投资和迁移投资对农村家庭非农收入和工资性收入影响也非常显著，而健康投资对两者的影响均不显著。

表 7-25　人力资本投资对农民生计结果的影响

			人力资本投资					
			教育投资	健康投资	迁移投资	教育投资	健康投资	迁移投资
生计结果	收入	收入水平	✓	✓	✓			
		收入结构	✓	✓	✓			
	精神状态	生活满意度				✕	✓	✓
		未来信心度				✕	✓	✓

注：✓代表统计回归结果在10%及以上水平显著，✕代表回归结果不显著。

关于农民精神状态，我们着重探讨了农民对生活的满意度和对未来的信心度，即人力资本投资对农民生活满意度和未来信心度的影响。回归分析以农村居民为主要分析对象，结果显示农村居民人力资本健康投资和迁移投资对农村居民生活满意度和未来信心度都有显著影响，而教育投资无论对农村居民生活满意度还是对未来信心度影响都不显著。

总体而言，人力资本投资对农民收入水平和精神状态是有显著影响的，即人力资本投资对农民生计结果有显著影响，因此要重视人力资本投资的积极作用。对农民收入影响最大的是教育投资和迁移投资，对农民精神状态影响最大的是健康投资和迁移投资。因此为保障农民收入水平，应不断加大人力资本教育投资和迁移投资力度；为提升农民精神状态，应重视人力资本健康投资和迁移投资。

第八章 主要结论与政策建议

第一节 主要结论

一、人力资本投资对农民生计能力的影响是先削弱再增强

从理论层面来说，人力资本投资对农民生计能力的影响路径和影响机理主要体现在三个方面：一是农村教育培训投资能够提升农民智力水平、生存技能和个人素养；二是农村医疗保健投资能够进一步提高农民身体素质，延长工作时间，改善人口结构，使农民具备更多发展进步的能力；三是农村迁移通信投资能够增加农民信息渠道，感受更优质的生活条件，为其未来发展增加希望和自信，具备自我实现的可能性。

人力资本投资从本质上看是一种投资行为，对人力资本的教育、培训、医疗、健康、通信、迁移等方面的投资都需要资金投入。因此，从短期来看，人力资本投资会削弱农民的金融资本。人力资本投资与其他投资一样具有风险性，且投资收益具有滞后性，因此在投资前期农民的自然资本、物质资本、人力资本和社会资本都不存在变化，金融资本的削弱会使农民整体生计能力变弱，抗风险能力降低。但从长期来看，人力资本投资会提高农民的生计能力，因为人力资本投资是一个不断积累的过程，通过日积月累的投资能够显著提高家庭的人力资本和社会资本，对人力资本的持续投入能够换来厚积薄发的效果。

二、人力资本迁移投资对农民就业和创业影响最大

从理论层面看，人力资本投资能够影响农民就业和创业，其影响路径和影响机理主要表现在两个方面：一是人力资本投资通过改善市场供需结构、资源要素配置和资源禀赋积累，从而使产业结构和就业结构得到调整和升级，农民的就业创业选择也在此过程中受到潜移默化的影响；二是人力资本投资通过降低转移成本和提高转移收益的方式，不断促使农村劳动力发生转移，使劳动力非农就业和异地就业人数增多，农民生计策略选择拥有更多可能性。

关于就业，我们着重探讨了就业性质和就业地点，即人力资本投资对农民非农就业和异地就业的影响。回归分析以农村居民为主要分析对象，并考虑到部分家庭因素，结果显示农村居民人力资本教育投资、健康投资和迁移投资都对农民非农就业有影响，其中迁移投资影响最显著，健康投资其次，教育投资最弱。而农村居民人力资本健康投资和迁移投资对农民异地就业有影响，迁移投资影响最显著，教育投资对农民异地就业影响不显著。

关于创业，我们着重探讨了创业行为和创业能力，即人力资本投资对农民创业行为和创业能力的影响。回归分析以农村家庭为主要分析对象，结果显示农村居民人力资本迁移投资对农民家庭是否创业有显著影响，而教育投资和健康投资对农民家庭创业行为影响不显著。而农民家庭人力资本教育投资和迁移投资对农民创业能力有影响，健康投资对农民创业能力影响不显著。

三、人力资本教育投资和迁移投资能显著提高农民收入水平

无论人力资本教育投资、健康投资或迁移投资都能够提高农民收入水平，一方面人力资本投资的实质是一种调整和改善经济生产要素的行为，其投资结果能够影响经济产出和经济发展，最终会影响农民收入水平；另一方面，人力资本投资能够影响农民生计资本状况，生计资本与生计能力

息息相关，生计能力又反过来会影响农民生计策略选择，从而最终导致不同的生计结果。尽管三种投资方式都会对农民收入产生影响，但相比较而言，人力资本教育投资和迁移投资能够更显著地提高农民收入水平，特别是提高农民非经营性收入水平。

本书借助 CFPS 相关数据，采用实证分析方法考察了人力资本三类投资方式对农民收入水平和收入结构的影响。从总收入水平来看，人力资本教育投资和迁移投资对农民收入影响最显著，健康投资其次；从各分项收入来看，人力资本教育投资和迁移投资对农民非农收入和工资性收入影响都非常显著，而健康投资对农村家庭非农收入和工资性收入影响不显著。

四、人力资本健康投资对农民经营性收入影响最大

农民经营性收入是指农民经常从事的生产经营活动所带来的收入，针对农民这一较为特殊的群体，一般将其生产经营活动限定在从事农林牧副渔相关行业，以种植业、畜牧业、养殖业为主要生产经营活动而获得的收入。农民经营性收入是农民收入的重要组成部分，特别在过去劳动力迁移量不大的情况下，农民经营性收入基本是农民收入的绝大部分。随着农民收入渠道扩大，收入种类增加，近些年农民经营性收入占农民总收入的比重一直在减少。根据中国农村统计年鉴资料显示，2015 年农民工资性收入第一次超过经营性收入，成为农民四项主要收入中占比最高者，而经营性收入排在第二的位置，也十分重要。

从农民从事生产经营活动的特殊性分析，健康强壮的体魄是必不可少的。农民只有身体健康、体格健壮才能够适应农村高强度的体力劳动。常规农业生产经营活动所需要的专业知识并不复杂，也不需要远大的见识与谋略，依靠口口相传的劳动经验便能够掌握此项活动要领及诀窍，唯一需要的便是一副好身体和坚韧不拔的毅力。因此，相比较而言，人力资本教育投资和迁移投资尽管能够影响农民经营性收入和总收入，但其影响效果却不如健康投资显著。因此，在提高农民经营性收入方面不能忽视人力资本健康投资的影响与作用。

五、人力资本教育投资对农民精神状态影响较小

民生是人民幸福的基础,是社会和谐的根本。习近平总书记在党的十九届四中全会《决定》中指出:"要让全体人民有更多、更直接、更实在的获得感、幸福感、安全感。"对农民精神状态的关注是继农民物质生活得到满足以后更高层次的追求。对现实生活的满意度和对未来生活的信心度都属于主观意愿范畴,这种意愿判断依据仅仅是被调查者的内心感受,这种内心感受在一定程度上受自身人力资本状况影响。

本书首次尝试分析农村人力资本投资对农民精神状态的影响,借助CFPS相关数据和资料,具体考察人力资本教育投资、健康投资和迁移投资对农民生活满意度和未来信心度的影响。通过实证回归结果我们得出结论:人力资本健康投资和迁移投资对农村居民生活满意度和未来信心度都有显著影响,而教育投资无论对农村居民生活满意度还是未来信心度影响都不显著。这一研究结果表明,为提升农民精神状态应重视对其的人力资本健康投资和迁移投资。

第二节 政 策 建 议

一、夯实义务教育基础,重视高等教育投入

教育是人力资本投资中最重要的一个方面。在政府财政支持和保障下,我国义务教育基本实现了全额财政拨款,不需要农民再投资,农民的基础教育基本能够保证。但现实情况是,国家对农村家庭的高等教育重视程度和支持力度并不够。农村缺少高素质和高学历人才,与其花费大量物力、财力从外部引进,还不如制定激励措施从内部培养和挖掘,因为从农村家庭走出去的高学历人才更有可能重回农村为农民服务。因此,政府在夯实义务教育的同时,还应重视对农民高等教育的投资。例如,对农村家庭中接受高等教育的人才给予适当奖励和补助、对愿意重回农村发展事业

的高学历农民子弟给予相关政策优惠等。

二、增加农业院校数量，加强职业技能培训

中国是农业大国，在城镇化不断推进的今天，中国还有五亿多农村人口(国家统计局 2018 年数据)，但中国农业院校的数量却寥寥无几，国家对农业院校的重视程度也并不高。在农业现代化和乡村振兴战略不断推进的背景下，农村对于专业人才的需求是十分巨大的，但真正懂农业和愿意投身农业的人才并不多，打造懂农业、爱农村、爱农民的"三农"工作队伍任重道远。在日本，农业高中、农业职校或综合性农业大学平均每个县市有 1~3 所；在德国，农业高校的学生不仅要参加农业实践，还要在大学四年级毕业时帮助解决某一农业生产实际问题并获得专业技能鉴定证书。我们也应该借鉴他国经验，开办不同层次的农业院校，开展基础农业教育、中等职业技能培训，发展高等农业科技研究等，以满足不同层次农民教育培训的需要，真正为乡村振兴积累人力资本。

三、推进农家书屋建设，开展农民创业指导

农家书屋的概念在 2005 年左右就提出来了，但这些年来在全国的执行情况较为一般。在当前形势下再次提出农家书屋建设意义重大，一是响应习近平总书记关于文化自信的重要指示，这对于农村传统文化和农民文化信心的保护和提升均有帮助；二是丰富农村人民的精神文化生活，在城乡融合的大背景下将城市生活方式和生活理念引入农村，培养农民的阅读习惯和对农村传统文化的兴趣，这有助于引导农民开展积极健康的精神文化生活；三是在农民创业浪潮不断高涨的情形下，农民创业者对于知识、技能的需求是十分强烈的。农家书屋建设能够给农民创业者提供一个学习和交流的平台，有助于推动农民创业活动的深入展开。

四、健全医疗保险制度，完善社会保障体系

无论是从人力资本健康投资角度还是从农民生计角度看，农民在医疗

保障、养老待遇等方面均比较落后。尽管目前农村医疗保障基本实现全覆盖，但村镇级别的医疗资源有限，医疗条件简陋，普通门诊不在医保范围内，稍严重一些的疾病基层医疗机构没办法医治，只能送往上一级医疗机构，可报销比例却不高。农民没有退休工资，政府每月一百多元的养老补助可谓杯水车薪，农民丧失劳动能力以后只能依靠子女或之前的储蓄。因此，为提高农民人力资本健康投资水平，切实改善农民生计状况，政府应不断健全农村医疗保险制度，提高农民社会保障水平。

五、加强通信网络建设，实现农村交通无阻

在第五章和第六章中，我们通过实证分析已经证明，在人力资本三大投资类型中，迁移投资对农民就业、创业、收入和精神状态的影响是最显著的，这说明迁移投资已经影响到了农民生活的方方面面。近年来，随着社会发展和政府对农村基础设施建设的重视，农村道路基本实现硬化，相比以前已有很大进步。但随着乡村振兴战略的逐步推进，农村基础设施建设工作依然不能松懈，包括扩宽农村道路、实现通信运营网络全覆盖、修建物流仓储运输站点等。这些公共事务只能依靠政府力量去实施，也只有建设好农村基础设施才能进一步激发农民对人力资本迁移投资的积极性，进而增加农村人力资本积累，改善农民生计状况。

六、健全基层政府职能，突出政府引导能力

在"三农"问题研究中，基层政府的作用是非常重要的，他们直接深入农村，更了解农村的现状和目前存在的问题，且所有政策文件最后都需要通过基层政府去落实和执行。然而中国大多数基层政府存在经费有限、人员有限、权力有限等实际问题，在执行政策时往往只扮演了上传下达的桥梁作用，对农民的引导及实际帮扶比较少，在处理问题时多缺乏积极性和自主性。面对这种情况，政府一方面要不断强化基层政府的服务意识，提高其服务积极性；另一方面也要在人力物资等方面对基层政府予以帮扶和支持，提高他们的服务能力。

参 考 文 献

[1]王一鸣. 改革开放以来我国宏观经济政策的演进与创新[J]. 管理世界,
   2018,34(3):1-10.

[2]舒尔茨. 经济增长与农业[M]. 北京:北京经济学院出版社,1991.

[3]吕新军,代春霞. 劳动力市场分割、人力资本投资与收入回报[J]. 北
   京理工大学学报(社会科学版),2019,21(1):88-96.

[4]Schultz,Theodore William,梁小民. 改造传统农业[M]. 北京:商务印
   书馆,2006.

[5]雍会,杨丹. 人力资本投资对农村劳动力转移贡献度的地区差异研
   究[J]. 经济研究参考,2018(50):31-42.

[6]亚当·斯密. 国富论[M]. 北京:商务印书馆,1997.

[7]赵善梅,吴士炜. 基于空间经济学视角下的我国资本回报率影响因素
   及其提升路径研究[J]. 管理世界,2018,34(2):68-79.

[8]孙早,刘李华. 社会保障、企业家精神与内生经济增长[J]. 统计研究,
   2019,36(1):77-91.

[9]刘运转,宋宇. 不同经济发展水平下城乡劳动力市场扭曲与人力资本
   积累[J]. 软科学,2018,32(12):11-14.

[10]安凡所. 农民工劳动力市场的契约特征及其关系治理[J]. 求索,2019
   (1):76-82.

[11]杨晶,丁士军,邓大松. 人力资本、社会资本对失地农民个体收入不
   平等的影响研究[J]. 中国人口·资源与环境,2019,29(3):
   148-158.

[12]张藕香. 人力资本不均等与我国地区收入差距[M]. 北京：北京经济科学出版社，2009.

[13]刘春桃，柳松. 乡村振兴战略背景下农业类高校本科人才培养模式改革研究[J]. 高等农业教育，2018(6)：16-21.

[14]夏柱智，贺雪峰. 半工半耕与中国渐进城镇化模式[J]. 中国社会科学，2017(12)：117-137，207-208.

[15]西奥多·舒尔茨. 人力的资本投资[M]. 吴珠华译. 北京：北京经济出版社，1990.

[16]王玥. 人力资本对经济发展的影响研究[J]. 经济师，2019(2)：32-33.

[17]董磊明，郭俊霞. 乡土社会中的面子观与乡村治理[J]. 中国社会科学，2017(8)：147-160.

[18]朱舟. 人力资本投资成本收益分析[M]. 上海：上海财经大学出版社，1999.

[19]叶楠，李玉洁. 人力资本投资与劳动者职业获得的关系研究——以教育投资和职业培训为例[J]. 企业改革与管理，2019(1)：67，95.

[20]王庶，岳希明. 退耕还林、非农就业与农民增收——基于21省面板数据的双重差分分析[J]. 经济研究，2017，52(4)：106-119.

[21]洪银兴. 以创新的经济发展理论阐释中国经济发展[J]. 中国社会科学，2016(11)：28-35.

[22]秦天如，康玲. 人力资本对区域绿色低碳创新效率的影响效应研究[J]. 太原理工大学学报(社会科学版)，2019，37(1)：70-76.

[23]西奥多·舒尔茨. 人力资本投资——教育和研究的作用[M]. 北京：商务印书馆，1990.

[24]陈斌开，张川川. 人力资本和中国城市住房价格[J]. 中国社会科学，2016(5)：43-64，205.

[25]李建民. 人力资本通论[M]. 上海：上海三联书店，1999.

[26]张凤林. 人力资本理论及其应用研究[M]. 北京：商务印书馆，2006.

［27］胡德龙. 人力资本与经济发展理论与实证［M］. 南昌：江西人民出版社，2008.

［28］邓苠苠，夏岩磊. 人力资本、社会资本与农村减贫成效差异——基于CGSS 微观调查数据的实证研究［J］. 淮北师范大学学报（哲学社会科学版），2019，40（1）：48-54.

［29］马歇尔. 经济学原理［M］. 北京：商务印书馆，1981.

［30］雅各布·明塞尔. 人力资本研究［M］. 北京：中国经济出版社，2001.

［31］加里·贝克尔. 人力资本［M］. 北京：北京大学出版社，1987.

［32］西奥多·舒尔茨. 教育的经济价值［M］. 长春：吉林人民出版社，1982.

［33］郭磊，曲进. 赫克曼曲线与人力资本投资——加大学前公共投入的思想与借鉴［J］. 经济学动态，2019（1）：116-130.

［34］周晓光. 实施乡村振兴战略的人才瓶颈及对策建议［J］. 世界农业，2019（4）：32-37.

［35］詹姆士·海克曼. 提升人力资本投资的政策［M］. 上海：复旦大学出版社，2000.

［36］弗兰克·艾利思. 胡景北译. 农民经济学第二版［M］. 上海：上海人民出版社，2006.

［37］孔微巍，廉永生，刘聪. 人力资本投资、有效劳动力供给与高质量就业［J］. 经济问题，2019（5）：9-18.

［38］姜也. 人力资本投资影响经济增长的实证分析——基于河南省经济发展与人力资本的发展为例［J］. 现代商业，2019（7）：44-46.

［39］董向东. 人才振兴是乡村振兴的关键［J］. 甘肃农业，2019（5）：36-39.

［40］朱容皋. 农村职业教育与新型农民培训问题研究［M］. 海口：海南出版社，2010.

［41］李江辉，王立勇，郭蓝. 人力资本与外商直接投资：来自中国省际面板数据的经验证据［J］. 宏观经济研究，2019（3）：134-146.

[42]孙辉,江琳.基于DEA模型的农村人力资本投资效率研究——以全国14个农业省份为例[J].农村经济与科技,2019,30(9):110-112.

[43]王德文,蔡昉,张国庆.农民工的就业与工资决定:教育与培训的重要性(英文)[J]. *Social Sciences in China*, 2010, 31(3):123-145.

[44]尚越,丁士军,石智雷.是健康选择还是迁移影响?——不同迁移类型农村劳动力健康差异分析[J].南方人口,2019,34(3):13-24.

[45]李舟,周超.对舒尔茨人力资本理论的理解与思考[J].江南论坛,2019(6):21-23.

[46]刘超,熊建,张文轩,王曼卿.乡村振兴背景下农业人力资本投资效率研究——以陕西省为例[J].内蒙古农业大学学报(社会科学版),2019,21(2):1-9.

[47]李亚慧,朱恩东,范英杰.内蒙古农村人力资本投资对农村居民收入的影响研究[J].内蒙古财经大学学报,2019,17(3):1-5.

[48]杨钧,李建明,罗能生.农村基础设施、人力资本投资与农业全要素生产率——基于空间杜宾模型的实证研究[J].河南师范大学学报(哲学社会科学版),2019,46(4):46-52.

[49]刘精慧,薛东前.陕北黄陵县农户生计资本评价及其生计策略研究[J].中国农业资源与区划,2019,40(6):156-163.

[50]代锋,昌建强,夏红雨.农村劳动力人力资本投资现状、困境及出路[J].湖南行政学院学报,2019(4):121-126.

[51]陈景昭.经济增长的人力资本教育——培育工匠精神的视角[J].财经理论研究,2019(4):41-47.

[52]杨紫薇,邢春冰.教育、失业与人力资本投资[J].劳动经济研究,2019,7(2):60-77.

[53]全磊,陈玉萍,丁士军,吴海涛.基础教育、就业行业与农民工家庭收入决定[J].财经论丛,2019(7):3-12.

[54]汤文华.乡村振兴战略下政府政策对农户人力资本投资行为的研究——以江西赣南原中央苏区为例[J].生产力研究,2019(4):

47-53.

[55]祁金玉. 云南农村家庭人力资本投资的现状及思考[J]. 商讯, 2019
  (11): 170-173.

[56]郭沛, 肖亦天. 中国农业农村改革四十年: 回顾发展与展望未来——
  第二届农业经济理论前沿论坛综述[J]. 经济研究, 2018, 53(6):
  199-203.

[57]黄雁. 浅析新型研发机构人力资本投资的重要性[J]. 人力资源, 2019
  (12): 89-90.

[58]李军. 收入不平等、教育投入与经济增长——基于多重中介效应视角
  分析[J]. 晋阳学刊, 2019(5): 92-104.

[59]韩雷, 刘芳, 侯新烁. 人口幼年迁徙对成年收入影响的区域差异[J].
  经济地理, 2019, 39(10): 36-42, 77.

[60]孙中伟, 刘明巍, 贾海龙. 内部劳动力市场与中国劳动关系转型——
  基于珠三角地区农民工的调查数据和田野资料[J]. 中国社会科学,
  2018(7): 81-105, 206.

[61]苏宝财, 陈祥, 林春桃, 毛丽玉, 范水生. 茶农生计资本、风险感知
  及其生计策略关系分析[J]. 林业经济问题, 2019, 39(5): 552-560.

[62]张霞, 王蕾. 新疆集中连片特困地区人力资本减贫效应研究[J]. 新疆
  农垦经济, 2019(9): 85-92.

[63]王维国, 刘丰, 胡春龙. 生育政策、人口年龄结构优化与经济增
  长[J]. 经济研究, 2019, 54(1): 116-131.

[64]叶敬忠, 贺聪志. 基于小农户生产的扶贫实践与理论探索——以"巢
  状市场小农扶贫试验"为例[J]. 中国社会科学, 2019(2): 137-
  158, 207.

[65]董芳, 周江涛. 父母时间投资对子代人力资本的影响及异质性研
  究[J]. 西北人口, 2019, 40(6): 48-61.

[66]王骏飞, 姜颖, 付明. 人力资本视角下的高等教育投资及其风险防范
  分析[J]. 中国市场, 2019(28): 104-105.

[67] 刘卫柏，于晓媛，袁鹏举. 产业扶贫对民族地区贫困农户生计策略和收入水平的影响[J]. 经济地理，2019，39(11)：175-182.

[68] 王文强. 以体制机制创新推进乡村人才振兴的几点思考[J]. 农村经济，2019(10)：22-29.

[69] 张建华，程文. 服务业供给侧结构性改革与跨越中等收入陷阱[J]. 中国社会科学，2019(3)：39-61，205.

[70] 李宜航. 老龄化负担、子女抚养负担与家庭人力资本投资[J]. 西安交通大学学报(社会科学版)，2019，39(6)：84-97.

[71] 周京奎，王贵东，黄征学. 生产率进步影响农村人力资本积累吗？——基于微观数据的研究[J]. 经济研究，2019，54(1)：100-115.

[72] 张建华，程文. 服务业供给侧结构性改革与跨越中等收入陷阱[J]. 中国社会科学，2019(3)：39-61，205.

[73] 李成友，孙涛，焦勇. 要素禀赋、工资差距与人力资本形成[J]. 经济研究，2018，53(10)：113-126.

[74] 贾婧，柯睿. 新农保政策是否有利于农村家庭人力资本的投资——来自中国家庭追踪调查的经验数据[J]. 江西财经大学学报，2019(6)：64-75.

[75] 银平均. 新生代农民工：人力资本投资的重要群体之一[N]. 社会科学报，2019-08-01(002).

[76] 冯晨，陈舒，白彩全. 长期人力资本积累的历史根源：制度差异、儒家文化传播与国家能力塑造[J]. 经济研究，2019，54(5)：146-163.

[77] 许诗源. 人力资本投入对城乡收入差距的影响研究[D]. 湖南师范大学，2019.

[78] 李伟. 我国农民工人力资本投资与就业质量互动关系研究[D]. 辽宁大学，2019.

[79] 杨惠惠. 人力资本投资对城乡收入差距影响的区域比较研究[D]. 辽宁大学，2019.

[80] 李静，刘霞辉，楠玉. 提高企业技术应用效率　加强人力资本建

设[J]. 中国社会科学，2019（6）：63-84+205.

[81]周梅. 政府人力资本投资对城乡居民收入差距的影响[D]. 北京交通大学，2019.

[82]戴觅，张轶凡，黄炜. 贸易自由化如何影响中国区域劳动力市场？[J]. 管理世界，2019，35（6）：56-69.

[83]铁瑛，张明志，陈榕景. 人口结构转型、人口红利演进与出口增长——来自中国城市层面的经验证据[J]. 经济研究，2019，54（5）：164-180.

[84]王伟博. 人力资本投资对我国东中西部地区收入差距的影响研究[D]. 兰州财经大学，2019.

[85]何小钢，梁权熙，王善骝. 信息技术、劳动力结构与企业生产率——破解"信息技术生产率悖论"之谜[J]. 管理世界，2019，35（9）：65-80.

[86]陈彦斌，林晨，陈小亮. 人工智能、老龄化与经济增长[J]. 经济研究，2019，54（7）：47-63.

[87]王述勇. 东北地区人力资本对经济增长的影响分析[D]. 东北师范大学，2019.

[88]陈良敏，丁士军，陈玉萍. 农户家庭生计策略变动及其影响因素研究——基于 CFPS 微观数据[J/OL]. 财经论丛，2020（3）：1-12.

[89]杨真，张东辉，张倩. 交通基础设施对农户人力资本投资的影响——基于准自然实验的因果推断分析[J/OL]. 人口与经济，2020（2）：1-13

[90]丰雷，郑文博，张明辉. 中国农地制度变迁 70 年：中央—地方—个体的互动与共演[J]. 管理世界，2019，35（9）：30-48.

[91]张一飞. 人力资本对城乡收入差距的作用研究[D]. 首都经济贸易大学，2018.

[92]赵卫军. 文化产业中的人力资本研究[D]. 山西财经大学，2019.

[93]张柳. 人力资本与收入差距[D]. 辽宁大学，2019.

[94]罗哲，单学鹏.农业供给侧结构性改革背景下的人力资本投资治理路径探究[J].农村经济，2017(11)：85-90.

[95]郑筱婷，陆小慧.有兄弟对女性是好消息吗？——家庭人力资本投资中的性别歧视研究[J].经济学(季刊)，2018，17(1)：277-298.

[96]王海晨，方大春，张凡.收入不确定性与农户人力资本投资[J].西华大学学报(哲学社会科学版)，2018，37(1)：64-73.

[97]张阿兰，罗英.西藏家庭人力资本投资对收入影响分析[J].金融经济，2018(4)：36-37.

[98]李北伟，毕菲.东北地区人力资本存在的问题、对经济发展的影响及对策[J].经济纵横，2018(3)：46-51.

[99]方超，黄斌.家庭人力资本投资对儿童学业成绩的影响——基于CEPS追踪数据的多层线性模型分析[J].安徽师范大学学报(人文社会科学版)，2018，46(2)：116-124.

[100]张广辉，方达.农村土地"三权分置"与新型农业经营主体培育[J].经济学家，2018(2)：80-87.

[101]李传裕.新型城镇化、农村劳动力转移及人力资本投资关系——以梅州市为例[J].开发研究，2018(1)：69-75.

[102]刘伟，张立元.经济发展潜能与人力资本质量[J].管理世界，2020，36(1)：8-24，230.

[103]张鹏，张平，袁富华.中国就业系统的演进、摩擦与转型——劳动力市场微观实证与体制分析[J].经济研究，2019，54(12)：4-20.

[104]丁从明，邵敏敏，梁甄桥.宗族对农村人力资本投资的影响分析[J].中国农村经济，2018(2)：95-108.

[105]赵秀玲.乡村振兴下的人才发展战略构想[J].江汉论坛，2018(4)：10-14.

[106]李军，周安华.城乡居民财产性收入不平等对人力资本投资的影响研究[J].湖南社会科学，2018(2)：133-141.

[107]黄祖辉.准确把握中国乡村振兴战略[J].中国农村经济，2018(4)：

2-12.

[108]高琦. 激发人才活力 推进乡村振兴[J]. 人民论坛, 2018(14): 56-57.

[109]盖晓敏, 张双双. 人口老龄化对中国经济增长的影响研究——基于劳动力供给和资本投资视角[J]. 山东社会科学, 2018(6): 163-167.

[110]张苏, 朱媛. 最优代际人力资本投资研究新进展[J]. 经济学动态, 2018(5): 117-128.

[111]和立道, 王英杰, 路春城. 人力资本公共投资视角下的农村减贫与返贫预防[J]. 财政研究, 2018(5): 15-24.

[112]陈曦, 边恕, 范璐璐, 韩之彬. 城乡社会保障差距、人力资本投资与经济增长[J]. 人口与经济, 2018(4): 77-85.

[113]孟望生, 姜莱. 人力资本投资与物质资本回报率互动关系的实证检验[J]. 统计与决策, 2018, 34(12): 173-177.

[114]刘建国, 孙勤英. 人口老龄化、生育率与人力资本投资——基于世代交叠模型及中国省级面板数据的经验分析[J]. 西北人口, 2018, 39(4): 34-42, 50.

[115]高鸣, 武昀寰, 邱楠. 乡村振兴战略下农村人才培养: 国际经验视角[J]. 世界农业, 2018(8): 176-182.

[116]杨沫, 王岩. 中国居民代际收入流动性的变化趋势及影响机制研究[J]. 管理世界, 2020, 36(3): 60-76.

[117]朱月季, 许海平, 刘玲. 土地征收对农户生活消费与人力资本投资的影响研究[J]. 华中农业大学学报(社会科学版), 2018(5): 151-159, 168.

[118]张军, 张慧慧, 徐力恒. 劳动力市场分割的技能偏向如何影响家庭人力资本投资[J]. 中国工业经济, 2018(8): 5-23.

[119]苑英科. 教育扶贫是阻断返贫与贫困代际传递的根本之策[J]. 华北电力大学学报(社会科学版), 2018(4): 108-115.

[120]金璇, 刘敏, 王洋. 基于 Logistic 模型的家庭教育人力资本投资的影

响因素实证研究——以江苏省沭阳县为例[J]. 现代经济信息，2018
(13)：490.

[121]郑磊，祁翔，侯玉娜. 家庭对子女教育的代际影响效应：理论、方
法与证据[J]. 社会发展研究，2018，5(3)：177-202，245-246.

[122]石智雷，吴为玲，张勇. 市场能否改善进城农民工的收入状况——
市场化、人力资本与农民工收入[J]. 华中科技大学学报(社会科学
版)，2018，32(5)：40-49.

[123]张霞，王蕾. 新疆和田地区农村人力资本投资对反贫困影响研究[J].
石河子大学学报(哲学社会科学版)，2018，32(4)：46-55.

[124]石文霞. 城乡家庭人力资本投资研究综述[J]. 当代经济，2018
(16)：38-40.

[125]焦娜. 地权安全性会改变农户投资行为吗——基于CHARLS2011和
2013年数据的实证研究[J]. 农业技术经济，2018(9)：42-53.

[126]涂丽. 生计资本、生计指数与农户的生计策略——基于CLDS家户数
据的实证分析[J]. 农村经济，2018(8)：76-83.

[127]彭继权，吴海涛，孟权. 家庭生命周期、社会资本与农户生计策略
研究[J]. 中国农业大学学报，2018，23(9)：196-217.

[128]张萌琦，周霞，周玉玺. 农村健康、教育人力资本投资对农业经济
增长的影响研究——来自山东的证据[J]. 新疆农垦经济，2018(9)：
21-26，32.

[129]舒晓晓，王亚. 我国农村人力资本投资结构现状及问题分析——基
于投资主体视角[J]. 农业与技术，2018，38(17)：168-171.

[130]赵春燕. 人口红利、结构红利与区域经济增长差异[J]. 西北人口，
2018，39(6)：23-31.

[131]谢婷婷，潘宇. 民族地区人力资本投资与经济增长的实证分析研
究[J]. 西部金融，2018(7)：23-27.

[132]史洪波，唐锡海. 基于人力资本投资视角的现代学徒制制度供给[J].
成人教育，2018，38(9)：77-80.

[133]高强，徐晗筱，李宪宝. 中国农村人力资本投资效率影响因素研究[J]. 世界农业，2018(11)：217-224.

[134]蒲实，孙文营. 实施乡村振兴战略背景下乡村人才建设政策研究[J]. 中国行政管理，2018(11)：90-93.

[135]吴忠权. 基于乡村振兴的人力资本开发新要求与路径创新[J]. 理论与改革，2018(6)：44-52.

[136]刘卫儒. 人力资本投资推进农业发展方式转变研究——以湖南省娄底市娄星区为例[J]. 辽宁行政学院学报，2018(6)：31-35.

[137]易远宏. 基于乡村振兴战略背景下我国农村人力资本投资问题研究[J]. 广州广播电视大学学报，2018，18(5)：100-106，112.

[138]李雷，陈毅俊，唐登林. 基于人力资本投资体系探讨促进农民收入增长对策——以贵州省为例[J]. 河北企业，2018(11)：58-60.

[139]雷竞. 农民工人力资本投资对主观幸福感影响的实证研究[D]. 中南林业科技大学，2018.

[140]刘奕佳. 人力资本投资与存量差异对城乡收入差距的影响研究[D]. 湘潭大学，2018.

[141]尹典. 我国人力资本存量及其对经济增长的影响实证研究[D]. 吉林大学，2017.

[142]李善乐. 中国居民代际收入流动性的影响机制研究[D]. 东北财经大学，2017.

[143]毕菲. 我国人力资本投资对经济增长的影响研究[D]. 吉林大学，2018.

[144]肖培. 四川省农村人力资本积累与农业现代化的关系研究[D]. 四川师范大学，2018.

[145]都阳. 提升人力资本水平　释放发展新动能[N]. 中国劳动保障报，2018-03-03(003).

[146]詹姆斯·赫克曼. 中国需要更加有效的人力资本投资[N]. 21世纪经济报道，2018-03-28(004).

[147]张哲,罗润东.人力资本投资的阶段性特征研究[J].劳动经济评论,
2017,10(1):155-175.

[148]孟望生.财政分权、政绩考核与公共人力资本投资偏向——基于我
国省级面板数据的实证研究[J].劳动经济评论,2018,11(1):
155-169.

[149]姚晓丹.因势利导发挥人力资本最佳效用[N].中国社会科学报,
2017-11-29(003).

[150]郭磊磊,郭剑雄.人力资本投资二元性对城乡收入差距的影响[J].
技术经济与管理研究,2017(1):96-101.

[151]张娜,邓金钱.农户人力资本投资与城乡劳动力流动:总体效应与
结构差异[J].农业技术经济,2017(3):88-98.

[152]卓炯,杜彦坤.我国新型职业农民培育的途径、问题与改进[J].高
等农业教育,2017(1):115-119.

[153]颜廷武,张露,张俊飚.对新型职业农民培育的探索与思考——基
于武汉市东西湖区的调查[J].华中农业大学学报(社会科学版),
2017(3):35-41,150.

[154]沈丽杰,刘文.人力资本投资领域研究的发展演进——基于
CiteSpace的可视化研究[J].西北人口,2017,38(4):70-79,86.

[155]王艺铮.人力资本投资收益分析[J].青海金融,2017(5):38-41.

[156]乌云花,苏日娜,许黎莉,杨志坚,王明利.牧民生计资本与生计
策略关系研究——以内蒙古锡林浩特市和西乌珠穆沁旗为例[J].农
业技术经济,2017(7):71-77.

[157]汤文华.江西赣南等原中央苏区新型农民培育研究——基于农户人
力资本视角[J].高等农业教育,2017(3):116-119.

[158]林权.基于人力资本投资视角的经济增长研究——以公共教育投资
为例[J].辽宁大学学报(哲学社会科学版),2017,45(3):55-63.

[159]侯旭平.农村人力资本投资与地区物价指数变动的关联性[J].江汉
论坛,2017(5):17-24.

[160]刘炳序，翟越. 中国农户人力资本投资与收入关系研究——基于面板 VAR 模型[J]. 哈尔滨师范大学社会科学学报，2017，8（1）：90-94.

[161]王李. 新生代农民工人力资本理论研究述评——基于人力资本的构成与投资视角[J]. 社会科学战线，2017（5）：280-282.

[162]张伟娜. 区域聚类视角下农村人力资本投资地区差异的结构重解[J]. 社科纵横，2017，32（4）：44-48.

[163]方超，黄斌. 教育人力资本投资能够缩小农村居民的工资性收入差距吗？[J]. 教育与经济，2017（4）：33-41.

[164]贾珊珊，王帅. 健康人力资本投资、知识人力资本投资与经济增长的实证分析——基于 VAR 模型的分析[J]. 经济论坛，2017（9）：4-8.

[165]李立，严立冬，陈玉萍，邓远建. 政策性金融支持对返乡创业农户生计改善的影响[J]. 华东经济管理，2017，31（9）：129-135.

[166]武岩，唐幸. 新老农民工收入影响因素的实证分析[J]. 统计与决策，2017（17）：114-117.

[167]郭秀丽，周立华，陈勇，杨国靖，赵敏敏，王睿. 典型沙漠化地区农户生计资本对生计策略的影响——以内蒙古自治区杭锦旗为例[J]. 生态学报，2017，37（20）：6963-6972.

[168]刘文，张琪. 人口老龄化对人力资本投资的"倒 U"影响效应——理论机制与中日韩比较研究[J]. 中国人口·资源与环境，2017，27（11）：39-51.

[169]何仁伟，李光勤，刘邵权，徐定德，李立娜. 可持续生计视角下中国农村贫困治理研究综述[J]. 中国人口·资源与环境，2017，27（11）：69-85.

[170]公丕宏，姚星星. 贫困农户的教育人力资本投资问题分析——基于精准扶贫视角[J]. 理论导刊，2017（11）：89-92.

[171]石智雷. 有多少农民工实现了职业上升？——人力资本、行业分割

与农民工职业垂直流动[J]. 人口与经济, 2017(6)：90-104.

[172]杨晶, 丁士军. 农村产业融合、人力资本与农户收入差距[J]. 华南农业大学学报(社会科学版), 2017, 16(6)：1-10.

[173]杨晓军. 中国农户人力资本投资与城乡收入差距：基于省级面板数据的经验分析[J]. 农业技术经济, 2013(4)：13-25.

[174]赵锋, 邓阳. 甘肃省独生子女户与多子女户生计能力的比较分析[J]. 人口与经济, 2015(1)：64-71.

[175]黄斌, 徐彩群. 农村劳动力非农就业与人力资本投资收益[J]. 中国农村经济, 2013(1)：67-75, 86.

[176]伍艳. 农户生计资本与生计策略的选择[J]. 华南农业大学学报(社会科学版), 2015, 14(2)：57-66.

[177]陈国生, 倪长雨, 张亨溢. 人力资本投资与农村非农就业关系的实证研究——以湖南省为例[J]. 经济地理, 2015, 35(5)：155-159.

[178]张蕙杰, 张玉梅, 赵邦宏, 龚一飞, 魏旭, 刘英杰. 我国新型职业农民队伍总量与结构的需求估算研究[J]. 华中农业大学学报(社会科学版), 2015(4)：44-48.

[179]金绍荣, 肖前玲. 新型职业农民培育：地方政府的角色、困境及出路[J]. 探索, 2015(3)：108-112.

[180]张亿钧, 李想, 秦元芳. 新型职业农民培育与家庭农场发展的互动关系研究[J]. 中国合作经济, 2015(6)：38-40.

[181]吴振华. 人力资本投资、就业能力与农民收入增长[J]. 西部论坛, 2015, 25(5)：20-27.

[182]刘雪梅. 新型城镇化进程中农村劳动力转移就业政策研究[J]. 宏观经济研究, 2014(2)：81-86, 136.

[183]刘唐宇. 我国农村人力资本投资的效应、现状及路径选择[J]. 农业现代化研究, 2014, 35(1)：70-74.

[184]孔祥智. 新型农业经营主体的地位和顶层设计[J]. 改革, 2014(5)：32-34.

[185]郝文渊，杨东升，张杰，李文博，王忠斌. 农牧民可持续生计资本与生计策略关系研究——以西藏林芝地区为例[J]. 干旱区资源与环境，2014，28（10）：37-41.

[186]胡阿丽. 人力资本投资对农民非农就业的影响研究[D]. 西北农林科技大学，2012.

[187]赵海. 人力资本与农村劳动力非农就业研究[D]. 华中科技大学，2009.

[188]储诚炜. 新中国农民教育发展研究[D]. 西北农林科技大学，2010.

[189]周万生. 人力资本与区域创新能力研究[D]. 四川大学，2007.

[190]张力跃. 我国农村职业教育困境研究[D]. 东北师范大学，2008.

[191]郑万军，王文彬. 基于人力资本视角的农村人口空心化治理[J]. 农村经济，2015（12）：100-104.

[192]赵文娟，杨世龙，王潇. 基于 Logistic 回归模型的生计资本与生计策略研究——以云南新平县干热河谷傣族地区为例[J]. 资源科学，2016，38（1）：136-143.

[193]朱建军，胡继连，安康，霍明. 农地转出户的生计策略选择研究——基于中国家庭追踪调查（CFPS）数据[J]. 农业经济问题，2016，37（2）：49-58，111.

[194]伍艳. 贫困山区农户生计资本对生计策略的影响研究——基于四川省平武县和南江县的调查数据[J]. 农业经济问题，2016，37（3）：88-94，112.

[195]郭剑雄. 工业化、选择性就业与农民的职业化[J]. 内蒙古社会科学（汉文版），2016，37（3）：109-117，2.

[196]徐辉. 新常态下新型职业农民培育机理：一个理论分析框架[J]. 农业经济问题，2016，37（8）：9-15，110.

[197]李勇辉，李小琴. 人力资本投资、劳动力迁移与代际收入流动性[J]. 云南财经大学学报，2016，32（5）：39-50.

[198]李慧静. 现代农业发展中的职业农民培育研究[D]. 东北林业大

学，2015.

[199]张默. 农村人力资本估算及其影响研究[D]. 沈阳农业大学，2015.

[200]苏芳，蒲欣冬，徐中民，王立安. 生计资本与生计策略关系研究——以张掖市甘州区为例[J]. 中国人口·资源与环境，2009，19（6）：119-125.

[201]翟元娟. 人力资本视角下西藏农牧民生计策略优化对策探析[D]. 西藏大学，2016.

[202]郭晓庆. 中国人力资本投资对产业结构升级的影响研究[D]. 辽宁大学，2015.

[203]陈斌开，张鹏飞，杨汝岱. 政府教育投入、人力资本投资与中国城乡收入差距[J]. 管理世界，2010（1）：36-43.

[204]陈治国，辛冲冲. 农村人力资本投资、农村金融与农户家庭福利[J]. 辽宁大学学报（哲学社会科学版），2023，51（2）：55-67.

[205]许彩艳，何爱平，安梦天. 自然灾害如何影响农户人力资本投资[J/OL]. 农业技术经济：2023（6）：1-21.

[206]金阳，满桐彤. 农业技术进步、农村人力资本投资与农业发展的关系研究——基于东北三省 PVAR 模型的实证分析[J]. 农业经济与管理，2022（6）：38-45.

[207]许秀梅. 数据资本能提升农户收入吗？——基于农户人力资本投资与社会网络的作用[J]. 贵州社会科学，2022（10）：144-151.

[208]肖恒元. 农村人力资本投资增收效应理论与实证研究（2004—2020）[J]. 经济研究导刊，2022（29）：17-19.

[209]华静，马灵琴. 农村女性家庭地位对儿童早期人力资本投资的影响[J]. 人口与社会，2022，38（5）：90-100.

[210]吴云勇，张杰. 人力资本投资对城乡收入差距的影响——基于我国省际面板门槛的证据[J]. 沈阳师范大学学报（社会科学版），2022，46（5）：95-103.

[211]周均旭，祁拯，常亚军. 公共人力资本投资对西部地区居民幸福水

平的影响研究[J]. 贵州省党校学报，2022(4)：48-58.

[212]田甜，韩宇，付山. "乡村振兴"视角下人力资本投资对农业发展影响的实证研究[J]. 农学学报，2022，12(4)：96-100.

[213]丛屹，闫苗苗. 数字经济、人力资本投资与高质量就业[J]. 财经科学，2022(3)：112-122.

[214]李海荣，石玉堂. 养老抚幼双重负担对家庭人力资本投资的影响——来自中国家庭追踪调查(CFPS)的经验证据[J]. 重庆社会科学，2022(3)：56-69.

[215]王敏，邢明强. 人口老龄化与人力资本投资对就业的影响研究[J]. 中国人事科学，2021(12)：61-69.

[216]曹薇，董文婷，苗建军. 人才争夺政策对区域人力资本投资差异的影响研究[J]. 软科学，2022，36(2)：136-144.

[217]杨惠惠. 农村人力资本投资对城乡收入差距的影响——以山西省为例[J]. 对外经贸，2021(11)：110-113.

[218]昌忠泽，姜珂，冯扬. 人口老龄化对人力资本投资的影响及贡献研究[J]. 当代经济科学，2021，43(5)：29-43.

[219]李新荣，曹小勇，张姗姗. 妇女家庭地位与代际人力资本投资[J]. 贵州财经大学学报，2021(4)：74-82.

[220]吴宇，曹子瑛，肖六亿. 人力资本投资与就业结构变化的耦合关系研究[J]. 湖北师范大学学报(哲学社会科学版)，2021，41(1)：124-128.

[221]李昊. 人口老龄化、医疗负担与微观人力资本投资[J]. 统计与决策，2021，37(2)：88-92.

[222]李丽莉，俞剑，张忠根. 中国农村人力资本投资：政策回顾与展望——基于中央"一号文件"的内容分析[J]. 浙江大学学报(人文社会科学版)，2021，51(1)：36-50.

[223]孙亚南. 农业劳动力转移、人力资本投资与农村减贫[J]. 学习与探索，2020(11)：149-156.

[224] 闫铁梅, 孔令成. 农业机械化、农村人力资本投资与农业经济增长——基于长江经济带 PVAR 的实证分析[J]. 江苏农业科学, 2020, 48(19): 313-318.

[225] 齐雁, 赵斌. 人力资本投资效应与性别不平等[J]. 经济问题探索, 2020(6): 179-190.

[226] 黄宏伟, 胡浩钰. 人力资本投资与农村家庭收入流动性[J]. 当代财经, 2019(12): 17-26.

[227] 李宜航. 老龄化负担、子女抚养负担与家庭人力资本投资[J]. 西安交通大学学报(社会科学版), 2019, 39(6): 84-97.

[228] Fritz Wagner, Timothy Joder, Anthony Mumphrey Jr. *Human Capital Investment for Central City Revitalization* [M]. London: Taylor and Francis: 2013-05-13.

[229] Qian Li, Xiaoye Qian, Shiyang Gong, Zhimiao Tao. *Impact of Human Capital Investment on Firm Performance: An Empirical Study of Chinese Industrial Firms*[M]. Springer Berlin Heidelberg: 2014.

[230] Sung Soo Lim. Aspirations of Migrants and Returns to Human Capital Investment[J]. *Social Indicators Research*, 2018, 138(1).

[231] Gargule Andrew Achiba. Managing Livelihood Risks: Income Diversification and the Livelihood Strategies of Households in Pastoral Settlements in Isiolo County, Kenya[J]. *Pastoralism*, 2018, 8(1).

[232] Veasna Kheng, Sizhong Sun, Sajid Anwar. Foreign Direct Investment and Human Capital in Developing Countries: A Panel Data Approach[J]. *Economic Change and Restructuring*, 2017, 50(4).

[233] Aeggarchat Sirisankanan. Household Risks and Household Human Capital Investment: Longitudinal Evidence from Thailand [J]. *The European Journal of Development Research*, 2017, 29(2).

[234] Mohammad Alawamleh, Loiy Bani Ismail, Diana Aqeel, Kamal Jamal Alawamleh. The Bilateral Relationship Between Human Capital Investment

and Innovation in Jordan[J]. *Journal of Innovation and Entrepreneurship*, 2019, 8(1).

[235]X. A. Shinbrot, K. W. Jones, A. Rivera-Castañeda, W. López-Báez, D. S. Ojima. Smallholder Farmer Adoption of Climate-Related Adaptation Strategies: The Importance of Vulnerability Context, Livelihood Assets, and Climate Perceptions[J]. *Environmental Management*, 2019, 63(5).

[236]Erik E. Lehmann, Julian Schenkenhofer, Katharine Wirsching. Hidden Champions and Unicorns: A Question of the Context of Human Capital Investment[J]. *Small Business Economics*, 2019, 52(2).

[237]Aisa O Manlosa, Jan Hanspach, Jannik Schultner, Ine Dorresteijn, Joern Fischer. Livelihood Strategies, Capital Assets, and Food Security in Rural Southwest Ethiopia[J]. *Food Security*, 2019, 11(1).

[238]Abdou Matsalabi Ado, Patrice Savadogo, Hamidou Taffa Abdoul-Azize. Livelihood Strategies and Household Resilience to Food Insecurity: Insight from a Farming Community in Aguie District of Niger[J]. *Agriculture and Human Values*, 2019, 36(4).

[239]Shi-li Guo, Chun-jie Li, Ya-li Wei, Kui Zhou, Shao-quan Liu, Ding-de Xu, Qian-yu Li. Impact of Land Expropriation on Farmers' Livelihoods in the Mountainous and Hilly Regions of Sichuan, China[J]. *Journal of Mountain Science*, 2019, 16(11).

[240]Muhammad Azam. Relationship Between Energy, Investment, Human Capital, Environment, and Economic Growth in Four BRICS Countries [J]. *Environmental Science and Pollution Research*, 2019, 26.

[241] Bernhard Hammer, Alexia Prskawetz, Róbert I. Gál, Lili Vargha, Tanja Istenič Human Capital Investment and the Sustainability of Public Transfer Systems Across Europe: An Evaluation Based on National Transfer Accounts[J]. *Journal of Population Ageing*, 2019, 12(4).

[242] Sagarika Dey, Ritumani Haloi. Assets, Rural Livelihood Strategies and

Welfare Outcomes: A Case Study from South Assam, India [J]. *The Indian Journal of Labour Economics: An Organ of the Indian Society of Labour Economics*, 2019, 62(12).

[243] Guo Shi-Li, LI Chun-jie, Wei Ya-li, Zhou Kui, Liu Shao-quan, Xu Ding-de, Li Qian-yu. Impact of Land Expropriation on Farmers' Livelihoods in the Mountainous and Hilly Regions of Sichuan, China[J]. *Journal of Mountain Science*, 2019, 16(11): 2484-2501.

[244] AACP Special Taskforce White Paper on Diversifying Our Investment in Human Capital [J]. *American Journal of Pharmaceutical Education*, 2017, 81(8).

[245] De Neve Jan-Walter, Fink Günther. Children's Education and Parental Old Age Survival-Quasi-Experimental Evidence on the Intergener Ational Effects of Human Capital Investment [J]. *Journal of Health Economics*, 2018, 58.

[246] Li Qing, Magati Peter, Lencucha Raphael, et al. The Economic Geography of Kenyan Tobacco Farmers' Livelihood Decisions[J]. Tobacco Research: Official Journal of the Society for Research on Nicotine and Tobacco, 2019, 21(12).

[247] Fitri Nurmahmudah, Lantip Diat Prasojo, Edison Ompe, Novri Pahrizal. Study of the Effectiveness of Human Capital Investment[P]. Proceedings of the 1st Yogyakarta International Conference on Educational Management/Administration and Pedagogy, 2017.

[248] Ningning Yan. Research on the Cost and Benefit of Human Capital Investment[P]. Proceedings of the 2017 7th International Conference on Education, Management, Computer and Society, 2017.

[249] Yan Deng. The Study on the Effect of Human Capital Education Investment on Economic Growth[P]. Proceedings of the 2017 International Conference on Humanities Science, Management and Education Technology,

2017.

[250]Hong Ji, Shu-yuan Zou. Research on the Reasons and Countermeasures of Jiangxi Human Capital Investment [P]. Proceedings of the 2017 2nd International Conference on Politics, Economics and Law, 2017.

[251]Jing Liu, Wen-fang Fang. Research on Optimization Strategy of Cost-Sharing Mechanism of Human Capital Investment[P]. Proceedings of the 2017 2nd International Conference on Politics, Economics and Law, 2017.

[252]Gika Apia, Hasdi Aimon. Analysis of the Effect of Human Resources Investment and Economic Growth on Poverty Levels in the Island Province of Sumatra[P]. Proceedings of the Third Padang International Conference on Economics Education, Economics, Business and Management, Accounting and Entrepreneurship, 2019.

[253]Vania Sena, Sena Ozdemir. Spillover Effects of Investment in Big Data Analytics in B2B Relationships: What Is the Role of Human Capital? [J]. Industrial Marketing Management, 2019.

[254]Jian Zhang, Ashok K. Mishra, Peixin Zhu. Identifying livelihood Strategies and Transitions in Rural China: Is Land Holding an Obstacle? [J]. Land Use Policy, 2019(80).

[255]Emmanuel Donkor, Stephen Onakuse, Joe Bogue, Ignacio De Los Rios-Carmenado. Fertiliser adoption and sustainable rural livelihood improvement in Nigeria[J]. Land Use Policy, 2019(88).

[256]Foyuan Kuang, Jianjun Jin, Rui He, Xinyu Wan, Jing Ning. Influence of Livelihood Capital on Adaptation Strategies: Evidence from Rural Households in Wushen Banner, China[J]. Land Use Policy, 2019(89).

[257]Milad Dehghani Pour, Ali Akbar Barati, Hossein Azadi, Jürgen Scheffran. Revealing the Role of Livelihood Assets in Livelihood Strategies: Towards Enhancing Conservation and Livelihood Development

in the Hara Biosphere Reserve, Iran[J]. *Ecological Indicators*, 2018, 94(Pt 1).

[258] Abdallah Tahiru, Brigid Sackey, George Owusu, Simon Bawakyil-lenuo. Building the Adaptive Capacity for Livelihood Improvements of Sahel Savannah Farmers Through NGO-led Adaptation Interventions[J]. *Climate Risk Management*, 2019(26).

[259] Sun Hua-Ping, Sun Wei-Feng, Geng Yong, Kong Yu-Sheng. Natural Resource Dependence, Public Education Investment, and Human Capital Accumulation[J]. *Petroleum science*, 2018, 15(3).

[260] Craig Wesley Carpenter, David Anderson, Rebekka Dudensing. The Texas Drilling Boom and Local Human Capital Investment[J]. *Journal of Agricultural and Applied Economics*, 2019, 51(2).

[261] Yuying Tong, Binbin Shu, Martin Piotrowski. Migration, Livelihood Strategies, and Agricultural Outcomes: A Gender Study in Rural China [J]. *Rural Sociology*, 2019, 84(3).

[262] Baguet Marie, Dumas Christelle. How Does Birth Weight Affect Health and Human Capital? A Short-and Long-term Evaluation [J]. *Health Economics*, 2019.

[263] Patel Daksha, Gilbert Suzanne. Investment in Human Resources Improves Eye Health for All[J]. *Community Eye Health*, 2018, 31(102).

[264] Villa Kira M. Multidimensional Human Capital Formation in a Developing Country: Health, Cognition and Locus of Control in the Philippines[J]. *Economics and Human Biology*, 2017, 27(Pt A).

[265] Haider Steven J., McGarry Kathleen. Parental Investments in College and Later Cash Transfers[J]. Demography, 2018.